U0523025

Never Eat Alone

让中国人少奋斗二十年的人脉奇书

And Other Secrets to Success,
One Relationship at a Time

别独自用餐

奥巴马、克林顿、卡耐基等奉行的**人脉经营攻略**

[美] 基思·法拉奇　[美] 塔尔·雷兹　著
施宇光　闫军生　译

世界知识出版社

Copyright ©2005 by Keith Ferrazzi
This translation published by arrangement with Currency/Doubleday, a division of Random House, Inc.

图字：01-2006-3726号

图书在版编目（CIP）数据

别独自用餐/(美) 法拉奇，(美) 雷兹著；施宇光，闫军生译.
—北京：世界知识出版社，2012.7
ISBN 978-7-5012-4285-6

Ⅰ.①别… Ⅱ.①法… ②雷… ③施… ④闫… Ⅲ.①人际交往-通俗读物 Ⅳ.①C912.1-49

中国版本图书馆CIP数据核字（2012）第099796号

责任编辑	王瑞晴
责任出版	赵 玥
策 划	董保军　张天罡
特约编辑	蔡荣建
版式设计	姜晓宁

书　　名	别独自用餐 Never Eat Alone
作　　者	[美] 基思·法拉奇　[美] 塔尔·雷兹
译　　者	施宇光　闫军生
出版发行	世界知识出版社
地　　址	北京市东城区干面胡同51号（100010）
网　　址	www.wap1934.com
印　　刷	山东人民印刷厂泰安厂
经　　销	新华书店
开本印张	700×1000毫米　1/16　18½印张
字　　数	230千字
版次印次	2012年10月第1版　2012年10月第1次印刷
标准书号	ISBN 978-7-5012-4285-6 ISBN 0-385-51205-8
定　　价	38.00元

版权所有　侵权必究

目录
Contents

SECTION ONE
改变思维方式

第一章　要有自己的"圈子"/2

第二章　真正的硬通货是慷慨/11

第三章　了解你的使命/19

　　　　著名交际案例：比尔·克林顿　35

第四章　未雨绸缪/37

第五章　初生牛犊的天赋/43

第六章　莫当交际傻瓜/52

　　　　著名交际案例：凯瑟琳·格雷厄姆　58

SECTION TWO
学习交往技巧

第七章　做好你的准备工作/64

第八章　做个名单/70

第九章　不要在电话里冷场 /76

第十章　巧妙地搞定"看门人"　/84

第十一章　别独自用餐 /91

第十二章　分享激情 /95

第十三章　步步紧随或者一败涂地 /100

第十四章　成为会议"突击手" /104

第十五章　结识交际枢纽式的人物 /121

　　　　　　著名交际案例：保罗·里维尔　130

第十六章　扩大你的交际范围 /133

第十七章　闲聊的艺术 /137

　　　　　　著名交际案例：戴尔·卡耐基　150

SECTION THREE

把熟人变成同事

第十八章　健康，财富，子女 /154

第十九章　如何从社交中获益 /164

　　　　　　著名交际案例：弗农·乔丹　171

第二十章　保持联系！永不停息！/174

第二十一章　找准贵宾，招待好他们！ /183

目录
MU LU

SECTION FOUR
升级与回馈

第二十二章　要设法引起别人注意！/194

第二十三章　打造你的个人品牌/212

第二十四章　传播你的个人品牌/220

第二十五章　写作能力/236

第二十六章　开拓眼界/239

第二十七章　功到自然成/249

　　　　　　著名交际案例:本杰明·富兰克林　254

第二十八章　绝对不要傲慢/257

第二十九章　请教他人，教导别人，循环往复/262

　　　　　　著名交际案例:埃莉诺·罗斯福　272

第三十章　　所谓兼顾四方全都是胡说/275

第三十一章　欢迎进入交际时代/279

SECTION ONE

改变思维方式
The Mind-Set

第一章
要有自己的"圈子"

> 事物间的联系确实存在。宇宙中的每个事物只存在于其本身与其他所有事物的联系上。没有什么东西可以孤立存在。我们也绝不是一个个独行的个人。
>
> ——玛格丽特·惠特曼[1]

在进入哈佛商学院第一年的时候,我被压垮了。我每天不停地问自己:这么大的世界我怎么就到这儿来了呢?

在我的经历中,连一门会计类或金融类的课程都不曾上过。而环顾身边,我冷眼注视着的那些青年男女们,他们还没从贸易专业毕业,就已经到一些华尔街最好的公司去处理数字、分析报表了。他们大都家境富裕、出身良好,很多人继承了祖辈的产业,而且很多人的名字里还含有罗马数字。毫无疑问,这些现实使我压力巨大。

我出生在一个工人阶级家庭,仅有一个文科类的文凭,曾在一家传统的制造业公司干过几年。而他们呢?他们有着纯种的麦克金塞和高曼·萨克斯家族的血统,在我看来他们这些人恐怕在襁褓里就已经开始运算那些商业数字了。我怎么才能竞争得过他们呢?

---

[1] eBay公司的CEO,美国商界女性50强之一。(译者注,下同。)

要有自己的"圈子"

那段日子是我职业生涯的一个关键时期,同样也是我一生的关键时期。我曾是一个来自宾西法尼亚州西南部的乡下孩子,在一个叫做扬斯敦的小城长大,那里的人们辛勤地生产着钢铁和煤炭。我们那儿是十足的农村风格,站在我家的门廊上向前看,根本看不到一幢别的房子。我父亲就在本地的铁矿工作,每到周末还要去建筑工地干活,我母亲则在附近的一个小镇上给那里的医生和律师们打扫房子。我哥哥通过当兵逃离了这里的小镇生活,而我的姐姐在高中的时候就结婚搬到外地去了,那时我还是个蹒跚学步的婴儿。

在哈佛商学院,我小时候的那些不安全感统统杀了回来。那时我家虽然不富裕,但是爸爸妈妈已经开始给我一个机会,这是我哥哥姐姐(他们是我妈再婚时带的孩子)所未曾得到过的机会。他们牺牲了一切来让我接受教育,在我们镇上这是那些表现极其优秀的孩子才能得到的。我忽然又想起,当我还在读私立小学的时候,每到放学,别人家的孩子都一头钻进了宝马之类的豪华轿车里,而妈妈却是开着家里那辆破烂的Nova轿车来接我。我常常因为我们的破车、我的涤纶衣服以及我的假冒Docksider等这些东西遭到同学们的无情嘲笑,而这些嘲笑时时提醒着我不能忘了自己的出身。

从很多方面来讲,那段贫寒的经历真是一种天赐之物,因为它坚定了我的信心,促使我走向成功。这段经历也让我清楚地认识到一点,那就是在穷人和富人之间确实有着一条严格的界线。我生气了,因为我穷,我感到自己完全被排斥在校友的关系网之外,而从另一方面来讲,这种感觉也迫使我积极地工作,比我身边的任何人都更积极。

那时我通过努力来使自己安心。努力,将是消除我和富人间差距并让我进入哈佛商学院的一条途径。然而,也有一些别的东西使我和班上的其他同学有所不同,那是我的一项优势。早在我来到剑桥市之前,我似乎已经学到了很多我的同学所没学过的东西。

小时候,我曾在邻镇为有钱人家开的一个乡村俱乐部里当球童。

我也就经常思考为什么有的人能够成功而有的人却不行。我那时看到的这些东西日后改变了我的世界观。

那时，当我为富人们背着球杆包走在高尔夫球场上的时候，我目睹了这些球技已经达到了职业水平的人们怎样相互合作。他们不断地发现一个又一个生意，然后为此互相投入时间和金钱。他们确保了自己的下一代能够得到最好的教育，然后找到合适的实习职位，最终获得一个极好的工作。当时，我亲眼所见的事情极好地证明了"成功带来新成功，富人会更富有"。雇我来背球杆包的这些富人们，他们有一个如影随形而又强有力的隐形"俱乐部"，那就是他们与朋友和同事间的关系网！我更加意识到，"贫穷"绝不仅仅意味着缺钱，它更意味着你没有办法跟那些可以帮助你成功的人有任何联系。

我开始相信，生活从某种角度讲——比如高尔夫——是一种游戏，在这样的游戏中，那些能很好理解规则的人，可以玩得很成功。而且在生活中有着一条亘古不变的规则，那就是，一个人如果因为合适的原因认识了合适的人，并且最大限度利用这种关系，那么他就成为这个隐形"俱乐部"的一员，不管他以前是球童或是其他什么不起眼的角色。

能够认识到这些有着深远的意义。我发现，要想实现你的生活目标，你是否聪明、是否有天赋、从哪来、家庭如何，这些因素虽然很重要，但是如果你不能意识到一件事，它们的作用就微不足道了。那件事就是：你不能一个人到达目的地。实际上，你根本就走不了多远。幸运的是，我渴望有所成就，否则，我就会像我的球童朋友一样只能站在一边了。

我首先从勃兰特夫人那里开始认识到"关系"不可思议的力量。卡罗·勃兰特嫁给了我们镇大木材厂的主人，她的儿子波特和我同岁，是我的朋友。在那个俱乐部，我是勃兰特夫人的球童，而且我的服务事无巨细，尽量做到全面。我会在前一天的早上沿着球场走一遍，查看定位点的位置，试验每一个坡度的球速及方向。我尽全力让她赢得每场比

要有自己的"圈子"

赛。而她就会在她的朋友面前夸奖我。很快，有其他人也来请我了。

第一年，我获得了年度球童奖，这使我有机会在阿诺·帕尔马回家乡打球时成为他的球童。阿诺自己也是从这个乡村俱乐部的一个球童开始起步的，成年后拥有了那家俱乐部。他就是我的偶像。他就是在生活或者说游戏中成功的活生生的例子，与阶级毫无关系。有些人用金钱来打开门路，有些人天生就有。我的优势在于我的主动和干劲。

有几年时间，我都作为勃兰特家族中的一员，与他们共度假日，并且几乎每天都会出现在他们家。波特和我形影不离，我就像喜欢自己家一样喜欢他们家。勃兰特夫人确保我认识了俱乐部中每一个可以帮助我的人。我在高尔夫球场上帮助她，她为了感谢我的努力和付出，在生活中给我帮助。

她在与人交往这方面给我上了简单但意义深远的一课，当你帮助别人的时候，他们常常也会帮助你。人们在以后的生活中用"互惠"这个美化了的词来形容这个永恒的原则。

正因为那些日子，让我在商学院的第一学期就认识到：哈佛那些高度竞争、崇尚个人主义的学生们错了。**任何领域的成功，尤其是商界，都在于与人共事，而不是反对和提防**。那些填满美元数字的表格永远都在说明这个不变的事实：商业是人的事业，由人们来驱动和做决定。

我发现，其他学生所欠缺的，正是培养和建立关系的技巧和策略。在美国，尤其是商界，我们都在约翰·维尼个人主义的熏陶下长大，那些对生活中其他人主动示好的人被视为无聊的人、小丑以及虚情假意的马屁精。经过这几年，我意识到，那完全是一种误解。我所看到的那些关心和互助与操纵和索取一点关系都没有。很少有人算计谁能为谁做什么，或者绞尽脑汁使付出的都有所回报。

随着时间流逝，我认识到与其他人来往可以使人们的生活有所变化，同时也是探索、了解并丰富自己生活的一种方式；这成为我在生活道路中积极去建立的一部分。我允许自己放弃我全部的专业和私人生活去实践它。我并不认为这种"人际网络"的观点是冷酷的、不近人情的。正相反，我是在与人分享我的知识、资源、时间、精力、朋友、合作人，还有感情。不断努力为他人提供价值，同时也增加我自己所拥有的价值。就像商业本身，你要做的并不是管理事务，而是管理关系。

能出于本能建立起强大关系网的人也总是能够成就伟大事业。商业的本质就是把东西卖给别人。这个概念通常会被巨大的喧闹所湮没，商业界为了永无止境地追寻竞争优势，会不断搅和一切，从商标、技术到设计及价格。但如果问任何一个成功的CEO或者企业家是怎么成功的，我保证你听不到几个商业术语。

他们最可能提到的是那些帮助他们通往成功之路的人——如果他们比较诚实而且不是特别沉溺于自身成功的话。

我在生活中成功运用了"关系"的力量。20年后，我开始相信"建立关系"是我所能学到的最重要的商业和生活技能之一。为什么？因为人们都是与他们所认识的并且喜欢的人做生意。不管在什么领域，各行各业都有相似的运作方式。甚至我们整体的安全感和幸福感——正如大量的研究表明——很大部分都取决于我们从自己建立的团体中所得到的支持、指导和爱。

我花了很多时间才领悟到究竟应该怎样去与他人建立联系。但我清楚地知道，不管我是想成为美国总统还是地方会长，我都会需要很多别人的帮助。

怎么把一个有抱负的人变成自己的朋友？怎样让其他人从感情上对你的进步进行投资？为什么一些幸运儿总能在商业会议结束后能带走数月午餐约定和众多潜在的新合作人，而其他人只能带走消化不良？在哪里人们才可以碰到给他们生活带来最大影响的那些人呢？

从早期在小镇成长的日子来看，我发现自己是从一切可能想到的资源中汲取智慧和建议的：朋友、书籍、邻居、老师、家庭。我接触

要有自己的"圈子"

外界的渴望简直无法抑制。但是在商界,我发现没有什么可以超越导师的作用。在我职业生涯的每一个阶段,我都在寻找我周围最成功的人并寻求他们的帮助和指导。

我首先从本地律师乔治·拉沃身上认识到了导师的价值。他和镇上的股票经纪人沃特·塞林把我保护在他们的羽翼之下。我被他们的职业生活经历以及应对险恶环境的智慧深深吸引。并且从此以后,我一直留意寻找可以教导我、鼓舞我的人们。后来,随着我与商业领导、店主、政治家、各个领域的行动者和鼓励者接触得越来越多,我开始明白了我们国家成功人士是怎样与其他人打交道的,以及他们是如何让那些人提供帮助来实现他们自己目标的。

我认识到真正的"关系"在于如何想办法让其他人更成功,在于**努力地去"付出"而不是"索取"**。并且我相信这个宽厚的哲学观点背后一定存在着一连串的坚实原理来支撑。

这些原则将最终帮助我取得原以为无法达到的成功。它们将会带给我一些机会,而这些机会是那些跟我相同出身的人不太可能拥有的;它们会在我失败的时候伸出援手,就像我们都会在某些时刻帮助别人一样。当我离开商学院后在德勤公司的第一份工作中,这些帮助发挥了巨大的作用。

按照传统标准,我是一个糟糕的顾问,面对电子表格,我眼睛都呆滞了,我在做第一个项目的时候,和其他几个新手顾问一起,缩在郊区一个没有窗户的房间,文档散布得到处都是,数据像海水一样涌来。我努力尝试去做,真的努力了,但我就是做不到。我非常厌烦,我很清楚这是致命的。这样下去肯定会被解雇。不过幸运的是,当时我已经应用了一些在学习中的有关规则。

在业余时间,当我不用再为那些充斥着数据的工作表痛苦时,我开始联络我以前的同学、教授、老板,或者任何可能从德勤受益的人。周末,我会在全国一些小的会议上针对各种主题发表演讲,大部分内容都是我在哈佛时学到的。我这么做，全都是希望为我的新公司进行宣传并且招徕新生意。

尽管如此，我的年度评价还是非常糟糕。我得到了很低的分数，因为没有像别人期望的那样把兴趣、精力花在分配给自己的事情上。但是我的监督人却有不同的想法。我之前已经跟他建立了关系，并且他知道我业余时所进行的一切活动。他和我一起创造出一个公司从来没有过的新的工作职位。

他给了我一个150,000美元的消费账户，用于我之前已经在做的事情：发展生意，代表公司发言，与媒体和商界打交道以加强德勤在商贸界的影响力。后来的事实证明，我的监督人对我的信任没有白费。

一年之内，在我所重新打造的商业圈中，公司的品牌认知度就从咨询界底部升到了最顶端，实现了公司从未有过的增长率（当然，并不全是我的功劳）。紧接着，我就成为了公司的首席市场总监（CMO）以及最年轻的合伙人。

因此从某种意义上说，当我的职业生涯充满艰难时，却正像一个幸运的意外事故。实际上，有好几年，我都不是很清楚我的职业道路会把我带到什么地方。在德勤之后，一系列的高层工作经验让我最终成立了自己的公司。只有在今天回顾过去的时候，它才显现出巨大的意义。

在德勤以后，我成为喜达屋（Starwood Hotel & Resorts）[1]里最年轻的CMO；然后我成为Knowledge Universe的CEO，这是一个投资视频游戏的公司；而现在，我创立了自己的公司，Ferrazzi Greenlight[2]，一个为许多最著名的品牌做市场销售方面咨询和培训的公司，同时我还是全世界CEO们的顾问。我一路披荆斩棘，终于曲折地到达了成功的顶端。每次我在

---

1 喜达屋(Starwood Hotel & Resorts)是全球最大的饭店及娱乐休闲集团之一。

2 Ferrazzi Greenlight，作者所在的美国一家咨询和培训公司。

要有自己的"圈子"
YAO YOU ZI JI DE "QUAN ZI"

思索下一步行动或者需要建议的时候，我就会去求助于我所建立起来的朋友圈。

起初，我试图把自己的注意力从与人打交道的能力转移开，因为我担心这样的能力总是比不上其他那些更"受人尊敬的"商业能力。但随着年龄的增长，许许多多的人，从著名的CEO、政治家，到大学生以及我自己的员工，都来向我请教怎么去做那些我一直都很喜欢做的事情。*Crain*杂志[1]把我列入40岁以下商业领导的前40名，世界经济论坛称我为"明日环球领导"。

希拉里·克林顿请我用交际技巧为她的非盈利组织——"节省美国财富"筹集资金。500强企业的朋友和CEO们请求我的帮助，在国内一些关键地区，为他们的客户以及期望客户举行比一般宴会更显亲密的晚宴社交会。MBA的学生给我发电子邮件，说他们非常想学那些在学校学不到的与人打交道的技巧。这些内容后来变成了美国最著名的MBA培训项目的正式培训课程。

建立一个关系网并不是你成功唯一需要的东西，但是在朋友、家人以及同事的帮助和支持下成就一项事业，进而成就一生却是千真万确的真理。我所学到的并助我成功的最根本的"软"技巧，别人也可以学习，并从中受益：

1．与他人建立联系永远不会令人厌烦。虽然有时会很耗时间，也可能会很费力气，但是永远不会让人感到无聊。你总是在不断地了解自身，了解他人。同时了解生意以及整个世界，而这感觉棒极了。

2．一个有良好关系驱动的事业对你所在的公司非常有好处，因为所有人都受益于你的成长，是你所带来的价值使得人们想与你合作。当你的同事和公司与你一起分享你的进步时，你将会拥有很大的满足感。

---

[1] 克莱恩纽约商业杂志。

3．"关系"以及随之而来的利于我们自身发展的支持、灵活性、机遇成为我们当前新的工作方式中很重要的方面。曾经由组织、单位所提供的忠诚和保障，我们的关系网也可以提供。终身企业雇用已经不存在了，我们现在都是自由的行动者，在多个工作和公司之间管理我们自己的事业。而且，因为当今世界，基本的硬通货是信息，因此一个范围广阔的关系网是使我们成为各自领域思想领跑者的最可靠方法之一。

现在，我的通讯录里保存了5000多人的电话号码，当我拨通电话，他们就会在电话那边提供专业意见、帮助、鼓励、支持，甚至是关心和爱。

我认识的非常成功的人，不都是特别有天赋，并非个个受过高等教育，也不都具有超常魅力。但是他们都有一个可以依靠的小圈子，这个小圈子由可信的、有才能的、有灵感的人们组成。

这个小圈子才是最主要的。它包含了许多互惠互利，就像我的球童时代。这意味着你不能仅仅为自己考虑，还要替他人考虑。你一旦致力于与他人交往并请求他们帮助你所从事的事情，你会像我一样发现，这是一个完成目标的多么强有力的方法。同样重要的是，它可以带来更充实、富足的生活，围绕在一个不断成长的、活跃的人际网中，周围都是你所关心的并且也关心你的人们。

这本书略述了许多成功者成功背后的秘密，这些秘密很少被商学院、职业咨询师所认识到。结合我在本书中所讨论的思想，你也可以成为一个交际圈的中心，这个交际圈可以帮助你的人生取得成功。当然，我对与人打交道的事情有一点狂热。其实只要简单地去与其他人交往，认识到没有人能够孤军奋战，我相信你将很快能看到令你大吃一惊的收获。每个人都具备发展自我"关系网"的能力。毕竟，如果一个宾夕法尼亚乡村男孩可以加入那个"俱乐部"，你也可以。

第二章

真正的硬通货是慷慨

> 从来没有孤军奋战的人。我们都是在成千上万的人的支持下成就自己。不管谁帮了我们，或者鼓励了我们，都成就了我们的性格和思想，当然也成了我们成功的一部分。
>
> ——G.B. 亚当斯[1]

当我给大学生、研究生演讲时，他们总会问我，成功的秘密是什么？获得更大成功的潜在规则是什么？当然，他们希望我给出直截了当、清晰明了的回答。为什么不呢？我在他们这个年龄时也想要这样的答案。

"你们想知道秘诀，"我回答道，"没问题。**我可以把成功的秘诀归结为一个词：慷慨。**"

然后我暂停一下，观察这些孩子们的表情，他们都疑惑地看着我，一半的人认为我在开玩笑，另外一半的人认为在这儿听我演讲还不如去喝啤酒。

我接着解释，在我小时候，我的父亲，宾夕法尼亚州的一个钢铁工人，希望我能比他更有出息。因此他把他的期望告诉了一个人，而

---

[1] G.B. 亚当斯（George Burton Adams），一位美国作家。

在那之前他甚至从来没见过那个人，就是他们公司的 CEO，阿里克斯·麦克纳。

麦克纳先生欣赏我父亲的胆识，帮我在国内最好的私立学校争取了一份奖学金，他是那个学校的理事。

后来，宾夕法尼亚州共和党主席艾尔斯·斯尔曼在《纽约时报》上看到我在耶鲁大学二年级的时候竞选城市委员失利，他借给我钱，给我建议并鼓励我去商学院读书，而我那时才头一次见到他。

当我到你们这个年龄的时候，我拥有了世界上最好的教育机会，几乎全部由于别人的慷慨相助。

"但是，"我继续说，"困难在于：除了乐于接受慷慨相助之外，你需要做更多事情。通常，你必须自己行动去寻求这些帮助。"

此时我看到了恍然大悟的表情。几乎屋子里每个人都曾经请求他人帮助来获得一次工作面试、实习，或一些免费的建议。而且大部分人都不大会乐意去请求。当你可以做到像提供帮助一样自愿地去请求帮助，你也仅仅是完成了一半。

这就是我说的"联结"，它是一个持续的付出和收获的过程。这种事物之间相互作用带有因果色彩的情景，在那些生来就对商界愤世嫉俗的人看来或许非常天真。就算慷慨的力量还没有被整个美国完全接受或应用，但它在网络世界中的价值已经被证实。

比如，我很喜欢提供职业建议和咨询，几乎算是个嗜好。我曾经给成百上千个年轻人这样的建议和咨询，在听到他们后来在职业中进步的时候我得到了极大的满足。

有时我可以使得一个年轻人的生活发生很大的变化。我可以打开一扇门，拨一通电话或提供一个实习机会。但太多时候我的帮助被拒绝了。

他们会说，"对不起，我不能接受您的好意，因为我不知道我是否能回报您"；或者"我不愿意欠任何人的情，所以我不能接受"。有时，他们会坚持当时就以某种方式来进行回报。在我看来，没有什么比遇到这种不明事理的情况更令人生气的了。有人可能认为这只是某一代人的问题，而实际上并不是这样。我从各个年龄段的人们，在生活的各方面问题上，都得到过类似的回应。

只有对共同的需要达成共识，一个关系网才能运作正常。一个隐含的理解是，把时间和精力投资在与合适的人建立人际关系上，可以带来意想不到的收获。大多数的"1/100的人"——也就是我的学生们盼望成为的那种富有、成功的人们——之所以能成为一个"1/100的人"，是因为他们理解了这种动力。因为，实际上，他们自己就是靠着不断扩大的关系网才达到目前的地位的。

但要想按照这样去做，首先你必须学会"慷慨"。如果你不能以同样的热情把你的关系介绍给其他人的话，根本不可能聚集成一个关系网。你帮助的人越多，你将会得到越多的帮助，然后你就能帮助更多的人。就像因特网，越多的人访问，使用的人越多，它越有价值。目前，我已经有一小群以前的学生在很多行业取得成功后，帮我指导现在的学生了。

这并不是宽厚仁慈的废话，而是一种深刻的领悟，冷静务实的商人如果能认真对待将受益匪浅。

我们生活在一个相互依赖的世界，所有的组织单位都在时刻寻找战略合作伙伴，越来越多的自由行动者发现他们需要和其他人合作才能达到他们的目标。人们越来越清楚地认识了零和现象的本质，即只有一方赢的话，从长远看来，往往会导致双方失败。双赢成为网络化世界中的必然结果。在高度联结的市场，合作正渐渐取代竞争。

游戏规则已经发生了变化。

1956年威连·怀特的畅销书《团体中的人》，对美国工人进行了体制化描述：我们为了一个大公司穿上灰色制服，付出我们的忠诚来交换工作保障。在选择和机会很少的情况下，这种情况可算是美化了的契约束缚。然而现如今，老板很少付出忠诚，员工就更是一点也没有了。我们的职业不再像预先定好的观光线路，我们是自由的行动者、企业家，以及获得开发特权的企业职员，每一种都带有我们独有的印记。

许多人都适应了这个新的时代，认为这是个狗咬狗的世界，只有周围最卑劣、邪恶的狗才会胜利。但事实远非如此。

今天，如果员工在我们就职的公司找到慷慨和忠诚，那么他们就处于我们自己的关系网络之中。这不是以前对公司的那种盲目忠诚和慷慨，而是一种更加私人的忠诚和慷慨，对同事、小组、朋友、顾客的忠诚和慷慨。

现在，我们比以前更加相互需要。不幸的是，很多人还采用的是20世纪50年代的做事方法。我们有把独立自主浪漫化的趋势，**许多企业文化仍然把自主自治看成一个优点，而沟通、团队合作、协作的价值好像则略逊一筹。**而从我的经验看来，这种观点对职业非常不利。自治是一个沙子做成的救生衣。那些独立的人，没有与他人互相依靠去思考和行动的能力，虽然可能成为不错的独立生产者，但绝不能成为一个好的领导或者团体行动者。

我举个例子，当我在德勤为国内最大的健康管理组织Kaiser Permanente[1]做一个项目的时候，我需要在旧金山和洛杉矶的总部之间来回穿梭，在周末的时候回到我芝加哥的家里。

显然我希望把咨询界作为通往其他领域的一个通道。因此当我在洛杉矶的时候，我思考怎样才能进军娱乐界。我并没有特别明确要完成的目标，我只知道我喜欢这个行业，当机会来临的时候，我希望能闯进好莱坞。

瑞·戈罗，我大学时代最好的朋友，当时在洛杉矶当律师，因此我给他打了个电话，想得到一些建议。

---

[1] Kaiser Permanente，美国居领导地位的医疗照顾提供者和非盈利性健康保险计划。

真正的硬通货是慷慨

"嗨,瑞。你认不认识娱乐界中的人,我想咨询一些关于如何进入这个行业的建议?有没有这样一个可以和我共进简短午餐的人?"

"我认识一个叫大卫的人,我通过其他朋友认识的,也在哈佛商学院读过书,给他打个电话吧。"

大卫是一个聪明的企业家,在好莱坞做一些有创意性的生意。尤其是他与一个工作室的高级主管关系密切,那个人是他同学。我希望我有机会认识他们两个人。

我和大卫在一个露天咖啡馆喝了一杯咖啡。他穿着很随意的洛杉矶风格的服装,而我穿着与我那时的中西部顾问身份相符的西服领带。

在寒暄了几句之后,我问大卫:"我想转向娱乐行业,你认识什么人可以给我些有帮助的建议吗?"我是他密友的好朋友,因此这个问题并不会显得不合适。

"我确实认识一个人,"他对我说,"她是 Paramount[1] 的高级主管。"

"太棒了,我很想见见她,"我兴奋地说,"有没有机会能很快介绍一下呢?或许可以发一封电子邮件?"

"我不能这么做。"他语气平平地说。我非常震惊,并且表现了出来。"是这样的,我很可能在某些时候需要这个人给我提供某些东西或帮助,而我不想在其他人的问题上动用与这个人的关系,我需要留给我自己。真对不起,希望你能够理解。"

但我不能理解,我到现在也不能理解。他说的与我所知道的东西不一样,他认为关系是有限的,就像一个馅饼,只能被分成几块,拿走一块少一块。然而,我知道关系更像肌肉,你越使用,它越强壮。

如果我打算花时间去见某个人,我是想使那个人更成功。但大卫却并不慷慨,他认为每一次社交活动都是关系的削弱。对于他来说,一个关系中所包含的善意、价值、资产是有一定量的。

---

[1] 派拉蒙美电影公司。

他不明白的是，正是去实践这种资产才能真正增加这种资产的价值。这是非常重要的一点，而大卫似乎没有认识到。

杰克·皮根，宾夕法尼亚西南部Kiski学校（我的高中）的校长，是他教给我那些东西的，他不是问别人"你能帮我做什么"，而总是问"我能怎么帮你呢"，通过这种方式他建立起自己的协会。

杰克给了我很多帮助，有一次是在我大学二年级的时候，那年暑假，我被征去帮一个反对小肯尼迪的女议员做事。她在波士顿举行反对活动，想让以前的议员席位换人。对于很多人来说，这是注定失败的事情，但那时我年轻、天真、不怕战斗。

然而不幸的是，还没等穿上战甲，我们就被迫投降了。活动持续了一个月，我们的钱也用完了。我自己和其余8个大学同学被赶出了旅馆的房间。因为我们把这个房间作为活动总部，所以要付双倍的房租，而我们已经很久没有付房租，因此我们在半夜被经理给赶出来了。

我们把行李装到租来的货车，不知道接下来该做什么。我们朝着华盛顿的方向驶去。我们单纯地希望能够在那里参加另外一场活动。那时我们真是太幼稚了！

半夜，在我们去华盛顿路上的一个无名驿站，我在公用电话厅里给皮根先生打了一个电话。当我把我们的情况告诉他时，他哈哈大笑，接着去做了他为一批又一批Kiski校友曾经做过的事情，他打开自己的名片夹，开始打电话。

吉姆·摩尔是他所联系的人之一，他曾经是里根政府的助理商业部长。当我们一行落魄的人到达华盛顿时，我们有了住的地方并开始寻找暑期兼职。我非常肯定在吉姆需要帮助的时候，皮根先生也帮他打了许多这样的电话。

皮根明白把人介绍给他人的价值。他知道这样不仅会影响我们各自的生活，也知道这些行动所带来的忠诚，最终将为他努力建立但将近分崩离析的宾夕法尼亚西南部机构带来回报。

真正的硬通货是慷慨

而情况确实如此，我和吉姆现在是母校的董事会成员。如果在吉姆接管学校时你曾经到过那里，今天你将很难认出那个地方，滑雪道、高尔夫球场、艺术中心、复杂精密的科技，使这里看起来像是中西部的麻省理工学院。

我想说的是：关系因为信任而更加牢固。协会是基于关系而成立。你不能靠老问"别人能为你做什么"赢得信任，靠的是"你能为别人做什么"。

换句话说，真正关系网中的硬通货是慷慨，而不是贪婪。当我回顾那些曾经教给我建立持久关系的无价知识的人们——我父亲、我的学生、我的大学同学、瑞·皮根先生，以及其他与我共事的人们——我得到了一些基本的感悟和结论：

1．昨天我们曾拥有新经济，而今天已经落后了，没有人可以预料接下来什么将会被丢弃。商业周期潮起潮落，朋友和可信任的同事却保持不变。很可能有那么一天下午，你走进老板的办公室，听到这样的话"我很遗憾地告诉你……"残酷的日子，确实！然而，如果你可以打几个电话，然后走进另外一个人的办公室并很快听到"我早就盼望这一天的到来了，恭喜……"那么一切都将会变得好过多了。工作保障？在困难时期，工作经验救不了你，勤奋工作或者才能也救不了你。如果你需要工作、钱、建议、帮助、希望，或者一种推销的方式，只有一个保准没错的万无一失的地方可以找到它们——你的朋友、同事圈子。

2．没有必要去思考究竟是他们的午餐还是你的午餐。记录帮助和给予以及欠的人情是很没有意义的事情。谁会在乎这些？如果我告诉你"好莱坞"大卫不再那么成功，你会不会感到惊讶？大卫保留着那些关系资产，直到最后他环顾四周的时候发现已经没有什么可以保留了。在咖啡馆与他见面后的10年里，我没有他的任何音信。实际上，我所认识的其他人也都没有他的消息。而娱乐圈是个很小的世界，与其他行业一样。

底线：最好先给予后索取。如果你慷慨行事，那么你将得到同样慷慨的回报。

3．商业界是流动的，充满竞争的，昨天还是助手，今天可能就是举足轻重的人物。以前给我打电话的许多年轻人现在都感激地接我电话。记住，当那些在你之下的人乐于助你前进，而不是希望你垮台的时候，你前进的道路就会容易得多。

我们每一个人都是品牌。你作为一个员工的价值与你的忠诚和资历挂钩，这些日子已经过去了。

企业通过品牌与顾客建立强有力的、持久的关系。在今天的流动经济中，你也要以同样的方式经营你的关系网。

我认为你与他人的关系，最好、最可信地表达出你是一个什么样的人，以及你应该付出什么。在这一点，没有什么能与它相提并论。

4．贡献。为你不断扩大的朋友圈付出你的时间、金钱、专业知识。

通过皮根先生为我以及无数其他人所做的事情，以及由此他所能留下的宝贵遗产，我更加确信把我从他身上学到的道理发扬光大，教给更多的人，是能够回报我的老校长的最好的方式。再一次感谢皮根先生。

第三章

了解你的使命

"你能告诉我,我该走哪条路吗?"
"那要看你想去哪儿了。"那只猫说。
"我并不是很关心去哪——"爱丽丝说。
"那么你选哪条路都无关紧要了。"那只猫说。
——《爱丽丝梦游仙境》

你想成为CEO或者参议员吗?上升到你的职业顶峰?赚更多的钱或交更多的朋友?你的目标越具体,就越容易制定策略去实现它。当然,策略的一部分,就是与那些可以帮助你实现目标的人们建立关系。

我所遇到的每个成功的人,从某种程度上,都热衷于制定目标。成功的运动员、CEO、有超凡魅力的领导、呼风唤雨的销售人员以及成功的经理,他们都知道他们想要什么,并勇于追逐他们的目标。

就像我父亲曾经说过的那样,没有人可以偶然成为一个宇航员。如同《成功杂志》引用的一个研究表明,成就与运气没有多大关系,在这项研究中,研究人员询问1953年耶鲁某个班的学生一系列问题,其中有三个与目标有关:

○你制定过目标吗?

○你有没有把它们记录下来?

○你有去实现它们的计划吗？

结果是3%的学生记录下他们的目标，并有完成目标的计划。13%的学生有目标，但是没有记录下来。84%的学生除了"过得快乐"外没有什么具体目标。在1973年，当同样的学生再被调查时，那些有目标的学生与没目标的学生之间的差异让人瞠目。13%的有目标但没记录下来的学生赚的钱，平均比84%没目标的学生多两倍。最令人吃惊的是，3%的记录下来目标的学生所赚的钱，平均是其余97%的学生加起来的10倍。

我自己对于目标的关注很早就开始了。作为一个耶鲁大学学生，我希望成为一个政治家、宾夕法尼亚的未来州长（确实是那样明确、那样天真）。而且我认识到我的目标越具体，我就越能接近它。在我大二的时候，我成为耶鲁政治协会的主席，这是许多校友在走向政治生涯之前所锻炼过的地方。当我开始对加入兄弟会感兴趣时，我没有简简单单地加入。我先调查了一下，看哪个兄弟会有像校友 Sigma Chi[1] 那样活跃的政治家、丰富的传统和写满了知名领导人名字的校友花名册。但是那时在耶鲁还没有这样的兄弟会，于是我们自己掀开了这一章。

最终，我参加了城市委员会的竞选，虽然失败了，但在这个过程中，我认识了非常多的人，包括宾夕法尼亚州长迪克·沙朗博格，还有耶鲁大学校长巴特·吉曼提。

在巴特去世之前，我常常与他见面，他是一个真正的哲人，给我很多建议。那时我发现，之所以我会与那些流连学校守株待兔的人如此不同，仅仅是因为我有明确的目标。以后，我将会花更多的精力在这个方面。

比如，在德勤，目标明确是让我跟其他研究生顾问区别开来的原因

---

[1] Sigma Chi，兄弟会的发起者。

之一。那时我知道，我需要一个我可以倾注所有精力的焦点、方向。

我在商学院读到的一篇迈克尔·哈默[1]写的文章，在这篇文章中我找到了那个焦点。作为《企业再造》的合著者，Hammer的思想在商界掀起一阵飓风，几乎开创了咨询服务的新境界。

在一个相对新的知识领域和研究领域，才有机会成为一个专家，而且这个新领域将会有非常大的需求量。我阅读了所有的案例论文，参加了我能参加的所有会议、演讲。总之，只要有Michael Hammer的地方，就能找到我。

随着时间的推移，比起一个追星族，他更把我当作一个学生、一个朋友。我与Michael Hammer的接触，以及关于这个领域知识的积累，帮助我成长为公司和商界最有影响和受尊重的思想家之一。于是德勤成为站在再造运动最前沿的公司，随之而来的是知名度和利润。因为这些成就，我那曾经一度摇摇欲坠的职业，现在开始直线上升。

在过去的几十年中，数不清的书都在写如何制定目标。是的，确实是非常重要。经过这些年，我发现我自己制定目标的过程分三步。但最关键的是把它们养成习惯。如果你这么做的话，制定目标就会成为你生活的一部分，如果不能的话，它很快就会消失殆尽了。

第一步：寻找你的激情

"目标"的最佳定义，是我在一个会议上，从一个非常成功的女销售员那里听到的。她说："目标就是有一个最终期限的梦想。"这个绝妙的定义指明了非常重要的一点。写下你的目标之前，最好先搞清楚你的梦想是什么。

否则，你会发现自己正在朝着一个自己根本不想到达的终点前进。

---

[1] 迈克尔·哈默（Michael Hammer），美国著名管理学大师，流程重组的创始人。

研究表明，超过50%的美国人工作起来不快乐。这些人当中，很多都做得很好，但是他们做的是自己并不喜欢的事情。他们为什么会这样并不难理解。人们总是被各种各样的决定所淹没，工作、家庭、事业、未来，看起来有太多的选择，我们最终可能会转移精力到我们并不具备的才能，和并不适合自己的职业。我们中的许多人都会选择那些可能出人头地的事情，而忘记问自己一些非常重要的问题。

你是否曾经坐下来认真想想你真正喜欢的是什么？你擅长什么？你希望自己的生活中有什么样的成就？是什么阻碍了你的道路？大部分人都没有问，他们接受了他们"应该"做什么，而不是花时间弄清楚他们"想"做什么。

我们每个人都有自己的喜好、不安全感、优点、缺点和独有的能力，我们在寻找自己才能和梦想的交叉点的时候，都要把这些考虑进去。我把那个交叉点称为"蓝色火焰"——激情和能力聚集的地方。当这"蓝色火焰"在心中点燃时，将会成为帮助你完成目标的强大动力。

我认为"蓝色火焰"是对自己能力真实评判的基础上，使命和激情的会聚。它帮助你确定自己的生活目标，从照顾老人到成为母亲，从顶级工程师到成为作家或音乐家。我相信每个人都会有不同的使命，一个能够去实现的使命。

Joseph Campbell，20世纪初创造出"跟着极乐感觉走"这句话，他是剑桥大学的毕业生。他的"蓝色火焰"，就是希腊神学。别人跟他说，根本没有这么个专业，他却有自己的计划。毕业后，他搬到纽约近郊的一个小木屋里，在那里他除了看书什么都不做，每天从早上9点到晚上六七点，坚持了五年。对于希腊神学爱好者来说，并不存在哪个职业适合他们。

因此虽然Campbell成为了一个知识非常渊博的人，他仍然不知道如何才能维持自己的生计。然而不管怎样，他仍坚持自己对神学的热爱。在那期间，所有见过的他的人都惊异于他的智慧和激情。终于，他被邀

了解你的使命

请到萨拉劳伦斯学院演讲，然后就是一个接一个的演讲，直到28年后，他已经成为一个著名的神学作家和教授，在曾经遭受第一次挫折的同一个大学，做着自己喜欢的事情。"如果你跟着自己的极乐感觉走，那么你就将自己放到了一直在等待你的轨道上，而且你应该过的生活就会是你正在过的生活。"

那么你的极乐感觉在哪里？

Campbell相信在每个人的内心深处，都会对自己想要的生活有一个本能的了解。我们需要做的就是去发现它。

我相信Campbell博士。我确信，所有正确的决定，都来自于正确的信息。根据你的激情所在、你的极乐感觉来做决定，你的"蓝色火焰"绝对不会有错。要获得正确的信息有两个方面，一方面来自你自己，另一方面来自你周围的人。

1. 审视自我

对自己的梦想和目标做出评估有很多种方法，一些人祈祷，一些人冥想或者读书。只有很少数人会寻求长时间的独处。

想要内省，很重要的一点是要抛弃一切限制、怀疑、恐惧和你应该做什么的期望。你必须能够把时间、金钱、义务这些障碍都抛到一边。

当我的精神处于正确的状态的时候，我会把自己的梦想和目标列一个表。有些是荒谬的，其余的都是非常实际的，我不想指责或者修改这个列表的本质。紧挨着这个列表，我在第二列中写出这些目标可以带给我的快乐：成就，以及能打动我的因素。做完这些后，我开始把这两个列表连线，寻找交叉点，寻找那种实现目标的感觉。这是一件很简单的事情，却能够带来意义深远的结果。

2. 放眼身外

紧接着，请教最了解你的人，你最大的优点和缺点是什么，询问他们欣赏你的地方，以及他们在遇到什么方面的问题会寻求你的帮助。

很快，你就可以从对自己的审视以及别人的回答中得到正确的信息，这些信息可以帮助你得出关于你的使命或者方向的具体结论。

一些商界最厉害的CEO和企业家们坚定不移地相信"蓝色火焰"，尽管他们可能不那么叫它。

詹姆斯·钱皮（James Champy），著名的顾问以及《企业再造》的作者之一，他说成功的前提首先在于我们有没有梦想。在他的《雄心壮志》一书中，他认为，许多成功的领导人，之所以会成功，更重要的是他们都有一个清晰定义的使命驱使他们投入自己的一切，而不是他们的能力。

当钱皮问到Michael Dell是什么让他有了创建戴尔电脑的远大志向时，这位CEO开始讲述商业圈子和技术，然后他停顿了一下，说："知道我这个梦想是怎么来的吗？"

他说道，他开车从休斯敦郊区到学校，路过了许多办公大楼，看到楼前那些高大的旗杆。Dell很想拥有一根旗杆，他想要那种表现方式，对他来说，那是成功的象征，这让他在未成年的时候就想着成立自己的公司。而今天，他拥有了三根旗杆。有很多次我跟Michael谈起他对戴尔的决策，令人惊异的是每个梦想都成功了。

人们的志向就像日本鲤鱼，给它们越大的空间，它们长得越大。我们的成就大小取决于我们的梦想大小，以及我们为之付出努力的程度。

我相信，实现目标，更新目标，以及观察在这个过程中我们的进步这些都不是最重要的，更重要的是从情感上决定我们真正想做的事情的过程。每个训练有素的梦想家都有一个共同点：一个使命。这个使命常常是冒险性的、非传统的，而且非常难以实现，但却是"可能的"。这种训练可以把梦想变为使命，然后把使命变为现实。

第二步：把目标记在纸上

把使命变为现实不会是"碰巧"，它的建立就像所有艺术作品或商业，必须从头一步一步开始。首先是构想，然后就要去获取需要的技能、工具和材料。这需要很多时间，需要思索、决心、毅力和信心。我所使用的工具是被我称为"网络行动计划"（NAP）的东西。

这个计划分为三个独立的部分：第一部分是致力于可以完成使命的目标的开发；第二部分是将这些目标与能够帮助你完成这项任务的人物、地点、事物联系起来；第三部分帮你决定一个最佳方式，去接近那些可以帮你实现目标的人。这是一个简单的、直截了当的工作表，但是对我、我的销售人员以及很多朋友都非常有帮助。

在第一部分，我列出我今天起三年后想做到的成就。然后我退回来，以一年和三个月的间隔制定可以帮我完成使命的中期、短期目标。在每一个时间段，我制定一个A目标和一个B目标，这些目标最终可以帮我在三年后到达我想去的地方。

我一个好朋友杰梅，提供了一个很好的例子。杰梅曾经苦恼于寻找自己的生活方向，她曾想在哈佛读完博士后成为一名教授。但是她发现学术实在是太乏味了。她曾经尝试过商业，但发现在商业界不能赢利。因此杰梅在曼哈顿花了几个月来思考她究竟想要什么，最后发现她真正想做的是教小孩读书。

我让杰梅试试我的"网络行动计划"。首先她充满了怀疑，她认为"可能对MBA有用，但我不确定对我这种人是否有帮助"。然而，她还是乐于一试，因此她开始填这个表格，她三年后的A目标是成为一个教师，B目标是在一个她喜欢的不错的地区教书。然后她接着填短期A、B目标。9天后，她就开始行动去取得高中老师资格认证，加入一些可以帮她转入职业教育领域的项目。一年后，她想要全职教书，她列出了她想去的曼哈顿最好的高中。

在计划的第二部分，也分为同样的时间间隔，她必须为A、B目标找出几个可以帮助她实现目标的人。杰梅调查了一下，发现一个项目的联系人，可以把兼职老师安排到教师职位。同时她找出了她想去的学校负责招聘的人的名字。最后，她得到了一个组织提供的教师认证课程。

两周内，她就开始行动了。她开始认识到，制定目标与接触那些可以帮忙达成目标的人们之间的共生关系。她做得越多，她的教书关系网就越广。她的教书关系网越广，她就越接近自己的三年目标。

最后，第三部分是帮助你得到最后成功的策略，我将在接下来的章节中说明。

有些人你可以冷不防地打电话给他们（我将会在后面说得更详细些），其余的人你可以通过朋友的朋友去接触，最好通过晚宴聚会或者会议。我会告诉你怎样利用这些方法，以及更多的东西。

杰梅现在在加利福尼亚一个全国最好的高中教书，是一位终身职位的历史老师。她热爱她的工作。

这个程序几乎适用于所有人，无论你的职业是什么，在完成这张工作表之后，你就有了一个使命。你将会得到一个能助你一臂之力的活生生的人的名字，而且，你会找到一种途径，或者好几种，去接近这个人。这个实践的目的是想说明，如果你愿意，在建立关系网的时候，是有一定的流程和体系的。这并不是魔术，并不是为那些一出生就很有名的少数人所预备的。与他人联结只需要一个预备好的计划，然后去执行它，不管你是想成为一个九年级的历史老师还是自己开公司。

而且，你可以把这张工作表用于你生活的各个方面：扩大你的朋友关系网，继续你的学业，找一个一生的伴侣，以及寻找精神指引。

一旦你有了自己的计划，把它放到你能经常看到的地方。把你的目标告诉其他人。这非常有帮助。目标清晰的一个非常大的作用是，当你告诉别人你想做什么的时候，你所接触的每个人那里都可能蕴藏着给你提供帮助的机会。

我在笔记本电脑上保留了这个表格的一个变更版本，经常提醒我自己要做的事情是什么，以及我应该去跟谁接触。几年前，我又弄了

了解你的使命

一个缩小版本，把它放在钱包里。

但是你的目标必须写下来，确确实实地把你的目标记在纸上。一个没有写下来的愿望仅仅是一个梦想。写下来后，它就成为一个承诺、一个使命。

在你填写自己的网络行动计划的时候，还有一些其他需要考虑的标准：

○ 你的目标一定要明确。模糊的、泛泛的目标太广了，不好实现，必须具体和详细。要弄清楚实现这个目标需要哪些步骤，哪天可以完成，以及评判你是否完成目标的标准是什么。我告诉我的销售人员，制定"我这个季度一定要做到最好"这样的目标是不行的。究竟是要赚到10万美元还是50万美元？

○ 你的目标必须是可信的。如果你不相信你可以完成它们，那你就完不成。如果你的目标是在一年内把生意的收入增加到500万美元，而你只做到了100万美元，那么你为自己制定的目标就是失败的。相反，如果你制定的是50万美元——那你就成功了。

○ 你的目标必须有挑战性，并且是有需求的。从你的安乐窝里跳出来，制定有冒险性和不确定性的目标。

○ 当你实现了你的目标后，再制定一个。我所遇到的最好的销售人员之一，叫李立，他上门推销各种书籍。他会给自己设定年度销售目标，写下来，放到各种地方：钱包里、冰箱上、他的桌子上。

接下来，他提前几个月就实现了自己的目标。那时，他就会简单地写下另外一个目标，这个男人永不满足。

李立会说，重要的是目标的制定，而不是目标的完成。他可能是宾夕法尼亚州，或者说世界上，唯一一个晚年成为富翁的上门书籍推销员。

接下来，开始行动！代号就是某目标的"网络行动计划"。做好跑马拉松的准备，你必须到达目的地并且每天不停地前进。现在已经有了一个计划放在那里，接下来就靠你去结识他人了。每一天！

第三步：搞一个属于自己的智囊团

我这本书里所写的任何一个目标，都是与周围环境互相联系的，不可能单独完成，在某个整体计划中，你必须不断地进行修整补充以保证计划顺利进行。其实做任何事情都一样，就算你规划再好，也不可能面面俱到，在进行过程中肯定要有一些调整。

所以说，如果有那么两三个可以给你出点子的参谋在身边的话，不管他们是当啦啦队或亲友团，还是火眼金睛地指点迷津，只要能抱着一颗责任心来帮你，那就能起到很大的作用。我一般把这伙人叫做"属于自己的智囊团"。

那么智囊团由谁组成呢？可以是你的家人、亲戚、老朋友或者曾经指点过你的人。我自己的智囊团是在我当初离开喜达屋酒店集团继续寻找下一个职业目标时形成的，那时正是我职业生涯发展的一个关键时刻。那个时候，我是孤立无援的，我生平头一次没有任何头衔，也没有工作，所以我不得不重新给自己定位。

之前我从德勤转到喜达屋的时候，是因为这里给出的工作太诱人了：担任一家世界500强企业的市场总监（这是我三年前给自己定下的目标），同时开创一条市场营销的新路。

不幸的是，我的这份新工作并没有按照我的计划顺利进行。当初把我招进喜达屋的巴尔斯特总裁，他曾经承诺要亲自指导我并把我培养进公司未来的领导层。当初我为自己在喜达屋定的目标很大，为了这个目标我必须得改变整个公司的经营思路。

那个时代，酒店行业还处在区域性经营的阶段，很多酒店都是在本地各自为战，酒店企业的品牌缺乏一致性的推广安排。所以我们当时的计划是通过市场化手段从全球统一的视角来整合公司品牌。之前，公司允许世界不同地域的各家酒店自己制定策略，而我想的却是要用集中运营的方式向市场传达明确的信息，迅速增加公司品牌方面的竞争力。这样，我们的主要客户——经常因公出差的人，就会对喜达屋这个品牌产生信赖感，最终使得公司业绩大幅上升。

然而，我刚进公司才没多久，巴尔斯特先生却离职了。大家都知道，一个公司就跟其他所有官僚机构一样，对于革新总是有抵制趋势的，特别是当这项革新没有高层人士支持的时候。所以，之后的一年内形势变得很明了，没有了巴尔斯特先生的支持，我在这家公司根本推不动那样一种非常彻底的改革计划。

新的总裁非常明确地表示不能够推行当初的计划，所以那个计划一下子变成了只有我自己看的一纸空文。没有了尚方宝剑的支持，我立刻明白我对公司发展和个人发展的计划都无法在这里实现了。

我对此感到很震惊，独自一人在纽约中央公园美丽的林荫道上跑啊跑啊。对我来说，运动往往能够让我静下心来思考，但是那次不同。当我已经跑了10多英里之后，心情还是不能平静。

第二天早上，当我推开办公室的门的时候，我终于明白，我的未来不在这里。一般来说，所谓高级经理人的生活就应该是有超大而舒适的办公室，实木的办公家具，出差有商务专机接送，而且办公室门上还要挂着一个牌子，上边印着一个响当当的职位。但是如果不能实践自己的想法，不能快乐而有激情地做一些有创造性的工作，那么再好的办公环境对我来说都没有任何意义。于是，我很快递交了辞呈，其实就算当时不辞职我也很难在这家公司继续忍受下去。

辞职之后，我要做的就是寻找一个新的目标。我要做的是什么呢？是去寻找下一个市场总监的职位吗？是要继续去经营一个大的品牌吗？是去竞争一个更高的年薪吗？或者，我也许可以看得更远一些，我要自己当头儿，成为一名总裁。但是达成这样的目标对一个从事市场营销的人来说并不常见。我的职业生涯中有很大部分精力都花在说服高官们相信市场营销是影响所有公司经营行为的最直接因素，但是直到此时还没有人对我的话表示相信。

我想，如果公司想要真正发展品牌战略，那么市场营销工作的最高境界就是CEO。那么对我来说，要成为CEO都需要准备些什么呢？在什么情况下才能得到一份CEO的工作呢？在此过程中会有什么风险和代价？

说实话，当时我也不知道这些问题的答案，我已经过了年轻气盛的阶段，有一种失望的情绪笼罩了我，让我感到很迷茫，没有方向。我不得不重新给自己定位，审视一下什么才是自己真正想要的。

我感到了一丝害怕，我没有工作了，这种感觉还是我头一次体会到。我的名字和任何一家公司都没有关联，在跟别人介绍自己的时候都不知道该怎么说话，那种感觉真的令人不爽。

之后的几个月，我和自己信任的人们谈心了很多次，我还学习了一种印度内观术，连续十天静坐在屋子里，每天十小时以上，静静思考。

这种事情对于像我这样外向的人来说，那真是相当难受。我动摇了，我在想是不是该花这么多时间去这样思考，是不是该回到家乡的小城去找一个舒服的栖身之处。

于是，那段时间我总结了自己的问题，一条一条写在纸上，最终有12页之多。这些目标包括：我的长处是什么？我的弱点是什么？现在我在哪些行业有竞争能力？我还列出了那些我想要结交的大商人，我所知道的公司总裁，我想去寻求指点的企业家和那些我所仰慕的企业。这样我就给自己定下了一个人际关系发展大行动的计划，当然计划中的人物绝不限于上边提到的那几种人，我同样需要认识培训师、官员、政客、CEO等等各种人物。当所有计划完全确定之后，我就打开门去按图索骥地召集我的智囊团了。当时我还有没资格成为一家大公司的CEO，不过我内心确实是这样渴望的。

泰德·史密斯是我最好的朋友，也是我最好的参谋，就是他告诉我不要总是追求在世界500强公司工作这样的虚名，这种虚荣的心理必须克服。他还说，如果我想要当CEO，那就必须找一个成长性的企业，这样才能让我和企业一起成长。史密斯的话对我来说就像逆耳忠言一样，我确实一直以来都太过注重大公司了。

当时，互联网危机刚刚过去，整个电子行业已经没有之前那样遍地黄金的感觉了，然而确实还有一些相当不错的企业需要注入新的活力。就这样，我认清了哪儿才是我该去寻找机会的地方，于是我开始调整我的CEO计划。

从那天起，我打了很多很多的电话，见了很多很多的人，为的就是找到几家合适的小公司，然后去拿下CEO的位置。三个月过去后，我收到了五个职位的邀请！

当时我走访的人还包括桑迪·克莱曼[1]，好莱坞知名演员，曾给CAA[2]的创建人迈克尔·奥维茨担当副手，后来克莱曼还在洛杉矶办了自己的娱乐及媒体风险投资公司——EMV。

其实，我在德勤为公司开拓娱乐界市场的时候就已经认识克莱曼了，后来他介绍我结识了YaYa公司的人，这个公司里有他的风险投资在运作。

当时YaYa公司正在创新性地推广一种新的广告模式，就是把广告融入到在线游戏中去。这个公司有着优秀的商业理念，有实力的管理层和热情的员工。他们现在需要的就是要用有远见的行动引起市场的注意，

---

[1] 桑迪·克莱曼（Sandy Climan），Entertainment Media Ventures（EMV）公司总裁，该公司与好莱坞及亚洲媒体关系深厚。

[2] Creative Artists Agency（CAA）公司，创立于1975年。CAA公司是目前好莱坞最具实力的经纪公司。CAA公司在电影、电视、音乐方面都有着极为雄厚的实力，好莱坞三分之二的艺人都签约其旗下；音乐界的麦当娜、碧昂斯、贾斯丁都是其成员；美国夏季演出巡演中，CAA所占份额是第二到第十名的经纪公司的总和的两倍。

要让市场了解他们的产品，要有人愿意出来为他们的产品掏钱。

当YaYa公司最终决定聘请我做CEO的时候，我明白，那个适合我的工作终于到来了。它就在我所生活的洛杉矶，它可以让我另辟蹊径地进入娱乐界市场，更重要的是它可以让我在CEO的岗位上发挥我的市场经验，这一切都再完美不过。

连菲戈丽丝都做到了，你又怕什么？！

几个月前，朋友给我讲了一个关于维吉尼亚·菲戈丽丝的故事，这个女人生活的地方跟我的成长环境毫不相干，但是我的朋友说这个女人的成功故事给了他很大的启发，认为我在听了这个故事之后也会有触动的。

菲戈丽丝在她44岁的时候决定不再干理发这一行了，她想要转行去做一名工程师！从说出自己想法那一刻起，她身边很自然地出现了无数反对的声音，大家都觉得她可能是脑子进水了。可是对菲戈丽丝来说，这些人的反对反而大大激发了她的斗志。

她后来说："因为这件事情，我失去了非常多的朋友。当你决定要做一件事情的时候，如果人们认为你没有那个能力，他们对你的态度就会变得充满猜忌。这个时候你所要做的就是咬牙挺住。"

菲戈丽丝尝试着读了一些关于职业规划的速成类指南，她发现这些书上边所讲的内容和提供的方法对于一个像她这样只有高中文化程度的人来说根本不适用。书里同时还向她传达了一个让她感到很刺眼的道理：转行很难！如果想要转行，你得做好准备去面对很多看上去不可能克服的困难，你会失去朋友，面对刁难甚至丧失自信！

菲戈丽丝一直都希望能够去上大学，可是因为她出生在宾夕法尼亚州一个叫做米尔顿的小镇上，作为单身母亲的妈妈根本不可能给她提供一个上大学的机会。菲戈丽丝17岁结婚，18岁生子，她的工作就是在丈夫开的发廊里一边帮别人打理头发一边照顾她的独生儿子。就这样，20年一晃过去了，直到第二次离婚之后，菲戈丽丝才开始重新思考自己的生活方向。她终于明白了，对于她来说，想要实现自己价值的唯一办法就是寻求改变！而改变的第一步就是要找到一个新的奋斗目标。

后来当她在一家商会做兼职秘书时忽然想明白了一件事：她所应该追求的绝不仅仅就是这样的所谓改变。她回忆说："我当时就想，以前我真是太糊涂了，为什么我寻求改变却只得到了这样的结果？学历很重要吗？如果学历那么重要为什么有那么多的物理学博士却只有一个爱因斯坦？"

当然不是所有的工程师都是天才，但是至少他们都要懂得数学常识——这是菲戈丽丝无可回避的。所以她暂时屈服了，她花了好几个月的时间去学习了一些基础知识。

在社区的学院里闷头学习了一个夏天之后，她决定向巴克纳尔大学的土木工程学院递交入学申请。当时学院的副院长特鲁迪·坎宁汉姆很直接地跟菲戈丽丝说明了情况。他回忆道："我记得当她来报到的时候，我就告诉她以后的日子一定很不好过。她是一个成年人，在来上学之前她已经有着自己的生活，而要与她竞争的这批人却都还是精力充沛的孩子，他们住宿舍吃食堂。她要改变生活方式是很困难的。"

不过可喜的是，菲戈丽丝以她一贯以来的热情很顺利地完成了生活方式的过渡。她参加了很多社团组织，比如基督教青年会、米尔顿当地商会等等。她还在一定程度上承担了"园林俱乐部"和"米尔顿职业协会"的主席工作，很快她就赢得了一群支持她工作的朋友和伙伴。

对于其他学生们来说，下课往往意味着可以去开party或者去踢球了。然而对于她来说却可能是在磕磕绊绊地完成学习任务之后还要在晚上去发廊工作。菲戈丽丝说那个时候她每天都会动摇，都想要打退堂鼓。

她记得在第一次物理考试的时候自己考得非常差劲。"当时另一个没考好的学生觉得世界末日到了一般，我却告诉她不要紧，这个小问题还不至于把人逼死。"她回忆说。后来她果然打破了人们对考试失败所采取的一贯态度，最后顺利通过了期末考试。

在经历了无数个不眠之夜后，在以"C"的成绩通过了很多考试之后，菲戈丽丝终于在1999年该校的137名工程学毕业生的名单里看到了自己的名字，其实对这个结果最感吃惊的正是她本人。她说："我当时感觉好像做梦一样，然后一遍又一遍地问自己，我毕业了吗？我真的毕业了吗？我真的毕业了！我的目标完成了！"

随着学习目标的完成，她的人际关系网也得到了极大的发展——不仅仅是带来了新的朋友和商业伙伴——她找到了新任丈夫，就是她在商会工作时的上司，不仅如此，她还在州运输部找到了一份新的工作。

最近她当选了州计划委员会的主席，以前的她也曾在这个地方工作过，不过那时的身份只是一个秘书。

故事讲完了，也许你觉得要达到她这样的成就是很困难的，但是如果你已经找到了自己的目标，如果你已经有了一个切实可行的计划和一群愿意支持你帮助你的朋友，那么你就已经拥有了战无不胜的条件，你可以做到任何事情——哪怕是像菲戈丽丝一样40出头从理发师转行去做工程师。

著名交际案例

比尔·克林顿
"人，要明白自己的生活目的"

1968年，当威廉姆·杰弗逊·克林顿在牛津大学获得研究生奖学金之后，他在一个聚会上遇到了名叫杰夫瑞·斯坦普斯的学生，这时克林顿立刻掏出了他那黑色的通讯录，开始记录下边这样一段对话：

"杰夫，你来牛津都做些什么呢？你为什么会来这里啊？"

"我是作为富布赖特奖学金[1]的交换生而来的。"杰夫回答道。

"哦，富布赖特……奖学金……"克林顿一边听一边在本子上记，接着他又问了斯坦普斯是从哪个大学而来，学的什么专业，等等。

斯坦普斯看到这个人的行为感到很困惑，他问道："比尔，你把这些东西都写到本子上干吗？"

"我正打算进入政界，现在正计划着去参加阿肯色州的政府公职竞选，所以我要把遇到的每一个人都记住才行。"克林顿回答道。

这个故事是斯坦普斯后来讲给人们听的，它告诉了人们克林顿在完成自己目标时是多么直截了当。因为他明白自己的目标就是竞选政府官员，所以他就会有意识地鼓足勇气去努力拼搏，真诚而充满激情地拼搏。

实际上，这位美国第42任总统早在大学期间就养成了一个习惯，他会在每天晚上把当天遇到的每一个人的名字和重要信息详细地分门别类地保存起来。

纵览他的政治生涯，克林顿的成就正是他对政治的热情和出色人际交往

---

[1] 富布赖特（Fulbright）奖学金，得名于美国政治家富布赖特·詹姆斯·威廉。富布赖特曾任美国阿肯色州参议员（1945—1975年），于1946年提出富布赖特法案，确立了美国与外国的学者和学生到对方国家交流进修的方案。

的能力紧密结合的效果。1984年，作为阿肯色州州长的他第一次参加了文艺复兴周末[1]的聚会活动，这个活动就像是一个国家级的交际网络，前来出席的都是各行各业有头有脸的人物。克林顿从他的朋友理查德·莱利那里获得了出席邀请，这个理查德后来当选了南加州的州长。对于克林顿来说，出席这样的活动简直就像是把一个男孩放进了玩具商店，他利用了一切可利用的时间去结识新朋友。1992年10月的一份《华盛顿邮报》是这样描述克林顿当天的行为的：

> 很多客人对克林顿的印象很深，他们在心里都产生了很多的疑问：这个人怎么能不断地从一个话题跳到另一个话题，在房间的每个角落到处都留下他的痕迹？他怎么能做到好像认识在场的所有人？他不仅仅是知道对方的名字，他好像了解每个人的事情，知道大家所感兴趣的一切。格林威力的前市长马克思·希勒说："他会和你拥抱，你可以感觉到那种拥抱绝不是形式化的，那是发自内心的一种拥抱！"希勒所说的这一点正是克林顿最为独特的一种能力，他能够在一瞬间就让对方感觉到一种无比的亲密，不论是对谁都一样。他跟你说话时绝不是简单地道出他所知道的那些你的信息，而是利用这些信息来跟你建立一种真正的关系。

我们可以从克林顿身上学到两点：**第一，生活目标越明确，就越容易建立起一个关系网来达到目标。第二，当你在跟别人交往的时候要认真地去和对方建立一种真正的关系。**我们大都有一种认识，那就是觉得如果某些人变得有钱有权了，他一定会同时变得"贵人多忘事"的。但是克林顿的例子告诉我们，你在飞黄腾达的同时也可以对每一个人依然真诚相待。

---

[1] 文艺复兴周末（Renaissance Weekend），始创于1980年，是一个有美国各界顶尖人物参加的私人活动，只有收到成员邀请才有资格参加。

第四章

未雨绸缪

> 如果彼此有好感，就要建立一个关系。
> ——米奇·阿尔博姆（Mitch Acbom）

你有没有见过某些人在失业的时候一头扎进各种招聘会和商业会议中，拼命地要名片，发简历，联系能联系到的所有亲朋好友来给自己帮忙？这种时候他才想起来自己原来还是需要有一个交际网的。好像所谓的交际网就是当你急需别人帮忙的时候——比如要找工作——才会想到的一个东西。实际上，每个人都有一个圈子，里边有你的商业伙伴和良师益友，但是你必须在动用这些关系之前就把所有的人都紧紧团结住，未雨绸缪才是正道，临时抱佛脚是不行的。

我的朋友曾介绍一个叫乔治的年轻人给我认识，他大概20出头，是个很聪明的小伙子。那个时候他正为能在纽约建立起自己的商业人脉而努力。有一天，乔治请我吃饭，说要听听我在这方面的建议。

当我们在餐桌前坐下之后，聊了才不到十分钟，我就意识到这个人走偏了。

我问他："你有没有去跟潜在的客户发展一下关系呢？"

"还没。"他说，"我正在一步一步地来。我计划先在上班的公司好好干，等到可以单干的时候我就辞职跟人合伙搞自己的生意，然后就去找我的第一个客户。我要先在自己公司的基础上建立好我个人的商业形象，一种令人信任的形象。在此之前我是不会贸然地去见什么潜在客户的。"

我告诉他："你这其实是南辕北辙，完全走反了。照这样的计划你是很难成功的。"

我建议他从现在开始就去寻找未来的客户。还有他应该先问问自己有没有想过具体要干哪个行业，然后再想一想怎么能接触到这个行业里的顶尖人物。等把这些想明白之后，下一步就可以去发展这么一个将来可以用得到的新圈子了。

关于建立新圈子的问题，我说："最重要的一点是，你要在接触这些人的时候把他们都当成是朋友来对待，而不是什么潜在客户。在这个时候有一个事情是再明显不过的，那就是当你去和别人接触的时候，如果对方觉得跟你的交往不会给他带来什么益处的话，那么不管你表现得多么友好，对方都不会马上把你当成自己人看的。所以，你必须要为对方付出，至少在交往之初要无私地付出。比如说，你可以把时间花在他们组织的一些非营利性的团体活动上，或者关心一下对方子女所参与的教育基金项目，等等。"

"但是这样的话，我的老板不会因为我在这些事情上浪费精力而生我的气吗？"

"在公司做好本职工作是第一位的。"我说，"挤出时间来处理工作以外的东西是你自己的事情。工作之余你才可以在现任老板所从事的行业之外有所关注，当然还要明白，如果你对某个行业的了解还没有积累到一定程度的话最好别出去单干，那样还不如守在原来的职位上发展得好！"

"那么也就是说，我要为这些我想要交往的人白白付出很多精力？"他问。

"那是必须的。今天你还是个无名小卒，要迈出自己的第一步是非常艰难的。只有这样做,才能有一个属于自己的群体来给你信任,来关注你的工作和成长。这样的圈子才是你创业或跳槽时所必须的。还有,在辞职之前,你就应该试着从自己的熟人里去发展一个真正的客户,等你真的完成一单交易之后,你所得到的不仅仅是收益,更重要的是对方给你的回馈和口碑。这时你就可以回到公司要求休假了,或者直接离职,顺便把原来的老板或同事发展成你的第二个客户。只有这个时候辞职才能让你只赚不赔,毫无风险。这样原来工作圈子里的人就自然而然地变成了助你转型到新局面的帮手。"

那次谈话结束后,对于乔治来说剩下的事情就是从自己认识的人中选出一个来展开第一步行动了。我也从自己的关系网中介绍了一两个人给他,他对于将来显得信心十足。经过这次谈话,我相信此后他在商业关系的扩展上不会再感到举步维艰了,他会寻找机会先成就他人,这样一来又有很多人都能从我们的这次谈话中得到一些好处。

上面说到的是自己创业的一些情况,其实如果不创业的话,想要在一家公司里变成一个不可或缺的人物也需要同样的思路,当你变得炙手可热的时候自然没有人会开除你了。目前的就业形势是很不好的,据统计,在2004年,毕业后没有找到工作的MBA比例较前一年翻了三倍,已经逼近20%。有相当大的一部分人已经失业或者面临失业的困境。每天像雪片一样下发的解聘书让那些找工作的人们清醒地意识到,想要拿稳一份工作,所要做的绝不仅仅是看招聘广告和投简历那么简单。

很多时候,我们所做的都是事倍功半,比如紧紧守在办公桌前看着日子一天一天地过去却什么也没干。这个时候,我们需要做的并不是要找一份工作或换一个环境,而是应该立刻从现在开始建立自己的社交圈,为将来你所想要做的事情铺路。

要建立这样的一种社交关系,不是一朝一夕能完成的,所以绝不能临时抱佛脚。一种成熟而稳定的关系是需要不断维护的，想要得到别人的信任和帮助必须靠自己一点一点地去铺垫。

接下来可以帮助你建立此类交际圈的办法不过就是如下几条：

1.找一件可以得到大家认同的事情并开始着手去做，比如创办一个组织或一个项目，这个事情要既能够让你学到新东西还要能帮你认识一群新朋友。

2.参与某项你所感兴趣的业余活动或组织，并成为其中的带头者。

3.参加本地的校友会，多花些时间和那些从事你所感兴趣的行业的校友在一起，跟他们成为朋友。

4.在社区活动中选择一项来报名，这个项目必须是你工作之外的事情，这样可以帮你开拓人际交流范围。

做到这以上4点之后，你就可以结识非常多的新人了。从概率角度讲，你认识的人越多，成功的机会就越多，同时在你职业发展中的关键时刻得到的帮助也就越多。

在商学院读书的第一年，我和我的朋友泰德·史密斯就已经开始尝试咨询行业的事情，他现在是一家大出版公司的CEO了。当时我们并不想在毕业后创办一家仅仅可以维持运作的咨询公司，而是想把我们的知识和工作热情投入到小公司中去。我们那时得到的报酬不高，但是我们却切实地了解了这个行业的真实信息，学到了可靠的本领，并且认识了一大帮同事和导师，当然还赚了一小笔钱。

属于你的世界是什么样子的呢？你是不是已经充分利用到了你所有的人际关系呢？想象一下，如果你所有的家人朋友和社会联系人在同一时刻聚集在一起，那会是什么样子？如果这个时候你在人群中走一圈会有怎样的发现和感悟呢？

未雨绸缪

想想看，你是不是和大多数人一样，你的交际圈在自己眼中就是很明确地记在常用通讯录上的那几个人？这个圈子包括你的密友、同事、商业伙伴等等，总之是那些关系明确、身份清晰的人。

如果是这样的话，我们可以说你算是初窥到所谓"人际交往"的端倪了，但是这样的关系网是一种畸形的关系网，在各种明确而清晰的关系背后其实有很多暗藏的未被人发现的机遇被你忽视了。实际上，你所拥有的潜在人际关系要比你自己所能意识到的大得多得多。因为通过你所认识的这些人，你可以有无数金子一样珍贵的机会去发展一些真正深入的联系，因为不论对方是你所认识的，还是你所不熟悉的，他们每个人都认识另外一群你所不认识的人，这些人就是你的潜在关系。

想要把已有的人际关系网大幅度激发一下的话，首先需要回答这么几个问题。你是否已经清楚了自己父母的好友和联系人的基本情况？还有你的其他亲戚的好友，还有你的同学和校友的好友，这些人你都知道个大概吗？当然，还有你的教友、健身同伴、私人医生、律师和中介人等等，这些人的外延关系你都有所了解吗？

在生意场上，我们经常说的一句话是：老客户才是好客户！换一句话来说就是我们那些最成功的单子都是通过以前已经做成的单子带来的，最大的收益不是来自于某个新的订单，而是来自于那些已经和我们建立了稳固合作关系的老客户。同时，如果你想要认识自己关系圈以外的人的话，老客户的介绍也是一个最佳捷径。

在发展人际关系网的时候可以使用上边说到的各种方法，比如直接电话拜访啊，比如与尚不熟识的人一起参加活动啊，等等。但是所有这些方法的第一步都是一样的，那就是你得先从自己认识的人开始发展，才能认识很多之前不认识的人。所以你必须首先关注自己目前的人脉网络，比如老同学、亲戚、朋友的朋友等。我怀疑，大部分人在达成自己目标的过程中从来都没有问过自己的侄女、外甥、连襟等这样的亲戚是否认识一些可以帮得上忙的人。其实从你的亲戚到邻居甚至是门卫，每个人都可以带你认识一大群你之前没见过的人，每个你的熟人就是一扇大门，打开后就会发现一处人脉的新宝藏。

所以说，不要等到失业了或者孤立无援了才想到去找人帮忙，我们应该时时刻刻都想着发展自己的人脉。我们应该跟一帮同事和朋友一直维系良好的关系，不要到用到人家的时候才临时抱佛脚，因为身边一般认识的熟人是不会给你帮忙的。所以从现在开始就浇灌你的人脉吧，你会发现原来最有价值的人际财富就在你身边，只要培养，就会发芽。

第五章

初生牛犊的天赋

> 抓住当下，想做什么、能做什么就立刻动手！这也许是一种鲁莽，但更是一种神奇的力量！
>
> ——歌德

我的爸爸名叫皮特·法拉奇，他是第一代美国移民，二战时做水手的他跟随商船来到了这里，之后他在钢铁厂找到了一份差事，工作艰苦，薪水却很低，所以他对自己的儿子——我，期望很高。我的成长过程无处不显现父亲的身影，他的朋友们一直都叫我"小皮特"，因为不论走到哪里他都会把我带在身边。他很清楚，只要能帮我脱离工人阶级的身份，我们就一定能过上较为富足的生活。

但是，他却不知道具体该怎么办，因为他从未接受过高等教育。他对富人们聚集的乡村俱乐部和私立学校完全没有概念，在他的意识里属于那个阶层而且可以帮助我的人只有一个，那就是他的老板。实际上，我这里提到的老板是他的顶头上司的上司的上司，凯南麦特金属公司的总裁——麦克凯南。

我父亲和麦克凯南，这两个人本来从未见过面。但是我父亲很清楚这个世界的游戏规则，那就是在同一屋檐下，如果有两个能力差不多、职位也差不多的人，他们谁能出头就只能取决于谁的胆子更大了。出于这种考虑，他鼓起勇气请求和大老板见个面。麦克凯南在听到这个消息之后非常好奇，于是就答应了。在那次会面中，我父亲唯一取得的成果就是麦克凯南同意给我一次跟他面谈的机会。

面谈之后麦克凯南就很喜欢我了，这恐怕是因为我吸引他注意时所采取的方式比较特别。那时他是当地一家私立小学的校董，当地的有钱人都会把子女送到那里读书。麦克凯南用他的关系为我和父亲安排了一次跟小学校长皮特·梅塞尔见面的机会。

后来，在我正式入学的那天，我有了奖学金，我有了全新的课程，正如父亲一直期待的那样，我进入了一个全新的世界！在之后的10多年中，我一直接受美国最好的教育，一路向前，直到耶鲁和哈佛商学院。当然，如果我父亲当年没有那般勇气的话，我所享受的所有一切都不可能存在。

当我回顾自己的成长足迹时，我发现这件事应该是我人生中较为关键的一步，而且我从这件事中学到的东西比我从以往任何途径学到的都更为重要。

我的父亲就是这样的一个人，只要是为了满足家人的需要，多么难堪的事情他都会毫不犹豫地去做。记得有一次，我们正在开车回家的路上，他瞥见路边的一堆垃圾里扔着一个坏了的大脚玩具车，于是他就停下车把那个玩具捡起来，走到扔这堆垃圾的那家人的房子前敲门。

门开了，他对房子的主人说："我刚才在你家的垃圾桶里看到了这个玩具，如果你不要的话会不会介意我把它拿走？因为我觉得我可以修好它给我的儿子玩，如果他能喜欢，那样我也会很开心。"

你看他多勇敢啊！你能想象出他心中的那种自信吗？一个钢铁厂的工人在一个陌生女人的面前非常坦诚地承认自己很穷，所以需要拿走她家的一件废品，这是怎样的一种勇气啊！

但是，仅从我父亲的角度考虑其实还不足以反映整件事情的影响，

初生牛犊的天赋

我们还应该考虑一下开门的那个女人当时的心情，你看她忽然间得到了这样一种机会来给别人一份这样的礼物，一定心情很不错。

所以呢，她当时脱口而出："当然可以！"然后解释了一通什么他的孩子已经长大了，不需要这些旧玩具了，等等。然后她又说："当然，如果你不嫌弃的话我这里还有一辆自行车也用不到了，它还不算旧，只是我们已经用不到了，也不知道该怎么处理……"

就这样，我得到了一辆"新"的玩具车可以开，而且还有一辆自行车等着我长大以后去骑。那个女人微笑着，我想她正在因为自己的善行而心情激动。而爸爸这时也在教育我：大胆些！勇敢是一种神奇的天赋，即使是表达善意也需要这样的勇敢。

后来，当我每次踌躇于什么能做什么不能做，或者想了半天又不敢动手的时候，我就会想起当年的那辆大脚玩具车。这时我就会告诉自己，人不应该都畏惧冒险，人的行动不应该由"担心"来左右，因为你越胆小，成功离你也就越远。那段日子留给我的记忆一直是我日后前进的动力。因为我的父亲教会了我，勇敢些没什么不好，最差的情况无非是被人家拒绝而已。如果你去求助的人不肯帮助你，那么其实失败的是他们。

我的一个习惯给我创造了无数机会，那就是积极地去询问，不论何种情况！记得当年我作为一个无名小卒参加瑞士达沃斯经济论坛的时候，我在酒店的大巴上看到了耐克公司的创始人菲尔爵士。他对我来说一直就是一位偶像级的大人物，多年来他主导了很多营销方法的创新。那么，当时我看见他会不会紧张呢？当然会！但是我还是立刻就想到要争取跟他说上几句话才行，所以我一屁股就坐在了他旁边的位置上……后来呢，他成为了我的 YaYa 公司第一位大主顾。类似这样的事情我经常会干，不论在什么场合下从不胆怯。

当然，这么做有时候也会失败。我有一个名单，很长，上面记着的都是那些我曾试图去和他们交朋友但对方却对我不感兴趣的人。其实"有约在先"和"不期而至"这两种交往方式有着同样的缺点，而前者又是我在职场交往中最不擅长的，所以选择后者理所当然。

当然，跟那些已经认识的人保持良好的关系是一种很好的习惯，但是这往往是"有约在先"的交往方式。对于一个不满足于某个单一的小圈子的人来说，仅仅保持这种习惯还是远远不够的。如果要让自己的交际圈子不断扩大，如果要不断丰富自己的人际网络，那么就必须冲在前面，始终冲在前面！因此我需要做的就是不停地把自己介绍给那些不认识我的人，所以担心被人拒绝就是我最常考虑的一个问题，而每当这个问题出现时，爸爸送给我的那辆大脚车就会为我鼓劲，推我向前。

其实我们很多人都不觉得人际交往是人类的一种最基本、最自然的能力。当然我们不排除有的人天生就有自信和能力可以帮助他们轻而易举地和别人相处。但是其他的大部分人该怎么面对这个问题呢？

在开始创建YaYa公司的时候，我一直为她的存亡而忧虑。那是我人生第一次不得不去结识他人，为了我的公司。我到处去给人们推销这个不知名的企业，希望人们能够接受我们那些新兴的还未接受市场检验的产品。对我来说，能否大胆地去和人们交谈其实就是一个平衡问题，一端是跟陌生人交谈时的尴尬气氛，另一端是因为胆怯带来的失败，我必须做出取舍。当年我父亲面对的问题是"要么大胆地去问，要么家人就没有那些争取来的东西"，而我的问题是"要么去问，要么就失败"。所以，对失败的恐惧很轻易就压倒了被人拒绝时可能出现的窘迫。

很多人都会恨自己为什么会失败，每个人都曾有过这样的自省。那么我们就来说说这个事情。我们应该这样思考，当我们面临选择的时候，我们不应该把选项想象成"成功"和"失败"，而是应该想成"冒险，然后卓越"和"固守，然后平庸"。

对于很多人来说，害怕跟他人见面的一个很重要的原因就是害怕在公共场合说话,这种害怕对于人际交往来说往往是直接致命的弱点。即使是世界上最知名的演讲者中也有一些人会有这种担心。正如马克·吐温所说:"其实演讲者只有两种,要么在紧张,要么在说谎。"

战胜这种担心的最好的办法就是首先要了解,你的胆怯是非常正常的一种心理反应,别人也会同样地胆怯。然后你要明白,战胜这种胆怯对于你的成功来说是至关重要的。最后要做的就是努力地一点点战胜胆怯。

下边提供几个可供努力的方面,做到这几点以后你在社交场合就可以大胆地去和陌生人接触了:

○寻找一位榜样

在人际交往的过程中,我们往往倾向于寻找一些和自己相似的人在一起,比如腼腆的人总是会和腼腆的人交朋友,而外向的又喜欢和外向的聚在一起,这是因为他们下意识地肯定了自己和对方的行为方式。但是我们每个人可能都曾经意识到,在某个圈子里会有那么一个人,他好像可以跟自己的每个朋友都很合拍。我们要找的就是这样的人物,当你觉得你还没有准备好自己去结交新朋友的时候,那么就可以让这种人来帮你指明道路。有必要的话,可以在社交场合把他们带在身边,观察他们是怎么和人交往的。观察久了你就会学习一些他们的技巧,慢慢地你就可以自己去主动结识他人了。

○学会说话

现在有很多公司发现了一个新的商机,那就是社会上有无数的人正在认识到他们缺乏说话的技巧并且急需解决这个问题。

这些培训公司知道,人们并不是要学习一种面对数千听众演讲的技巧(至少刚开始不是),大多数人只不过想获得一种可以在人前自如表达的自信和一些实用的技巧,从此来克服自己的胆怯罢了。

培训机构并不是简单地给出一些"三日速成"或者"包治百病"

的招数，他们往往是给大家创造一些联系说话的机会，在一个没有任何环境威胁的情况下，培训师会引导和推动你去和别人交流。现在已经有数百家学校和培训机构致力于开展这种培训了。美国最著名的一家机构叫做"祝酒者俱乐部"，国内很多地方都有他们的分支，他们已经成功地帮助数百万人克服了胆怯，锻炼了说话的技巧。

○加入团体

你有没有觉得，如果能和一群志同道合的人一起做事是件令人感到十分舒心的事情？任何兴趣爱好都是一种加入某个集体的好机会，比方说集邮、唱歌、运动或者写作，等等。社会上已经有各种各样的俱乐部了，你要做的就是参与进去并成为一名活跃的成员。当你觉得自己在这类事情上游刃有余之后，那就可以试着成为某个团体里的领导者了。这一步很关键，如果你希望在事业上领导他人，这正是一个合适的锻炼机会。做到这一点之后你接触他人的机会就会变得越来越多，你的交往能力也就会越来越强。

○去做心理治疗

我知道，看到这个小标题之后你一定在想，"写这本书的家伙要我为了学会说话去看看精神科大夫？难道我有病不成？"事实是这样的：第一，如果你确定自己的主要目标是变得更会说话，那么任何对你有帮助的方法都应该使用；其次，我认识很多成功人士，他们都曾在生命中的某个关键时刻去找过心理治疗师，我并不是说心理治疗一定可以让你变得更好，但这种方式至少可以帮你释放自己的恐惧和社会压力，这是一种积极的方式！美国心理健康研究会的很多研究都显示，对于那些腼腆的人们来说，心理治疗可以非常成功地帮助他们摆脱精神上的痛苦。

○现在就动手吧

我已经很详细地说明了这种勇敢的交流方式，那么现在就可以设

初生牛犊的天赋

定一个目标了,你应该计划每周都要认识一位新朋友。时间地点并不重要,你要做的就是介绍自己给别人,公车上也好,酒吧里也好,写字楼的走廊里也好,找个人去打招呼吧。你应该在公司里强迫自己找一些以前没有说过话的同事来开口交流,这样过一段时间以后你就会发现,你和别人说话的时候会越来越自如,等到哪天在被人拒绝之后还不觉得难受,你就离成功不远了。著名的剧作家萨缪尔·贝克特[1]曾经写道:"失败,再失败,然后就失败得不那么失败了。"理解这句话之后,胆怯的心理就不那么强了,在各种情况下你也就不会退缩了。那时,不论你想要结识的人看上去多么遥不可及,在你眼里他也不过就是一个成功的机会罢了。

○ 勇气之母

谈到帮助别人提高说话技巧,没有人比迪安·罗斯伯格女士更合适了。她现在30多岁,是一位专业的职业咨询顾问,有着自己的咨询公司。人们称罗斯伯格为"勇气之母",这是有原因的。在1969年,她在读《华尔街日报》时发现在美国经理人协会里根本没有女性的声音。

罗斯伯格回忆说:"报纸上写着,美国医药协会的会长在接受采访时说还没有发现哪个女人能在公共场合用官方化的语言来对管理学发表看法。"她把报纸上的这块文章剪了下来,然后写了一封信寄给了美国医药协会,告诉他们说这样的女人现在就有!但是两个星期过去之后她没有收到任何回音。她说:"我明白这种方法不管用,所以我就直接写了一封信给他们的会长,告诉他要么就拿出实际行动,要么就闭上嘴巴!"又过了两天,会长打电话告诉她说已经为她安排了一次演讲的机会等她去表现。所以,罗斯伯格就成了历史上第一位代表美国

---

[1] 萨缪尔·贝克特(Samuel Beckett),法国著名作家,尤其以戏剧见长,最著名的作品是《等待戈多》,曾于1969年获得诺贝尔文学奖。

医药协会发言的女性。

从这些富有使命感的事件中学到的东西始终伴随着她的成长。成功无非是自信、毅力和勇敢的混合产物。就拿勇敢来说吧，罗斯伯格就是利用这一点为自己成功地构建了职业生涯。有一种告诉人们如何开始跟陌生人交流的对话模板正是她的首创，时间证明这个模板是非常有用的。

我相信这个模板对你们来说也同样有效，下边我就罗列一下：

1. 认清环境

罗斯伯格说："你要以正确的方式找到最合适的切入点，然后直奔主题，用不着那些太夸张或者太戏剧化的方式。"比如她在医药协会事件上，就是认清了两点：第一，他们说没有女性演讲者一定是错的；第二，雇她去演讲就是往对的方向迈出的第一步。所以，在你动用自己的知识和激情去开始演讲之前，认清形势会比你巧如舌簧的技巧更为有用，也就是说你必须先明白自己的立场和论点！

2. 感情交流

在日常交往中我们往往忽视了感情因素的重要性，特别是在商业活动中。很多人都觉得提到自己的弱点和感情不是一件好事。其实如果你习惯于告诉别人真实感受的话，对方也会觉得跟你的关系比较真诚，比较有深度。因为对于听你说话的人来说，你的情感表达就是一种对他们最真诚的尊重。

3. 告诉对方你的主要目的

明白什么是你真正想得到的才是最至关重要的一点。如果你真的打算冒险去做一件事情的时候，你最好已经找到了足够的理由去那么做，不要太冒险。实际上，要做成一件事，重要的不是速度而是实现的可能性。比方说当我在达沃斯遇到耐克公司老板菲尔爵士的时候，我很明白

初生牛犊的天赋

想要让他在大巴上的几分钟内就决定要买我的产品是不可能的，所以我没有强求，我留下了他的邮件地址，然后告诉他我会在之后联系他的，这样我的主要目的就达到了。

你可以把见面的邀请"化装"成一个问题，一个不能简单地用答应或者拒绝来回答的问题可能更为成功。比如，"你觉得……怎么样啊"，"那么这个事情我们该怎么解决呢"，"我们是不是应该约个时间再好好地聊一下"等等。这样你们的谈话就被提高了一个层次，这些问题不仅表达了你的感受，也说明了你的要求。每次谈话的时候留下一个"未完待续"的议题，这样就相当于邀请别人来跟你一起为了某件事情而努力了。比方说，我当初就没有跟菲尔爵士约定一个什么时间去吃午饭，而是告诉他我过后再跟他讨论，因为我可不愿意让他感到这短短的一次意见交流很快就降格成了一次赴约的义务。

第六章
莫当交际傻瓜

胸怀大志者当张弛有度。

——艾德蒙·伯克[1]

有时候我们会见到这样的一个男人或女人，他们左手拿着一杯马爹利酒，右手拿着名片，一张嘴就是早就演练了无数遍的公式化的推销语言。这种人往往是闲聊的高手，他们的眼睛每时每刻都注意着身边的一切，时刻准备着寻找一个大的目标上钩。这种人是非常虚伪、无情而又充满野心的，我想你并不愿像他们那样削尖了脑袋到处钻营吧。

当很多人刚听到"人际关系网"这个词的时候，头脑中很可能会想象出一个人急不可耐地到处寻找各种人建立关系。然而经验告诉我，这种只顾着蜻蜓点水到处收集名片的人往往都不能成功地跟他人建立一种互信的关系，因为他们没有掌握细微的关键所在。他们自以为是的风格往往难以发挥作用，因为他们不知道在建立真正的人际关系时，

---

[1] 艾德蒙·伯克(1729-1792年)，是英国18世纪最伟大的政治思想家之一，是英国保守主义集大成者，对英国宪政、英国政党政治的发展作出过巨大贡献，他的帝国思想是其政治思想的重要内容之一。18世纪末，伯克对北美、印度问题发表了大量的演说，形成了新的帝国思想，他所阐述的帝国统治原则，成了英国对土著殖民地的统治原则，为英国在印度新统治机制的建立作出了巨大贡献，对英帝国的发展产生了巨大的影响。

真诚才是最为重要的第一点。我本人当初也是吃到教训之后才明白的。

如果你在我年轻的时候就认识了我，那么估计你不会喜欢我的。我那时几乎把所有经典的错误统统实战了一遍，我几乎是一门心思地去钻营。每一天我的胸口都有难以抑制的野心和冲动，我向所有比我地位层次更高的人们去示好，同时也完全忽略了身边同阶层的人们。人们往往在上司面前一副面孔，而在下属面前是另一副面孔，而且对待朋友时也是迥然不同的第三张面孔，这样的态度简直太幼稚可笑了。

当我成为德勤公司市场部负责人之后，忽然就有了很多很多的下属。那时我脑海里产生了一个很大的主意，我想做一些事情，这是在咨询界的市场方面从未有人做过的事情。后来我终于组建了一支帮我实现这个想法的团队。但是，当时我却没有把这个团队的成员看作是被我请来帮忙完成大目标的合作伙伴，我把他们当成了一群主动要求来这里完成我的任务的下属。再加上我那时太年轻，你可以理解为什么在这个团队里我会处处都受到阻力了（当时小组里的任何一个成员都要比我年长20岁以上）。当时我跟他们之间的互动氛围非常不自然。这就导致在工作中我认为几个小时就能完成的事情往往会被拖上好几天。后来我意识到必须要采取一些行动来改变这种局面，于是我就找到了一位经理人顾问南希·巴德（曾任福特行政开发中心主管，早在"CEO"这个词出现之前，她已经指导过很多公司的高级行政长官了）。

我们第一次见面是在我的办公室里，还没有来得及说几句开场白来活跃气氛我就迫不及待地问："要怎么做才能让我成为一个伟大的经理人呢？"

她听了以后并没有马上回答，而是漫不经心地环顾了一下我的办公室。最后她终于开口了，而且让我感到如醍醐灌顶，她说道："基思，你口口声声说想要当一个伟大的领导，可是看看你墙上挂的这些照片，除了你自己之外，连一张你和任何一个团队成员的合影都没有。你看看，所有的照片不是和某个出名的人一起，就是在某个出名的地方，再或者就是你的获奖照。整个屋子里没有一张你团队成员的照片，也没有东西可以让人们知道你们的团队曾取得过什么成绩。大家到这里之后都会觉得，你根本不关注自己的团队，你所关注的就只有你自己罢了。有一个道理你必须明白，这里所取得的成就应该是属于整个团队的，这里的成员是因为你的组织而协同工作，但是他们工作并不是只为了你一个人。在明白了这个道理之后，你就能学会怎么做一个合格的领导了。"

我被她的一番话彻底打倒了，她说得完全正确。我对自己的下属表示过工作之外的任何关心吗？为什么我所做的努力不能让他们每个人都成为团队协作的一部分呢？我从进入公司的第一天起就开始和上司们为达到这个目标而努力了，可是却并不成功。后来我终于认识到，我的长期计划能否成功主要取决于我身边的这些人，所以应该是我为他们效劳，而不是要他们为我干活。

对于这一点经理人们往往并不明白，可是政客们却都很了解，政治人物们常说：对于我所喜欢和尊重的人，应该是我去为他们做贡献，而不是要求他们为我贡献出自己的选票。经理们只有能受到成员们的爱戴和敬佩之后才有可能把公司运作成一流的企业。在当今社会，太工于心计的人很难做成大事。

我的作家朋友蒂姆·桑德斯曾经对我说，"工于心计"的人际交往方式已经过时，主要是以下两个原因：第一，我们生活在一个可以有"丰富选择"的时代，不论是购买产品还是职业规划，想做成任何事情都是条条大路通罗马，选择非常多。这样丰富的选择机会意味着，那些难以相处的同事和领导的"末日"快要到了。他曾在自己的文章里写道："现在越来越多的社会成员有了越来越多的选择，所以如果什么产品或者服务做的不好的话，人们绝对没有必要再将就下去。如果我们不喜欢所在的公司，或者不喜欢某个上司，可以直接另谋高就。"他把第二个原因称为"顺风耳"。他说:"现在如果有什么'坏产品'、'坏公司'或者素质低劣的人,那么他们实际上是很悲哀的,因为'坏事传千里'在现代社会是非常容易实现的,没有什么坏事可以藏起来不让别人知道。电子邮件、即时通信工具或者互联网可以让各种消息瞬间传遍每一个角落。"

现代交往中人们往往有这样一条原则:如果你不喜欢某个人,那躲开他就是了。谁都是这样,所以当你没有发自内心地去关心别人的利益,那么人们迟早都会离你而去。现在的社会文化对我们的要求已经变高了,它使得我们必须尊重身边的每一个人,所有人都把人际交往看成了一种互利互惠的形式。

当你从生活和工作的角度来看你所交往的这些人们,你一定是希望能看到朋友遍天下,而不是人人跟你唱对台戏。下边我会根据自己的个人经验来给大家提几点建议,这些建议可以保证你们不会像我以前一样成为交际圈中的傻瓜:

不要闲谈扯皮

当你打算去跟别人交谈时,一定要带着激情去谈,一定要言之有物。要确保你所说的话能够给对方带来有用的信息,然后还要用真诚的态度去讲。如果你在人群中到处蜻蜓点水地交谈,同时还不停地用飘忽的眼神去搜索自己的下一个目标,那么很快你就会失去大家的尊重;如果你能够把有限的交流时间用在跟少数几个人进行深入和有意义的谈话上,那么你就会得到更好的效果,可惜的是绝大多数急切地想要扩大交际圈的人们并不明白这个道理。在我的电子邮箱里常常会收到类似这样的邮件:"基思你好,我听说你人际交往很广,我也跟你一样,所以你看我们什么时候找一刻钟时间坐下来喝杯咖啡吧。"这种邮件让我想到:为什么会有这样的人发出这样的要求,还会指望着我能同意?他们这样的邮件能让我有情绪去跟他们去喝什么咖啡吗?

跟他们见面能给我带来什么益处吗？他们把我摆在了一个平等交流的位置上吗？显然答案都是否定的，所以很抱歉，我不可能答应。人际关系网的价值绝不是几个人握握手、弄个神秘的小圈子就达到目的了，每个人想要融入一个网络都必须能带去有价值的东西才行。

不要相信小道消息

当然，如果想要得到信息的话，打听小道消息是比较容易的方式，所以大部分人对小道消息非常感兴趣，往往是打听到就照单全收。但是从长远来讲小道消息是不会对你有太大帮助的，因为到最后越来越多的人会发现你带来的消息并不可靠，所以连你这个人也不再相信了。

不论什么样的活动都不要空手参加

什么东西在当今互联网上能吸人眼球呢？答案就是博客。博客的作者大都是随心所欲的"网络游侠"，他们建立各种博客，发布各种信息和链接，或者依靠博客为了某些相同的爱好而组建一些网络上的团体。他们所做的事情都是义务的，他们最想得到的回报就是能有更多的人来和他们做同样的事，这样下去就会在互联网上形成一个良性的循环。其实在实际交往中，道理也是一样的，那就是你必须为你的交际圈做出自己的贡献，你的交际价值仅存在于你能带给他人的价值。

山不转水转，善待那些位不及你的人

虽然有时候在交往中某些人会有求于你或者受你的牵制，但是很可能过不了多久你们的位置就会发生完全的逆转，因为现代交往中的上下关系链是很不稳定的。所以，不管是地位比你高的人还是比你低的人，不管是有求于你的人还是可以帮你的人，每个交际对象你都必须要尊重。很多人都说好莱坞超级经纪人迈克尔·奥维茨是个人际交往大师，但是《名利场》最近刊登了一篇措辞严厉的人物传记，其中有很多不知名或者不是很知名的人物对奥维茨的攻击之语，它标志着奥维茨这位耀眼的职业经纪人犯下的难以弥补的错误。有的人会问，奥维茨不是交际手段惊人吗？怎么会发生这种事情呢？是的，他是掌握了很多的交际技巧，但是他却用得很卑鄙。对于那些已经不再需要的人。他往往非常冷漠甚至态度恶劣，所以有很多人在他失败的时候会幸灾乐祸甚至落井下石。

做人要直率真诚

"我就是我！"这是卡通人物大力水手"波派"经常说的一句话。在信息时代，直率真诚已经成为个人的一种很有价值、很受欢迎的品质了，不论你是为了达到什么目的、发布什么信息或者称赞什么事务，只要你的态度是真诚的，大家就会认同。当人们意识到你是在真诚待人的时候，他们就会给予你相应的信任。当我在某个会议上找到合适的交往对象时，我已经非常渴望跟他建立友谊了，所以我丝毫不会拐弯抹角，我会将自己积极的一面真实地表达出来。我会说："终于认识您了，我非常高兴。对您取得的成就我虽然离得很远也是十分敬佩，我觉得如果我们能好好认识一下，一定会对彼此都很有好处的。"那种装深沉、玩腼腆的把戏可能在酒吧里才能起作用，如果你想要跟别人建立一种深入而有意义的关系，那么这套把戏是完全无效的，你必须足够直率真诚。

不要太过追求高效率

如果人们收到一封电子邮件，发现收件人列表里除了你还有很多密密麻麻的抄送地址，他一定会从中感到一丝不够尊重。跟别人联络感情并不是玩数字游戏，不要求你一次完成多少目标。你的目标应该是专注地跟自己计划中的某一些人发展成真正的交往关系。

其实，我自己也是在遇到了很多麻烦之后才明白这些道理的。我以前听说在过年过节的时候给别人发一些贺卡是一种很有用的交际方法，所以从耶鲁毕业之后我就开始进行实践，我经常会给通讯录上的每一个人都发去一张卡片。等我到了德勤公司之后，我的通讯录上已经有数千人了，所以每到年底我都会雇一些人来帮我填写地址，甚至代替我给卡片填词并签名。相信很多人看到这里也觉得这是一种很有用的办法，我的意图是多么好啊！不过直到一位大学舍友提醒我（实际是嘲笑我）说，他为能在一年之内收到三张签名笔迹各不相同的新年贺卡而觉得"感激不尽"时，我才意识到我的想法是有问题的。我说这个事情的重点并不在于我的贺卡计划有多么混乱，我是要透过这个事情去说明如何跟人建立真正的交往关系。如果你在跟他人联络的时候没有在彼此之间形成友谊，那你一定要注意一下那些对你并不关注的人们，要处理好跟他们的关系。因为，如果你引起了对方的反感，那么你在这之前所做的所有努力都白费了，不管你的出发点有多么好。相反，他人如果对你有好感，那这份好感就将是你们日后搞定其他事情时最有效而积极的一份影响力。

著名交际案例

凯瑟琳·格雷厄姆
"让每个人都能信任你！"

一次灾难使得凯瑟琳在一夜之间从家庭主妇变成了一个出版商。因为其丈夫菲利普·格雷厄姆在1963年的突然辞世，凯瑟琳不得不立刻接手《华盛顿邮报》的经营权。在旁人看来，她的那种腼腆而喜欢安静的性格似乎并不适合于经营这样一家全国性的大型报纸。不过凯瑟琳用自己的行动证明了自己是可以胜任的，在她的努力之下，《华盛顿邮报》已经成为美国最知名的报纸和最成功的商业企业。在凯瑟琳经营期间,《华盛顿邮报》报道了"五角大楼文件案"和"水门事件"等等非常重要的事件,她以自己特有的方式左右了华府的政策和美国媒体的视角。

她这种风格实际上对以后很长一段时间都产生了影响,用怜悯、亲切而真诚的心态去报道事件,这直接造就了凯瑟琳在人们心中强有力的形象。由于拥有强烈的影响力,凯瑟琳有能力以一种关心而尊重的方式让社会中的其他人获得他们所需要的力量——无论是社会的最上层还是最底层都有可能。

在凯瑟琳去世几天之后,《华盛顿邮报》的一位专栏作家理查德·科恩写下了这样的文字:

> 在很多年前,7月的一个周六,那是非常糟糕的一天,简直热得要命。我从海滩度假回来,看到在报社停车场前支着一个小帐篷,那是我们公司的某些员工为了搞聚会而支起来的,他们的名字你肯定从未听说过,因为他们既不曾出现在报刊杂志上,也从未在广播电视节目中露过脸,他们的工作可能只是帮报社投递广告或者打扫卫生。这时我看到,在酷热难耐的空气中,凯瑟琳·格雷厄姆正缓慢而蹒跚地朝着聚会的人们走去。
>
> 她年岁已经很大了,走起路来都十分困难。我看着她顺着停车场的斜坡非常费力地走着,走向那片聚会的人群。她在弗吉尼亚拥有一片农场,在乔治敦有一所大房子,在纽约有一套公寓,更值得注意的是,她在马太葡萄园有一片属于自己的水上居所,而在这种热得要死的天气里她竟然没有去那里避暑休假。相反的是,作为公司大老板的她竟然会出现在这里,要去跟公司里这些无人重视的员工们一起聚会,这简直令人不可思议。

如果我们去分析一下凯瑟琳的人生就不难发现一个难以逃避的现象,那就是:不论生活多么富裕满足,不论社会地位多么接近最上层,她从来不曾忘记要把每一个人都当成朋友——不仅仅是那些可以帮助她办报、助她成功的人，同样也包括身边所有的无人知晓的人们。

人们在报道她葬礼的时候看到了很多名人的名字，比如亨利·基辛格、比尔·克林顿、比尔·盖茨、沃伦·巴菲特以及汤姆·布鲁考（NBC著名记者主持人），等等。但是同时你也可以毫不费力地发现有更多毫无名气的人也去出席了她的葬礼，比如：

埃文·卡伦丹，弗吉尼亚州菲尔法克斯县的一名特殊教育教师，《华盛顿邮报》曾经为他所组建的学生霹雳舞队提供了350美元的赞助费。

莎林德·斯戴尔，她来自弗雷德里克·道格拉斯家庭与幼儿支援中心，凯瑟琳曾经帮助这个机构筹款。

亨利沃特·巴贝尔，来自贝塞斯达市的一位退休妇女，她之前一直在一家著名的妇女俱乐部工作，她说凯瑟琳从来没有错过她们的任何一次会议，"凯瑟琳很喜欢这里，她会来参加我们的各种课程，而且态度总是非常认真"。

所有这些例子都向我们展示了人际交往技巧中最最本质的内容：那些能够掌握这种技巧的人绝对不只是为了扩张关系网而去扩张关系网，他们技巧的关键是在于去和别人做朋友。他们之所以能够得到他人的信任和敬慕，正是因为他们能够将自己的友善之心扩展到每一个人的身上，这样他们的交际圈就会自然而然地变得宽广，这绝对是苦心经营所换不来的。

凯瑟琳和美国前国务卿亨利·基辛格的友谊，可以说比她跟任何人的友谊都显得引人注目，而在私人关系之外却又有着与友谊完全相反的目的。

表面上看，这两个人是绝对不可能做成朋友的，因为不管怎么说，凯瑟琳职业生涯中最关键的事件竟然是对基辛格的两次"挑战"。开始是凯瑟琳做出决定，要在邮报上刊发五角大楼的秘密文件，这份文件记录了很多美国参加越战的机密情报。一年之后，又是在凯瑟琳的吩咐之下，《华盛顿邮报》开始了对"水门事件"的调查。这两件事情都使基辛格所服务的尼克松政府陷入了非常难堪的局面。

凯瑟琳是靠什么来建立这样一种关系，靠什么来保持这样一种友谊呢？

莫当交际傻瓜

不论对方是无名教师还是世界范围内都有影响有声望的名人，她都能与之建立一种联系，她的秘诀何在？其实总结起来也并不神秘，原因就在于她清楚自己交际的圈子该有多大；她培养了人们对她的信任；她谦逊和善，待人真诚；她能够让别人明白对方所看重的就是她内心所关注的。

后来基辛格在接受CNN的一次采访时谈到凯瑟琳："我们之间的关系是很不同一般的，虽然她的报纸经常要发布一些跟我意见相左的观点，但是她却从未想要利用我们的友谊来为她的报纸谋求一些独家新闻，她从没有跟我提起过要做一次专访或者类似的任何事情。"

SECTION TWO

学习交往技巧
The Skill Set

第七章
做好你的准备工作

工欲善其事,必先利其器。

生活中,我们会与许多人相识,在这个过程中,许多问题必须多加注意,比如"你见到的人是谁","你们是怎么认识的?"以及"你给别人留下的印象如何"。温斯顿·丘吉尔曾经说过:"做好充分的准备即便不能让你成为天才,至少也会使你看上去像是个天才。"所以在每次要结识陌生人之前,我都要先弄明白这个人是谁,是干什么的。我发现有一些问题对每个人都很重要,这些问题就是:他在工作或者生活中有什么爱好,遇到了什么挑战,想要达到什么样的目标。因此在会面之前,我都会准备一页纸,大概记下一些这个人的基本情况。这张纸上要记录的东西应该尽可能回答以下问题:他(她)本质上是一个怎样的人,这个人坚持怎样的原则,有过什么令他自己感到自豪的成就。

当然,如果你想要和某个人建立一种稳定的关系,你还应该关注他所在企业的一些新情况。比如这个人在上个季度工作得好不好,或者他们公司有没有什么新的产品,等等。相信我,这样做是很有用的,因为每个人都会自然而然地关注他所从事的东西,而且这种关注往往

做好你的准备工作

比对于其他事情的关注要更多。如果你能先了解他们所属圈子里足够多的信息，然后跟他们说一些很内行的话，他们立刻就会对你产生很真实的好感。就像威廉·詹姆士曾经说过的那样："人最深层的本性就是渴望被他人欣赏。"

在当今社会，想要了解他人的情况是非常容易的。我们可以从下面几个方面开始入手：

○首先是上互联网，一定要先核对一下他所在公司的网站，再用Google这样的搜索引擎查一查他个人的简历。如果不事先上Google搜一下情况就贸然地去跟别人见面，那是不合适的。

○然后是去公共图书馆，你可以在这里找到一些书籍、期刊杂志或者商业日志等相关资料，查一查有没有你要去见的人所写的文章，或者是与其相关的内容。如果没有的话，那就再去网上找一些与他所从事的行业或者工作有关的材料，认真地读一下。

○最后是看公司年报，在年报里你可以很好地了解到一个公司的发展方向，还可以知道它正面临的机遇或挑战是什么。

开始熟悉一个人就意味着要去了解他的需要和所面临的问题。在工作中，你所能了解的可能只涉及他们所做的产品线方面的事情。但是在与他们交谈的时候，你也能发现一些其他的信息，比如某人的孩子想争取一个实习职位啊，谁的身体有什么问题啊，或者哪个人想要提高自己的高尔夫球水平啊之类的情况。我想要说的重点就是，你不能和每个人都泛泛地相处，你要因人而异地去和他们深度接触。先想办法参与到他们所感兴趣的事情中去，这样你就能进一步找到进入他们生活的方法。

前不久，我去洛杉矶参加了一次由Milken Institute全球联合会[1]主办的圆桌会议。这个活动每年举行一次，为期三天，每次都吸引许多世界顶尖的学者和CEO在一起研究全球经济问题。这次与会的有15人，他们每个人管理的公司都要比我的企业大得多。就我的很多实际情况来讲，可能根本不会有跟这些人接触的机会，但是由于我参与了大会的组织工作，所以就被邀请参加了。会前先安排了一个简短的见面会，以便与会者彼此交流、相互熟悉，接着对市场前景和大品牌面临的挑战等问题进行小组讨论，然后是一个简单的会餐。讲这些的意思是说，我在会议期间大概有三小时的个人时间，我可以利用这个机会去和某一两个人为以后的关系先打个基础。

一个成功的会议日程总是安排尽量多的会议时间，而我的个人目的却是尽量争取更多的时机，以便让我和那些我想认识的大人物们拉近关系。而食物恰恰有促进人们谈话的独特功效。人们在吃东西的时候常常比较放松，都希望能够开心一些。然而在用餐时想要交谈也有一些问题。比如大家都吃得很快，狼吞虎咽的时候往往只能随意地说几句，没法客气地交谈。而且决定坐在什么位置上也是个难题，因为在一群陌生人之间，你往往只能和邻座的人说说话，而根本够不着和其他人交流。

在正式会议上，大家往往都只关心自己要讲的东西。这就不如在见面会上的机会多，我在参加见面会的时候比较喜欢在吧台附近待着，因为事实上每个人都会过来喝点什么，这样我就有机会了。在开会的几天里，我会查明白我想认识的人一般喜欢待在什么地方，然后再安排好自己的日程，以便在他们出入这些场所的时候能遇到我。这样做听起来也许有点太刻意了，其实这只是为了达到某个目的，让自己在合适的时间出现在合适的地方罢了。

---

[1] Milken Institute，一所美国独立经济研究机构。

做好你的准备工作
ZUO HAO NI DE ZHUN BEI GONG ZUO

身处这种情形下也有一个难题，那就是怎样才能设法跟他人不光只是说一些礼节性的无关痛痒的话，而是深入交谈。我是这样做准备工作的：在会议的前期筹备阶段我认识了一位带头的组织官员，这样就在和他有意无意的交谈中了解到将有哪些人物来参加会议，虽然我也得不到什么特殊的信息，但是这些已经足够让我开展准备工作了。当我决定可能要去见某些人，我就会让人去搜集一些他们的基本资料，然后助手会把这些材料整理成一张提纲给我。这样，准备工作就差不多了。

上面这些就是我所说的前期工作了，然而仅仅只做到这些还不够。更重要的是，你要找到一种可以让你的准备工作更加丰富而深入的方法。如果你能够了解到一个人的兴趣、需要或者激情，你就可以跟他不只是有一些普通的接触，而是可以有机会给对方留下深刻的印象，并且与其建立亲密的关系。大家都知道，丘吉尔是一个演讲天才，他的巧辩本领达到了炉火纯青的地步，靠这个本事，他在每次宴会上都可以神奇地吸引所有客人的注意。但是却很少有人知道，在这样的神奇背后，在一句句的妙语连珠和一次次的哄堂大笑背后，丘吉尔要做多少辛苦的准备和积累——这些都曾在他自己的文章中有所提及。在这方面丘吉尔之所以做得比较好就是因为他明白，要了解观众而且知道怎样调动观众的情绪，是非常重要的。

那么我该怎样做呢？

我发现一位叫约翰·潘伯的CEO，是我耶鲁大学的校友，当年听过他的校园讲演，对他很是钦佩。作为前任宝洁公司总裁，他曾致力于人权事务，还在辛辛那提专门建立了一座博物馆，以纪念当年"地铁逃亡"事件[1]。约翰以他卓越的领导能力和他给宝洁公司所带来的巨

---

[1] 美国南北战争前期，为了帮助黑人躲避美国的种族歧视政策，由一些废奴主义者、自由主义者以及有自由身的黑人，组成了秘密的地下组织，曾帮助数万名黑人从南部秘密地逃往美国北部和加拿大，这件事后来成为美国人权发展史上的典故。这个地下组织就是所谓的the Underground Railroad。

大创新而为人们熟知。现在，即便已经退居二线，但是在宝洁以及其他一些公司的董事会中，他仍然有着强大的影响力。

因为他也曾在耶鲁就读，所以我知道在耶鲁大学的网站上可能就有他的简历。于是我上网去校友录上一找，就找到了一份很珍贵的资料。原来他和我都曾在耶鲁的伯克利学院待过。这就意味着他肯定也认识罗宾·威克斯教授，这位教授温文尔雅，很受人尊敬，我上学的时候就是在他手下工作的。这样，在跟约翰·潘伯交流的时候，一提起那些往事，我们就聊得津津有味。

在聊天结束的时候，他给我的新企业——YaYa公司提供了一些联系渠道，还提了很多深刻的建议。我们都希望这样的联络能够在以后的几年里变得越来越多。当然，这个想法在日后实现了。后来在罗宾·威克斯教授去世后不久，我们还曾一起悼念他，回忆他的往事。我还曾见到一位来自辛辛那提的成功商人，这个人对那座纪念"地铁逃亡"事件的博物馆赞不绝口，为了探讨给博物馆捐资的问题，我安排他和约翰·潘伯见了面。仅在去年我就介绍了两三个可能会给博物馆捐钱的人去和约翰会面。

我和另一个我想认识的CEO之间没有什么共同的经历。不过幸运的是，我在Google上随便一搜就发现了她曾经参加了前几年的纽约马拉松大赛。而我对于在马拉松训练中所要付出的艰辛和代价有着切身的体会，因为我曾经尝试过却没有成功。我以前训练过一年的时间，后来因为膝盖出了问题才停了下来，这让我感到很失望。所以我就一直想找个能跑下马拉松的人问问有什么好的建议。这样当我见到她的时候，我就跑着过去跟她说："你看，我一直觉得自己的身材适合运动，可是马拉松的训练却差点要了我的命。我就不知道，你是怎样坚持下来的呢？"她听到一个不熟悉的人这么一问，自然感到非常惊奇，然后很高兴地调侃说："你这个家伙是怎么知道我跑马拉松的？！"

我从来都不觉得去搜集这些信息有什么好羞愧的。如果我想要认

做好你的准备工作
ZUO HAO NI DE ZHUN BEI GONG ZUO

识谁的话，我总是尽力去先了解他的情况。通常情况下人们都喜欢被恭维，难道你不是这样的吗？如果是的话，那么假设对方正好跟你有什么相同的兴趣爱好，或者他为了和你聊天而提前特意去了解了一些你的情况，这不是比让你跟一个陌生人拘谨而痛苦地耗上半个小时要好得多吗？下面继续讲我和上边提到的那位女CEO的事。当时跟她搭讪的时候，我正好快要完成在"巴里训练营"的健身课程，这是一项看上去近乎不可能但却绝对令人兴奋的强化训练课，上课的地方就在我们那次会议地点附近。我说："如果哪天你想尝试一种绝对与众不同的健身方式的话，你可以考虑去巴里训练营。"作为回报，她也给我一些关于怎样继续扩展我的跑步训练的建议。过后不久她就跟我一起去尝试那项训练课了，并且非常喜欢。

直到今天，每次我和她在一起聊天的时候都要说一说巴里训练营的事，我也会告诉她我的马拉松训练进展得如何。后来我从那些被我带到训练营里去健身的人们那里发现，当来洛杉矶办公事的时候，他们也许没有时间专门去会见什么人或者去参加什么午餐会，但是他们往往都要绕道去干点别的跟公事无关的事情——于是就会选择和我一起去好好地运动一下。

最后再说一次，之所以要做我所说的这样的准备工作，就是为了能够把每一次很容易被人忘掉的邂逅发展成一份真正的友谊。在我的交际方法里确实有一些窍门，但是这里说到的准备工作却绝对不是一个捷径；如果光靠窍门，而没有那些前期准备工作，我就不可能接触到那些大人物并跟他们有什么真正意义上的交往。

第八章

做个名单

　　一旦你已经清楚了自己的任务，知道了自己要达到怎样的目标，那么接下来你要明确的是：谁才是那个能帮你达成目标的"贵人"。

　　如何成功地组织和处理你所得到的信息，对你个人事业的兴旺发达起着至关重要的作用。为了去跟别人成为亲密的朋友，你就要做准备工作，就要去搜集那些已经认识的或者想要认识的人的情况，但是这么做往往会导致你脑子里堆积过多的毫无头绪的信息。那么接下来该怎么办呢？身处这个科技发达的时代，我们很幸运地拥有一整套完备的软硬件设施来帮我们井井有条地完成这个任务。不过，其实你用不着那些新奇的玩意儿，只需用一张纸一支笔，把脑子里的那些信息列个单子出来看看就足以应付你的社交生活了。我就是这么一个"列单子狂人"，你也应该变得跟我一样。我在YaYa公司的工作经历就很好地证明了这样的单子对于个人取得成功是多么的重要。

　　上次我住在喜达屋大酒店的时候，一天之内打了40多个电话。有趣的是我打给这么多人，其中有很大一部分人的名字在他们还没认识我以前就早已出现在我列的名单上了。桑蒂·克里曼就是这其中的一个，当年正是他最终把我招入YaYa的，这一举动并没有损害到YaYa的另一个投资方——Knowledge Universe公司的利益。而Knowledge

做个名单
ZUO GE MING DAN

Universe 公司的创办人之一迈克尔·米尔肯后来也成了我的良师益友，我们之间的交往可以只凭个人兴趣而不涉及功利。[1]

2000 年的 11 月，YaYa 公司的董事会正式任命我为公司总裁，并且同时给我制定了这样两个任务：第一，要建立起一套可能的商业运作模式；第二，要么找到一个大股东给公司注资，要么找一个既有经济实力又有战略能力的收购公司把 YaYa 卖掉。当时，YaYa 的技术实力已经能够做出那种帮助其他企业用以吸引和培育消费者的在线游戏，但是却没有任何公司来买这个东西。于是，在上任之初我先坐下来，在我的"关系网行动蓝图"下制定出一个季度目标、一个年度目标和一个三年期目标。要实现每一个目标都需要我去动用并发展我的关系网才行。

我的三期目标是这样的：

在头三个月内，务必与董事会建立互信，然后还要取得员工们的信任并且要给公司的生意定一个明确的发展方向。

在第一年内，我要发展足够的效益良好的公司成为我们的客户，以使公司趋于盈利，还要让公司有能力吸引来更多潜在的客户。最重要的是，我要使外界明白 YaYa 正在做的产品是非常有价值的。我们创造了"游戏广告"这个概念，这个词在英语里都找不到，当然广告业里也没人认为它是一种可行的方法。然而在当时，互动类的广告明显效力很低，而在网站上的那种条幅类广告简直就是个笑话，根本不起作用。所以我们必须使自己的产品看起来与众不同。

等到三年下来，我希望公司里能有一个成熟的商业模式可以在没有我操纵的情况下顺利运作。到那时公司的投资方就可以赚到现钱，而且公司本身也已能够在互联网广告业界引领潮流。

---

[1] YaYa 是一个专为大企业定做在线小游戏的公司，这些小游戏被放在客户企业的网站或者广告邮件中，以起到广告宣传或者调查的作用。Knowledge Universe，美国最大的教育和培训企业之一，曾对 YaYa 提供风险投资，是 YaYa 的大股东。

为了使这些目标得以实现，我的计划列表里包括了很多重要的角色，这些角色涉及互联网和游戏两大产业，从公司CEO到媒体记者，从程序员到学术界人士都有。我的目标就是要在一年内结识计划里提到的大部分人。为了先给我们的产品营造一个热烈氛围，我列了一个有足够影响力的名单，其中包括那些赞同我们想法的人、媒体记者以及一些业界分析人士。我要让他们帮忙先给我们的产品和服务散播一些舆论。接下来我还要列出那些潜在的客户公司、潜在的收购者，还有可能有兴趣注资给我们来开辟这条新道路的投资方。

当你列这些表的时候，最重要的一个原则就是：不要只是写出这些公司或者机构的名字，而是要确定那些真正有决策权的人是谁。这么做的目的就是要把这个名单写得精确而易读。刚开始的时候，注意一下可以把你关系网里已有的那些人先写在上面，我敢打赌你一定还不知道其实这么一想你就可以找出很多来了。回忆一下在上一章里你是不是已经列过下边这么一个名单了：

○ 你的亲属

○ 你朋友的亲属

○ 你的伴侣的亲戚和朋友

○ 目前的同事

○ 专业机构或者社会团体里的好友

○ 现有的和曾经的你的顾客

○ 你家孩子朋友的父母亲

○ 邻居，包括以前的和现在的

○ 过去的同学

做个名单
ZUO GE MING DAN

○ 以前的同事

○ 你所信仰宗教的教友

○ 以前的老师和老板

○ 你社交圈里的朋友

○ 为你提供服务的人

接下来，我就把这些人的名字集中起来存到我的资料库里（我比较喜欢用微软公司的 Outlook 软件来完成这件事，但是也有其他的软件能起到同样的功能）。然后再把这些人的联系方式按所属地区分类存到通讯录里，分成两类：我已经认识的和我想要去认识的。然后当我到了某一个地方的时候，我就开始给尽可能地的人打电话。我会把联系人的号码同时存在我的掌上电脑和无线邮件手机里，这两个东西有它们独特而重要的功能，所以都要存一份。另外我还会把通讯录打印出来，不管走到哪儿都随身携带。在来往于各个会议的路途上，我的精力都放在了这些东西上面，**仿佛我的内心有一种力量在驱使着我去和外界联系。**

上边那些列表里的一部分可以帮助你安排行程，另外一些就是泛泛的纪录以便于和他人保持联系。其实你组织这些列表的方法不一定非得是固定的，我往往会根据不同情况来给它们分一分类，比如按地区、按行业、按照活动爱好分类，或者分成一般的熟人和朋友，等等，各种情况都行。往你的名单里添加新人的时候有一个简单的方法，那就是到那些合适的地方去找这些人。比如在刚开始执掌 YaYa 公司的时候，我就翻看了所有那些与广告业和游戏业都沾边的商业杂志，如果在里边看到什么人正好跟我们公司的产品范畴相关的话，就把他的名字写到我的名单里，然后再去查一查他的联系方式。

当你想要去认识外边的什么人的时候，其实你可以在任何地方找到合适的对象。对你来说，组织这些人的名单的一个最好办法，就是去参考别人手里的名单——这虽然听起来很荒谬但确实有效。比如报纸和杂志上总是列有这样的名单。举个例子来说，早在我登上"科瑞年度40岁以下杰出人士榜"之前[1]，我已经坚持搜集这个名单好多年了。我收集的名单还有那些"最佳总裁榜"、"最佳商人榜"和"全国最上进企业家榜"等等，所有这种名单不论在国内还是国外的各个行业里都会有罗列。

光是能认识这些你所处行业里的"名角"们还是不够，能够成为这些人中的一员才该是你的最终目标。然而"科瑞年度40岁以下杰出人士榜"上的40个人不一定就是最成功的前40名商人，其实更可能是商界里联系最多的40个人。榜上的每一个人很可能都和榜上的其他人多次坐在一起吃过饭。当你能够认识这40个人，然后再认识他们所熟识的其他人——包括负责写这个榜的那些记者们——的时候，你就很可能会成为下一期名单中的一员了。

在你的名单里还可以加入一个分类，叫做"我的野心"。在这个分类里我会记下一些有趣或者成功的高层人士，而这些人的共同点就是他们跟我目前的生意还没有任何直接的联系。另外还有一些政界高层或者娱乐业的大腕儿我也会把他们记下来。如果你看一下我的电脑记事本，你就能找到 Virgin 公司[2]的主席理查德·布朗森，而我到目前为止还没能认识他。如果往后翻翻，还能找到索尼集团美国分公司的总裁郝沃德·司汀格，他是我以前记在这个名单上的，现在我已经跟他认识了。一定有人会偷偷笑我的这种行为，但是从上边的例子就很容易看出，这么做是有效的，事实胜于雄辩。

你应该记住一点，那就是当你身为某个团体的一员或者领导者的

---

[1] Crain's "40 Under 40"，每年推出一期的40岁以下成功人士排名，名单共有40个位置。

[2] Virgin，童贞公司，美国著名的游戏软件公司。

做个名单

时候，你一定要坚持记住其中每个人的名字，这样的话你想认识谁就能认识谁了。

拿我本人来说，我在YaYa的头三年已经过去了。在2002年，福布斯报道了我们如何从一个全新的概念开始，最终使公司完成了一次卓越而成功的启动。现如今，"游戏广告"这个概念已经在市场上非常通用，那些总裁和记者们也总是把它挂在嘴边。有一次我无意中听到一个不知道是我们发明了这个词的CEO在那里夸夸其谈，他不断夸赞"游戏广告"如何让他的产品在销售和声誉方面有了可观的增长。最终按照计划，YaYa公司被一家上市公司收购，这不仅给我们当初的投资人带来了他们所期望的现金回报，也使YaYa有了公司所需要的运作资金。想象一下，要是没有那一大叠名单的话，YaYa公司想要在运作不到一年的情况之下取得现在这样的成功大概是根本不可能的吧。

第九章

不要在电话里冷场

电话里的冷场使再有能力的人也会变得精神混乱，有些人一给陌生人打电话就紧张得不得了。

那么你该怎样去应付电话里出现的冷场呢？

首先要做的是调整你的态度。你不可能在去认识一个人之前把所有的事情都准备得妥妥当当，出现纰漏总是难免的。被人拒绝总是件很不好的事情，所以心里的忐忑也是不可避免的。在这种情况下人们总是有很多理由来拖延，不过其实解决慌张的窍门就是先打通电话再说。你得知道，如果你自己都不相信能从电话交谈中得到你想要的结果的话，那你可能真的就什么也得不到。所以，用 Caddy Shack[1] 的话来说就是"要像炮弹一样"行动。你必须先想象自己想要成功就一定会成功，反正你总是要在什么地方认识别人，那么就该把这样的事当成一个机会、一次挑战。只要你这样想了，你心里竞争的那股热情就会被点燃，你就不会在社交活动中再羞于去大胆结识陌生朋友。

还有第二点，那就是"冷场"这个词是给那些笨蛋准备的，我打电话从来——从来都不冷场！我有我的策略能让我打的每一个电话都

---

[1] 美国喜剧影片当中的一个角色。

是"热"场的。

下面我来给你举一个例子。计算机世界网"WebWD"的创始人杰弗·阿诺德是我的一个朋友。他最近买来一项技术的专利权，这个技术能把存有数字内容的小盘面DVD通过专有的方法发送。这个技术的一项应用就是可以把这些小碟片放到吸管饮料杯的杯盖里。想象一下，你在麦当劳喝汽水的时候，还能在纸杯的盖子上免费拿到一张小光盘，里边有游戏、音乐或者录像什么的，这一定不错。每年美国都要卖掉差不多200万个吸管杯装的饮料，如果用这种方式来把数字产品送到人们手上确实是很令人佩服的。在跟杰弗和他的助手托马斯·托尔谈过之后，我得知，他们已经和一家影院达成协议，这家影院愿意在他们卖出的饮料杯里放上这种DVD。杰弗和托尔就想如果可以通过这种方式把电影的预告片发到那些常看电影的人的手里，那么一定会有像索尼这样的电影公司对这个办法感兴趣。但是他们两个人还不认识什么人能跟索尼有联系，于是就来找我想办法。

我认识索尼美国分公司的总裁郝沃德·司汀格先生，曾经和他见过几次面，于是我就先给他办公室秘书打了电话。不过我没有死等他给我回电话，我想要换一种新的方法来找他。在那个时候我的关系网里还没有谁能帮我跟索尼的决策者有什么联系。每次在我打过电话或发了电子邮件却没有人给我答复的时候，我就要用一个叫"辐条"的软件来解决难题，这是一个专门用来帮助生意人管理社会关系网的软件。

"辐条"能够把你的E-mail地址本和你的通讯录这些东西做成一幅你的关系网地图。而且可以把你的关系网地图跟其他人的地图一起放到一个大的数据库里。你只要连上这个数据库，输入一个人名或者公司名，它就能利用庞大的数据库资源在你已有的关系范围里找出谁最能够帮你联系上你想要联系的人或公司。我就是通过这个软件查到了我的一个好朋友约翰·帕提拉把索尼公司列为他的第一大客户。于是我给他先打了一个电话："喂，约翰，我这有两件事要跟你说。第一，我想引荐我的一个好朋友杰弗·阿诺德跟你认识，这个人头脑灵活，很有才华，值得认识。计算机世界公司就是他创办的，现在他开了一个新公司叫康沃克斯，需要你公司的服务。第二件事就是，康沃克斯现在发明了一个惊人的方法来派发数字内容，我想如果索尼公司看到的话一定会很欣赏这个主意。"

这个电话一打，我就是给约翰提供了两个机会：首先是有机会认识了一个重要的人物杰弗，而且也许还可以通过杰弗来做一笔新的买卖；其次还可以就这个事情来给他的老客户索尼公司带来新的商机，这也能让杰弗和索尼的关系更好。约翰当然很乐意去牵这根线，他正好认识最恰当的人，那就是索尼公司媒体和网络策略部的新经理斯克·德尔·库鲁索。在我给他打电话之前，我先让杰弗给他发了一封邮件，简单介绍一下这个事情，同时也把这个邮件抄送一份发给我。这样每次他们通信的时候我就可以得到一份拷贝，这样我就可以在安排日程的时候把杰弗考虑进来，好把其他的急事排到别的时间。发过邮件之后，我们两个就开始照例等待斯克抽时间来跟我们会面了。

斯克很忙，有无数的事情要处理，单单一件事很难顾及。我在给他发了好几封邮件之后仍然没有得到什么回复，他的管事秘书也没有跟我联系。人们不回应你的联系这并没有什么奇怪的，很正常。这个时候你就该把自负放到一边，继续坚持不懈地打电话、发邮件。然后当你最终跟你要见的人联系上的时候，万万不要表现出你等得多么辛苦，这会让你前功尽弃的，因为哪怕你稍微表现出一点这种情绪，人家往往马上就头也不回地走了。同样你也不需要为自己不断的打扰去道什么歉。只要在第一次打通电话之后悄悄地消失就是了，这样就不会令对方感到不舒服。要安排一次这样的会面是要花费时间的，能不能成功就取决于你的主动了，有时候你必须得胆大点去闯一闯。像我在过了好几个星期还没有收到什么回复的时候，我就给索尼打了电话询问这件事情，最后终于得到了直接跟斯克通话的号码。当我每次要跟一个以前没有说过话的人通电话的时候，我一般会尽量在不一般的时间打给他。一般比较忙的人在早上 8 点或者下午 6 点半的时候，如果有电话都会自己去接而不是交给秘书。而且在这个时候，由于没有面对朝九晚五的工作压力，人们的心情往往比较放松。

我一大早就拨通了那个号码，但是接通的却是电话答录机。于是我就先留了一段话："我打电话来只是想再表达一下希望能跟你会面的激动心情。我从来没听过约翰像赞赏你这样夸奖过其他的生意伙伴。我知道你一定很忙，你的秘书一直没有跟我联系，不过我想应该不用再等很久了。再见。"没有必要把这种交流搞得太做作，保持你已经表现出来的乐观态度并且再给对方一点温和的压力，这就足够了。但是在办公室等了一天也没有电话打回来，所以我就在下午 6 点左右又直接拨了斯克的号。这次他本人接起了电话，于是我就出招了。

"斯克，你好，我是基思，约翰曾经提到你好多次，一直说你很出色。现在我终于有一件事可以借此来给你打电话了。我有一个朋友叫杰弗·阿诺德，他曾创办了计算机世界网，现在他有一种新方法，可以帮你在下季度工作开展的时候很有效地把数字内容派送到人们手里。这种新产品对你一定很有用，我们可以好好合作一次。我下周正好要到纽约去，我们出来一起谈谈这件事吧。要是你下周不方便的话，可以把你方便的时候告诉我，我可以来重新安排我的日程。"

在这 15 秒的通话里，我就用了四条我的"电话热场"法则：

1. 通过共同熟识的人或者组织来获取信任，比如我提到了他认识的约翰，而且他应该知道的计算机世界网和杰弗。

2. 阐述一下与对方利益相关的事，比如我说：杰弗的新方法可以帮助斯克更好地销售他的产品。

3. 告诉对方你方便和对方见面，时间地点可以根据他的日程来安排。

4.准备好一个妥协的方案，以确保至少可以再继续联系。

结果怎么样呢？结果就是我在第二个礼拜就坐在了斯克的办公室里了。后来当他知道要有多大的投入时，他才明白了观众和索尼公司之间的那些媒介是多么重要。所以，最近什么时候去影院看电影时，如果发现买来的饮料的盖子上有一张小DVD，而且里边全是索尼的新技术产品，你也不用大惊小怪了。

下面我再详细说明几条"电话热场"法则：

1. 先找一个媒介

哈维·麦凯[1]在他的一本叫做《在鲨群中遨游》的书中曾经回忆说，大概在50年前有一则广告曾生动地描述了为什么电话里的冷场会让人倍感折磨。那个广告讲的是，一个人是怎么让推销者大为扫兴的故事。

这个人常常会这么说：

> 我根本不认识你！
> 我从来没听说过你的公司。
> 我不知道你们公司是干什么的。
> 我搞不明白什么人才会买你们的东西。
> 我不知道你们都生产了些个什么玩意儿。
> 谁知道你们的信誉怎么样呢。
> 那么，现在你还想卖什么给我吗？

从上边的例子里你就能看出来在电话冷场的时候人们是多么缺乏

---

[1] 世界排名第一的人际关系大师，麦凯信封公司董事长。

信任。想要跟别人交流首先要取得对方的信任，否则说到底别人也不会买你的东西。如果你跟对方有一个共同的朋友或者哪怕只是都跟某个人比较熟，这就可以让你在他眼里跟那些浪费人家时间的陌生人有所不同。

说这些是什么意思呢？打个比方说，如果你是以总统的名义给上边那个扫兴的家伙打电话的话，我敢保证他肯定会听你说的。不管是个人还是一个什么组织，只要你找这么一个媒介，就可以帮你打消对方对你的第一层防备。我们大多数人都一样，不是在什么大公司工作，也不认识我们想要去联系的那个公司或者组织的负责人。那么我们的任务就是从身边的朋友、亲戚、客户、邻居、同学、同事、教友等这些人里找出一个来，他可以在我们想要认识的那个人面前做一个媒介。当你提到这么一个中间人的时候，对方就会觉得跟你的交往不仅仅是要对你负责，也是要对你刚才提到的那个中间人或者组织负责。

现如今，找这么一条关系去跟别人认识比我当年要容易得多。

再提一次，Google这个出色的搜索引擎对于完成这样一件事来说简直就是无价之宝。搜索一个人的名字，你就可能会找到这个人在哪儿上过学、有什么情趣爱好、现在在什么单位等等，有了这些你就可以统观这个人的经历，然后就能让你找到你们两个在什么地方有关联，找一找在利益以外他们关注什么事物，你是不是认识什么人也跟他一样。有一些像"辐条"或者"Linked In"这样的新公司，他们的产品专门帮助你找出哪些人能够帮你跟你想认识的对象取得联系。比如有一个叫"智力资本"的公司，他们收集了很多市场数据，还有一些公司主管的信息，这样你就可以很容易找到你认识的哪些人是他们所了解的。其他还有一些公司，比如Friendster、Ryze、和Zero Degrees等等，他们可以帮你在全世界范围内跟其他公司建立联系。从这类关系网上可以很容易找到一些数据，所以接下来就是要你自己选一下哪一家对你来说更有用处。人们经常说，只要通过6次中间人，你就可以跟世界上的任何人认识。而现如今我们只需要点几下鼠标就可以办到了。

2. 亮出你的价值所在

找一个人或者组织来当作媒介只是第一步。这就相当于给你了一个进门的机会。一旦对方情愿听你说半分钟以上的话，那么下一步你就该提出一些有价值的东西了。如果你不能在几句话里就清楚地给对方一个不挂你电话的理由，那么你可能就没机会了，什么时候挂电话完全取决于他们。

当你跟你想认识的人会面之前，先调查一下他的公司和他的产品面向什么行业。销售产品其实在本质上就是在解决别人的问题，所以想要卖掉你的产品，你就必须先知道买方可能面对的问题是什么。拿上边的例子来讲，在打电话给斯克之前我就已经知道，他准备在下一个季度投放一些新的产品到市场上，所以现在他需要一些真正管用的东西，能给公司带来良好的业绩。同样我也知道他们公司产品的目标受众就是那些经常去电影院看电影的人。

在和他人通话时，我会透露一些信息以显示出我对其成功经历的极大兴趣，还有我为了了解对方做了很多准备，这样就能把令人窘迫的冷场变成一次成功的私人谈话。

3. 言简意赅，并能迅速适宜地做出约定

你要在电话里给对方一种既舒服又紧迫的感觉。与其说一句"我们应该赶快见一面"来当作谈话的结束，还不如像我这么说："我下个星期正好有事路过你那里，我们周二一起出来坐坐吃个午饭，你看怎么样？当然我知道有些事对你可能更重要，所以如果周二不行的话，我可以随时安排别的时间。"

当然，你应该给对方提供足够多的信息以表明你提到的事情的价值，这样对方才可能愿意花一些时间来和你坐下来谈。但是你也不能说得太多，如果你一上来就长篇大论一番而不顾及对方的想法，那么他们可能立刻就会拒绝再和你聊。你要记住，这是"对话"，不是你一个人照本宣科的"独角戏"。即使在上边我提到的那短短15秒钟的介绍里，我也给对方留了一些回应几句"是"、"对"这样的时间。不用提到某个人就一直说个没完，应该给他们一些时间好让他们自己去弄明白你的引荐关系。还有你要明白一点，大多数情况下，在电话里只有唯一的一个目标，那就是能最终把对方约出来，而不是直接把东西卖出去。以我的经验来看，交往的事情，比如友谊，是该一对一、面对面来进行的。在电话里你要做的就是用最少的时间来确保下次你能够到对方的办公室里跟他们面对面地说话，当然要是能约在饭桌上见面那就更好了。

4. 拿出折中方案

在所有非正式的谈话里，你都应该郑重其事地开始，期间留下一些妥协的空间，然后轻松地结束。比如最后我在电话里跟斯克建议说，即使你不愿意听我说什么数字产品的事，我也希望可以和你见个面，哪怕只是坐下来谈谈我们共同的朋友——约翰。

罗伯特·塞尔蒂尼曾在他的《劝导心理学》里表达了这样的思想："**折中**"是人类关系间一种极为强大的力量。我们来举一个例子说明这个观点，比如在少年训练营里的孩子，他们去进行卖彩票的体验活动，但是往往达不到预期的效果。然而统计表明，如果他们在卖彩票的时候还送一些不值钱的糖果的话，人们往往情愿连糖果也一起付钱。这种送糖果的让步行为，会让人们会觉得自己对他人有了一种社会关系上的义务。所以在跟人交往的时候，你该尽量多做让步，这样能帮你最终得到你真正想要的东西。

第十章
巧妙地搞定"看门人"

现在你已经把你想见的这些人都列在单子上了，而且对你们电话里的谈话内容做了详细的准备。但是如果你根本得不到给他们打电话的机会，你做这些准备就没有任何意义了。人们常说，"阎王好见，小鬼难缠"。如果你要见的是一个大人物，他可能会有一大堆搪塞用的语音信箱和从来不去查收的E-mail地址，当然还有一大群秘书围在身边。

在这种情况下，你该怎么做才能接近他们呢？

首先，最好让这些"看门人"把你当成朋友而不是跟你对立，千万不能让他们对你感到厌恶。有很多执行助理往往和老板过从甚密。不要以为他们是什么"秘书"或者"助手"，实际上他们和老板常常是合作伙伴，甚至是老板的救星。

每一次我试图跟哪个行政助理针锋相对的时候，都以惨败告终。就像小时候我们玩的"石头剪子布"游戏。在这个游戏里，玛丽·安伯多曾经教给我一个法则："副手"必胜！玛丽本人就是Deloitte公司总裁帕特·罗肯多的助理（我估计就算帕特退休了以后，玛丽也还是他的助理），我们刚开始相处得很好。我记得有一次，我跟帕特和玛丽三个人一起吃饭，玛丽有事要先走，我就陪她走到外边去打出租车。第二天我还打了电话，感谢她安排了一次那么好的晚宴。

巧妙地搞定"看门人"

很显然，以前很少有人会为了感谢玛丽安排了什么事情而给她打电话，所以她接到我的电话很高兴。甚至第二天早晨她就跑去跟帕特聊天说，觉得我这个人很好。玛丽是"冲击波型"的性格，她诙谐风趣，总是活力四射，而且总是有很多精彩的事情讲给别人听。在我刚进Deloitte的那段时间，每次给帕特打电话之前我都会多花几分钟来跟玛丽闲聊，我总是说："玛丽，你跟别人说话的时候就像是一个'大喇叭'。"现在回头看起来，我能很轻易地接近帕特的一个主要原因就是我跟玛丽相处得很好。而且我跟帕特的关系也成为我商业生涯里最为重要的一段关系。

然而，后来有一段时间我跟玛丽的良好关系有了一些变化。那时我已经坐上了公司首席市场总监的位子，这样我也有了自己的全职行政助手——珍妮弗。我觉得珍妮弗具有了我所想要的能够胜任行政助手的所有品质，她很聪明，组织能力强，工作效率也高。唯一的问题就是她跟玛丽完完全全合不来。从级别上看玛丽是珍妮弗的上级，然而两个人很快就开始发生冲突了。珍妮弗在这件事上十分倔强，丝毫不肯让步，"她这简直就是滥用权力，只知道浪费我的时间"。但是我也不能只听一面之词。我劝珍妮弗先努力改善一下她们两人的关系，后来又向玛丽表达了同样的愿望。

不幸的是，玛丽并没有把我的建议当回事。没过多久，我就发现想要把我的事情排进帕特的日程开始变得越来越难了。对我来说，以前可以不费吹灰之力就能绕过那些繁琐的官僚程序，而现在却根本不可能。我的开支账户开始被很仔细地审查，我的时间也被大量地占据，而且珍妮弗遇到的压力也越来越大，让她不良的情绪反应变得更为激烈。

我再也受不了了，于是我直奔帕特的办公室，非常坦率地说："你看看玛丽她在干什么？这事儿也该收场了。"

如果说在这之前玛丽已经算是被激怒了，那么现在简直就是怒不可遏。

此后的一些日子对我来说简直就像噩梦一样。终于有一天，帕特把我叫到一边说："基思，这件事你整个都做得不好。现在我的生活简直像在地狱一般。你想想，每天玛丽都在我耳边不停地说你那个助手的事情，而我真的不打算插手这个事情。还有，你真够傻的，玛丽对你还是跟以前一样的喜欢。是你该帮你自己一个忙，也算是帮我一个忙吧，无论如何你一定要搞定玛丽。这件事从一开始玛丽就已经掌握主动了。"

从个人来讲，我是一直都很在意而且尊重玛丽，然而现在我还学到了这么个道理：像玛丽这样的助手拥有的力量真是超级强大的。秘书和助手恐怕不仅仅是帮助老板完成工作那么简单。如果他们心情好的话，就会变成可信任的朋友，变成老板的后盾，会把自己的专业水平甚至是自己的个人时间乃至全部生活，都投入到助理工作上来。

后来有一天，珍妮弗这个对我忠心如玛丽对帕特一样的人来到我面前，正式递上了辞呈。她对我说："听着，如果这件事情不了结的话，不光是我很痛苦，你的事业也会受到危及，所以还是我离开吧。"这真是一种令人惊讶的高姿态，她终于让自己的生活回到正轨上了。于是我向她保证一定会帮她再找一份合适的工作（后来她很快就找到了），直到现在我们都还保持着良好的关系。

珍妮弗走后，我在招新助手时做了两件事。第一件就是先把候选者拿给玛丽挨个看了一遍，然后让她按照她的喜好给排了个次序。于是，我就雇用了她选择的第一名。然后，我很认真地告诉我的新助手，要她对玛丽唯命是从。不久以后，我和玛丽就和好如初了。帕特是对的。玛丽确实喜欢跟我相处，而我要做的只是更好地了解她的游戏规则。在那之后，帕特和我之间的交流也恢复了正常，我们彼此的生活又变得轻松起来。一个"看门人"对一个单位来说是重要的，而且当你想要从这个单位的外部来做一些事情的时候，他们就显得更为重要。

大概就在上边事情发生的同一时间，肯特·博罗思，《新闻周刊》

巧妙地搞定"看门人"

杂志的一个广告销售代表,每天都跟另外几十个广告推销员一起堵在我的门口试图做成一笔生意。但是,我已经安排了一个媒体采购员在代理处,都是他负责会见这些广告推销员。我自己从来不去见广告推销员。但是肯特有所不同,他也知道"看门人"的强大影响力。

那时,肯特每周都会给珍妮弗打一次电话。他对人相当地恭敬,亲切得令人难以拒绝。每次他都能带一盒巧克力或者鲜花什么的来给珍妮弗一个惊喜。一般情况下,不管助手如何建议我都不会接见广告推销员。然而,珍妮弗还是坚持要我见他,在我不知情的情况下,她不下十次地在不同场合把肯特排进了我的日程。每一次我都取消了这样的安排。但是珍妮弗还是孜孜不倦地把她的这个朋友插进日程表里,因为她觉得这个人有很多新鲜的手段,跟别的推销员绝对不同。

"他先去找过我的采购员了吗?"有一天我终于忍不住质问珍妮弗,"没有,应该是你亲自去见他。你可以抽出短短五分钟时间,他是一个很好的人,有创新精神,绝对值得你花五分钟时间。"所以,最后我还是妥协了。

当然,肯特这个人不错,更重要的是他来见我的时候已经做了很多准备,所以他对我的生意十分了解,还提出了一些既有趣又有价值的建议。在我们见面的时候,他说的第一句话好像就是:"如果你愿意的话,我可以介绍《新闻周刊》最资深的三位编辑和你认识。不知道你感不感兴趣?"对于一个要靠媒体宣传来让德勤的智力资本保持充足的人来说,这样的提议真的是太好了!我告诉他:"当然愿意!"他又说:"另外,我们正准备在 Palm Springs[1] 开一个会,到时候会有很多其他公司的市场总监以及我们的一些编辑和记者去参加。这是一个非常好的会议,主要讨论新经济下的媒体策略。你看,需不需要把你的名字也列到邀请名单上呢?"他的这个邀请太有价值了,这样的话也

---

[1] Palm Springs,棕榈泉,美国地名,旅游去处。

许我能让那些市场总监都成为德勤的顾客！这可是一个让我跟他们发展关系的大好机会。

"当然，我一定会去参加的！"

"还有一个事情我要告诉你，你的采购员现在还在对一个我在几个月前提的议案作评估呢。我不想再在那些琐碎的资料上浪费你的时间，我就是来直接告诉你，如果你能和我合作的话那对我们双方都大有好处。"这就是肯特的五分钟自我推销啊！这番话里98%的成分都是在给我提供有价值的信息，只有2%用来推销。

肯特刚从我的办公室离开我就给采购员打了电话，我告诉他："你去一趟《新闻周刊》，根据我们给其他杂志的情况给他们提一个合适的广告价格，把我们这个部分的广告业务就交给他们做吧。尽快落实。"当然你想得没错，等到肯特再到其他杂志工作的时候，我的这方面业务也还会给他做的。我说这些的主题到底是什么呢？那就是永远都不要小瞧"看门人"的影响力。你理应非常尊重他们，如果你做到了，那些即使是很高层的决策者的大门也会向你打开。那么怎么才算是尊重他们呢？那就是要答谢他们的帮助，用一个电话、一束鲜花或者一条留言来表示感激。

当然，有时候一些高档的令人高兴的礼物能够起到作用。然而也有一些情况下，你还得动用一些市井的小手段才能达到跟别人见面的目的。

去年夏天，我在飞往纽约的飞机上遇到了一位迪斯尼的女主管，这个人比较前卫。在聊天的时候我提到，我刚刚搬到洛杉矶住，是这里的新移民，所以我一直想多认识一些热心聪慧的朋友。她就建议我可以去结交一下沃尔特·迪斯尼国际公司新任的首席执行官迈克尔·约翰逊。虽然当时约翰逊对我的公司或者我本人来说都帮不上什么忙，但是我觉得这个人我还是应该去认识一下的。我当时在运营一家电脑游戏公司，谁又能肯定迪斯尼不会对电视游戏方面感兴趣呢？

巧妙地搞定"看门人"

所以当时唯一的问题就是怎么搞定约翰逊的"看门人",像迪斯尼这样庞大的公司里,要过这一关可真是不容易。出完差一回家我就给迈克尔·约翰逊打了个电话,不出意料的是一个挡门人冰冷的声音:"很抱歉,约翰逊先生不在,他大概要在外出差一个月。"这个接电话的人就是他的行政助手。

"没关系。"我回答道,"不过请你转告他,简·潘伯顿的一位朋友曾打过电话,请他回来以后抽空给我回电就好了。"

第一次打电话的时候你不能表现得太咄咄逼人。

记住,你绝对,绝对不可以把看门人给得罪了。我的第二次电话就稍有用一些:我要确立我的存在,要让对方知道我是不会放弃的。

"你好,我是基思·法拉奇,我一直没有收到迈克尔的电话,所以我就再打给你询问一下情况。"再说一遍,为了不表现得太急切,所以在这番话里我先给出了一个迈克尔肯定会而且马上会给我打电话的假设。这次这位助手很礼貌地记下了我留的话并对我再次打电话来询问表示感谢。我跟她要迈克尔的 E-mail 地址,她却不肯给我,说这是保密的。当我第三次给她再打电话的时候,她就表现得不够礼貌了。"你听着,"她用有些尖厉的嗓音跟我说,"约翰逊先生相当忙,而且我也不知道你到底是谁!"到了这个地步,我有两个选择来接她的话,要么就是学她的口气来回敬几句,这样的话恐怕我就要处于下风了,或者我也可以这么说:

"哦,真是不好意思,我是他私人朋友——简的一个朋友。我刚刚搬到洛杉矶来住,简建议我来拜访一下迈克尔,如果不是迈克尔这个好朋友的推荐,我也真不知道还有什么理由打这通电话。看来你是对的,我都做错了。大概迈克尔跟简并不是很熟,所以他不想见我。如果真是这样的话,那我很抱歉打了这么多电话。"我这样坦率而又看似有些示弱的语气,其实对她来说是一个警告。她听完以后就有些害怕自己刚才是不是态度太生硬了,可能也觉得对自己老板朋友的朋友这么说话有些不合适。不管怎么说，我只是听从了别人的推荐而已。这时看起来她想让步了，她也有点担心刚才是不是把话说得太绝了。

于是，我就给了她一个台阶下："为什么不能把他的E-mail地址告诉我，让我自己去联系呢？"这时她可能想要从这个尴尬的处境中脱身了，所以我最终顺利拿到了迈克尔的E-mail地址。

接下来我就发了一封很简单的邮件："迈克尔，你好。我是简的一个朋友，她建议我来跟你谈谈……简觉得我们应该认识一下。"如果我在邮件里就谈一些具体事情的话，我可能要把这些写在前头，其实呢，最有用的表达方式就是提一下我们共同的朋友，这样会让对方有双赢的感觉。当你想要新认识一个重要人物的时候，可以利用各种不同的联系渠道，这种方法很有效。比如发E-mail、写信、发传真或者是明信片等方法，都是直接联系对方不错的方法。不久，我就收到了约翰逊简短和热诚的回复："等到方便的时候，我很乐意跟您会面。"

然后我才再次去找他的助手，告诉她迈克尔先生已经说过很乐意和我会面，然后问她什么时候可以安排。后来我终于见到了他。其实，能够用上这类手段的情况并不少见。这种做法真的是一种技艺，必须多次运用才能熟练掌握。一旦你掌握了这种技艺，一旦认识到了"看门人"的重要性，你就该用你的尊重、你的幽默和体谅来把他们转化成你的盟友，这样就没有什么人的大门不向你敞开了。

第十一章

别独自用餐

　　人际关系中的变化很难预料,这就像成千上万想要在好莱坞成名的人一样,前途不可预知。不可预料的事情要比一次失败更为可怕,全看你的运气如何。这就意味着不论何时何地,你都应该想着不停地去结识他人。这样的话,就算哪次会面搞砸了,你这周也还有其他六次差不多一样的邀约。

　　在构建人际关系网的时候,你一定要记住:无论如何,不要从别人的视野里消失。

　　应该把你的社交活动、会议日程等都排得满满的。作为一个处于上升期的新人,你必须积极主动,努力维护你那尚不强大的关系网,要让你的朋友和其他联系人都常能见到你。具体怎么做呢?我来给你举个例子。几年以前,我曾有幸陪同当时的美国第一夫人——希拉里·克林顿女士乘坐空军的一架C130运输机在西南部穿梭来往于一次次的政治活动。她每天早上5点起床吃早饭并给在东海岸的家——白宫打电话。每天她都至少要发表四五场演说,再跟很多经常联系的私人朋友一起去鸡尾酒会,还要接见几个家庭的拜会。那些日子估计每天她都跟不止2000个人握过手。

　　每天晚上,当我们这些随从都疲惫不堪地回到飞机上以后,她就把工作人员叫到一起，画个十字祷告一下，然后开始跟他们笑谈这一整天发生的事情。每天都花差不多一小时来调整一下，而克林顿先生则去安排明天的日程了。不管你的政治观点是什么，你都不得不尊重他们这样的态度和纯粹的敬业原则。这些天里有一件事让我感到很惊讶——她记下了绝大多数行程中所遇到的人的名字。而刚开始仅仅要记住随行人员的名字就让我花了好大工夫。在其他地方也到处可见她表现出的毅力和能力。

由于我的出身，我心目中的英雄都是那些刚开始出身卑微的人。我的一个总裁朋友出身自美国中西部的一个工人家庭，他的父亲跟我父亲差不多，都是干了40多年的老工人。他常常告诉我，他既不是公司里最聪明的人，也没有什么名牌大学文凭，当然更没有什么家族背景可利用。但是现在，他是行业内数一数二的CEO。

他成功的方法并不复杂，但是绝对算得上严酷。他每天都要至少跟50个人谈话，每周都要花数小时在走过公司的楼梯以及门前的绿地时跟员工说话。如果你给他或者她的秘书发一封电子邮件的话，几个小时之内就能收到回复。他把自己的成功归功于蓝领出身的工作原则以及在父亲培养下建立的敏感性。关于他的那些拘泥刻板的白领同事，他曾经跟我说："我已经学到了他们的东西，但是他们却根本没有机会学到我所知道的事情。"

现在你就该为成功结交更多的人而努力了，但这种努力并不意味着你需要长时间的鏖战。这两者是有区别的，有些人以为要构筑自己的关系网必须每天把十几个小时花在电话或会见这类事情上。如果真是这么痛苦的话，我也不可能做现在的这份工作，至少不能做得这么好，而且我还会怀疑是否选错了行当。其实，**构建与朋友和同事的关系网就是在增进人与人间的关联，是在发展友谊**。这是一件令人快乐的事情，并不是在浪费时间。当这种关系网有了一定规模，你就会发现每天都有很多的事情要去处理。

别独自用餐

要在一周内把想要见的人都见一遍,我是怎么做到的呢?有一次有人嘲笑我说:"我要是你的话,恐怕要克隆出几个自己才能搞定那么多的约见。"

几个月前,我飞到纽约去参加一个为期两天的商业例会。这期间我有很多人要见,其中包括一位老客户朋友,他是乐高玩具公司[1]的前总裁,现在退休了正想着怎样安度晚年呢;然后还要去见百老汇影视的首席运营主管,我要跟他谈一谈给我的一个客户准备的冠名电视娱乐节目;另外还有一个我好久不见的朋友。总共两天,我要见三个人,而且只能挤出一块空闲时间来。遇到这种情况你会怎么安排呢?

我把他们几个请到一起吃饭,这就相当于"克隆"了吧。这样的话,他们每个人都有了认识其他人的机会,而我也能一次性把他们都见全,兴许还能为我要说的那个电视节目谈出什么好的创意。我的那位朋友,出奇地幽默,他一定会喜欢这么一群人,而且肯定能让本该乏味的商业会谈变得无比轻松。

我让我的朋友提前半小时到达,好让我们有时间单独聊一会儿。然后,如果我跟百老汇运营主管有什么保密细节需要谈的话,在饭后还可以单独再跟他多聊一会儿。

说这些的要点是,不论我去干什么我都常常想到一些人来和我一起做。这对我有好处,对他们也有好处,对于每个人扩大自己的朋友圈来说都有好处。有时候我会带公司里的一些见习员工一起健身,在跑步的时候给他们来个面试。有时候我会让一些员工载我去机场,路上可以谈一些公事。我能举出好多这样的方法,这些"一心多用"的方法让我的有效工作时间增加了三倍。

认识的人越多,你再去认识新人的机会就越多。以太网的发明者罗伯特·蔓特卡菲曾经说过:网络的价值所在就是它能够使网内的用

---

[1] 丹麦乐高玩具公司(Lego),全球著名的儿童玩具生产厂商。

户数成平方倍地增长。在互联网上，每一台新的电脑、每一处新的服务器以及每一个新网民的加入都使网上其他人的潜能得到某种程度的提高。同样的道理也适用于你自己的人际关系网络。关系网越大，其中蕴藏的能量就越大，网络的规模增长得也就越快。所以我曾说，一个网络的性质跟我们的肌肉差不多——你努力越多，它就变得越强大。通过这种方法可以保证你每一次跟他人的会谈都是有价值的。比如我要跟一个以前不认识的人会面时，我往往都会带上一个朋友一起去，这样就能够保证会谈不是浪费时间。

对于公司的新人来说，如果能参加这样的会谈会令他们极为高兴，因为这将是一个学习的大好机会。这样他们就可以跟我会面，也就有机会亲见商业活动的运行，当然我会根据合适的理由安排这样的会面。在大多数情况下，他们都能在会谈中起到一些作用。不要小看了年轻人，他们的视角大都具有创新性。当你要参与这种聚会的时候，一定要特别关注一下其他人的性格。实际上，各种职业和性格的人混合在一起的聚会才是最完美的。聚会是否完美的一个标准就是你在聚会的时候心情是不是快乐，如果是的话，那就说明这个活动是成功的、有效的。

你最近和哪个同事一起吃过饭吗？没有的话，为什么不现在就去呢，再从公司或者你的商业关系网上多选上几个人。很快，你就能看到自己的朋友圈前所未有地扩大了。

第十二章

分享激情

　　首先我要承认,我平生从未参加过所谓的"社交活动"。如果组织得当的话,这种活动从理论上讲也是可以成功的。但是,绝大多数这样的活动往往毫无乐趣,令人失望透顶。好多参加这种活动的人都是失业者,他们一看见谁的手空着就过去塞上一份简历,其实被塞简历的人往往也没有工作,自己还想着往别人手里塞简历呢。想象一下这么一群人的聚会,他们除了都没有工作以外完全没有什么共同点。这样的聚会可不是增进联系的好途径。当你要去认识什么人的时候,不光要注重你所认识的人本身,还要注重交往的场合和方法。比如在飞机的头等舱里,虽然头等舱的费用一般人负担不起,但是你跟坐在这里的人所能联络出的关系是在普通舱找不到的。从你登上飞机那一刻起,在这个封闭的客舱里就会不停地有人过来和你握手说话。这是因为比起其他舱的客人来说,他们已经奢侈地付给了航空公司多得离谱的钞票,你跟他们同处一舱,他们也就想当然地觉得你和他们同样尊贵。这些头等舱里的客人往往对一件事很好奇,那就是你有什么本事能跟他们一样花那么多钱来坐在这个地方。

　　我有数不清的重要客户和熟人是在飞机上一边吃航空食品一边聊天认识的。而在那些所谓的"社交活动"中,这一切情况恰恰相反,人们都想当然地觉得你跟他们一样地穷途末路。在这种情况下根本不可能建立起彼此的信任。没有彼此信任的情况下，任何努力都是白费。

分享彼此的兴趣是发展任何一种关系的基石。比如体育运动、宗教信仰、性取向、种族等共同点都可以，或者也可以是生意、职业或者个人爱好等。所有这些都可以帮助你跟别人开展关系，这个方法是很有效的，你会发现进展得最好的事物和活动都是你最感兴趣并且投入最多激情的。两个人之间友谊是否深厚，往往并不取决于两个人在一起度过的时间长短，而是取决于这段时间的利用质量。人们有一种误解，以为要建立一种稳固的关系两个人就必须花很多的时间共处才行。事实并不是这样的。除了你的家人和同事之外，你每个月能共处很久的人不超出10个。

当然，你的朋友肯定不止10个。这就说明，彼此的关系如何取决于你们一起做什么事情而不是一起过多长时间。这就是为什么你应该更多地关注你所喜欢的场所和活动的原因。通常这些活动都是你最擅长的也是投入精力最多的。拿我本人来说，我所参加过最好的聚会大都跟我对运动和食物的偏好有关。和他人共享激情对于促进人们之间的情感联系非常有用，这一点从当前互联网上逐渐升温的博客现象就可以看出来。博客是互联网上的一种在线日志，通常跟个人爱好有关。博客上有很多跟某种兴趣爱好相关的文字和链接，为浏览它的人们提供有用的新闻和信息。

那些比较火的博客会吸引众多志同道合的人浏览。博客圈壮大得很快，Weblogs站上的博客数在1999年只有十几个，而如今估计有500万个以上。2004年美国总统选举的时候，这个站的博客专注于完整地记述当时正在发生的历史。在过去的20年中除了这种充满激情的互联网团体外，没有任何其他的新事物可以如此大地影响投票人的政治见解。他们刺激了数以百万计的选民加入到这个行动中，这个数字是空前的，它给人们提供了一条可以参与国家政治进程的渠道。一个人写

分享激情

下自己喜爱的人或事就能迅速地吸引或影响一个群体,这实在是一件令人感到不可思议的事情。

当我们真正为什么事情完全投入时,你的激情就会传染给别人。我们的热情可以使别人放低戒备心理,也可以把他们拉入到我们所关心的人和事中。这就说明了为什么在事业上跟他人分享你的激情是极为重要的。凭我的经验可以告诉你,很多人往往更喜欢在跟我一起私人会餐或者去健身房激烈运动的时候探讨公事。这是因为我们不在办公室的时候就会自然而然地放松,或者是环境的因素,吃饭时喝点儿酒也会起作用。你会惊喜地发现,当你和他人一起做你们喜欢的事情时可以更多地了解对方。

我有一个朋友是夏洛特市一家大银行的执行副总裁。他社交活动的主要地点就是各地的基督教青年会。他告诉我说,每天早晨5到6点,这些地方到处都是像他一样在上班前来健身的晨练迷。他总是在这个地方寻找那些企业家、既有的消费者和潜在的客户。找到以后他就会跟他们在跑步机上一边气喘吁吁地跑步一边聊一些投资和信贷的问题。

除了吃饭和锻炼两种活动以外,有时候我还带着别人一起去教堂做礼拜。我常去的一家是洛杉矶的圣阿加莎教堂,常来这里的大多是非洲裔和西班牙裔的美国人。每次当聚会的人们到来的时候,福音唱诗班就会齐声高唱一段时间,人们就在这十几分钟里相互拥抱问候,这种不正规的问候方法比起传统的握手要好得多,这时教堂里是一派令人惊奇的场面。我本人并不喜欢把我的信仰强行灌输给别人,但是,我带到教堂里的这些人,不管他是演员还是律师,不管他是信奉东正教的犹太人还是彻底的无神论者,他们都会把我的邀请看作是一种私人的礼物。跟许多职场的"定律"相反,我从来都不相信在私人生活和公众生活间有什么严格的界限。当我们在人际关系方面做得越好,我们的生意和事业就会越发地成功。

拿邦妮·丹瑞斯的事来举个例子，她曾经在 Gartner Group[1] 做过咨询员。邦妮每年都会把一个完整地记录着她一年情况的周年事件簿发给她所有的同事和联系人。她会把自己的新闻或别的令人兴奋的事情都记下来，不论是工作上的还是家庭生活中的。她甚至记下了父亲的去世如何改变了她的生活。你也许会觉得这样把自己的私人感情公开可能会让收到这个年鉴的人感到不舒服，然而事实却恰恰相反，越来越多的人——不管是男的女的，同事或者不熟悉的人——开始要求邦妮把年鉴寄给他们。很多人给她写信，叙述他们自己的某些相似的经历。几年之后，邦妮的关系网遍布了全国，因为她分享了自己的内心和激情，所以她也收到了无数的信任和钦佩作为回报。

记下那些最能让你点燃激情的事，让你的激情来帮助你认识更多的人。你应该为每个你想要熟识的人多花些心思，看看跟他一起去干什么才比较合适。下面是我的一个单子，一起来看一下：

1.花十几分钟的时间去咖啡厅喝一杯。这并不费时，而且又在办公室之外，简直是一个结交新朋友的绝佳场所。

2.在去参加某次会议的时候，我会把会议所在地的那些我想要认识的人，或者想要加强关系的人都列出来，然后看看他们有没有兴趣和我一起去参加专题的报告会或宴会。

3.邀请别人一起去健身或者一起去参加别的业余爱好活动。比如打高尔夫球、下象棋、集邮或者参加书友会，等等。

4.和他人一起去吃一顿快餐，比如早餐、午餐，或者下班后去小酌一杯都行，当然正餐也可以。食物是人际关系中最好的破冰之物。

---

[1] Gartner Group，国际权威IT研究与顾问咨询公司。

分享激情

5.邀请别人去参加一些特别的活动。拿我来说，请别人一起看戏剧，参加新书签售或者去听交响乐都算是特别的活动，如果你邀请的人正好对这方面感兴趣的话那就更好了。

6.在家里请人吃饭。我觉得在家里举行宴会是一件很庄严的事情。我一般都会尽量把这样的事情办得私人化一些，为了使我的朋友们不会感到不自在，通常我只请一两个还不很熟的人。我想让他们在宴会结束的时候能够感到是跟一帮新朋友一起度过了一段美好的时间，如果席间生人太多的话恐怕就达不到这个效果了。

不论你在何时何地跟他人共享你的美好生活，有一点一定要注意，那就是不能忽视了你生命中那些至关重要的人。当你的日子被激情点燃之后，当你的生活里到处都是有趣的人和你一起分享的时候，结交他人这件事就不再是一种困难而繁琐的事务，一切都会水到渠成。

第十三章

步步紧随或者一败涂地

我们生活在一个快节奏的、信息爆炸的年代，每天我们都需要不停注意身边那些认识的或者不认识的名字。我们的大脑每天都在超负荷运转，对那些在办公桌前飘过的一份份数据或一个个名字我们都试图能留下一些印象。同时，我们也必须忘记或者忽略一些东西，大脑已经没有什么地方来存放它们了。正因为如此，当你遇到想要与之建立良好关系的人时，一定要主动地向前，不然别人只会把你当作过眼烟云。前不久，我在佛罗里达一个联谊会上发表演说，那个晚上我把名片和E-mail地址发给了至少100个人。典礼结束后，我回到宾馆检查了一下我的E-mail信箱。

在信箱里，一位联谊会新成员发来了简短而亲切的邮件，他对我做的演讲表示了感谢，他很高兴能接触到我这样一个和他出身背景差不多的人，而且希望我能抽空和他一起坐下来聊聊。在接下来的两周内，我又收到了数百个人发来的邮件，表达的意思都和第一个人的差不多，但是让我印象深刻的却只有第一个。

在我的印象里，我所收到过的最难忘的礼物都是用金钱所不能衡量的，比如那些对我的指导和建议表示感谢的信件、邮件或者纪念卡，因为它们都饱含了真正的感激之情。

步步紧随或者一败涂地

你想要从大批的人里脱颖而出吗？如果是的话，你就必须比其他人更聪明，必须步步紧随并吸引别人的注意。然而事实却是大多数人根本做不好"步步紧随"这件事，或者完全不会做。如果你能做到的话，你就会超过95%的竞争对手脱颖而出。"步步紧随"应该是你人际交往技巧中必不可少的一种。

事实就是，不论在什么场合下，"步步紧随"都是制胜的关键。

一定要保证给那些你新认识的人留下良好的印象，让他们能记住你的名字，这是在跟陌生人结识的过程中必要的步骤。

在你结识某人的20到24小时内，你就该动用"步步紧随"战术了。比如当你在飞机上旅行时遇到了什么人，那么就应在下飞机后当晚给他发一封电子邮件；如果你在酒会上结识了新朋友，那么同样在酒会结束后的第二天早上给他发一封邮件。对于这种机缘巧合的相识，用一封电子邮件来步步紧随是最合适的了。在邮件的开头写上"能认识你我感到十分荣幸，我们应该保持进一步的联系"，然后我常常会引用一些我们前一天交谈时候所涉及的细节——不论是共同爱好或者是生意上的兴趣都行——这么做的意图就是帮助对方回忆起来是哪个人写这封邮件。

每次我开完会以后，都会把新认识的人的姓名和E-mail地址存在PDA或黑莓手机的数据库里，这样做可以提醒我在一个月之内再次给对方发邮件以保持联系。如果你并不想把某个人当成生活的一部分的话，那当初何必为认识他们而费尽周折呢？我非常喜欢将我在哈佛商学院的一个同学的做法当作样本，他就是詹姆士·克拉克，我公司的首席运营主管。他在执行"步步紧随"战术的时候总是不断地用对方已经许诺的会面来提醒他们，问他们什么时候才能安排时间见面。

当别人同意下次再抽时间和你一起喝咖啡或者签一笔买卖的时候，你就应该把它记下来写进邮件里。当然你不能写得过于死板，应该写成类似这样的东西："我很高兴昨天午餐时能和您交谈，我还想和您借着我们昨天的话题再谈一些想法。我相信我们公司可以提供你们需要的东西，而且我已经花时间整理了一些出色的细节想给您展示。等下次我再来这里的时候，我非常希望您能抽出5到10分钟的时间来和我谈一谈。"十有八九，对方可能会在偶然间就接受了你的邀请，同意和你再见上一面。这样等到了约好的会面时间的时候，你就可以打电话找他出来，这时他在邮件里"白纸黑字"的许诺就成了你要求对方现身的有力武器。因为他已经答应了和你见面，所以现在要谈的问题只是具体见面的时间了，你的坚持可以保证约定成功兑现。但是有一点很关键，那就是不要提醒对方他能为你做什么，只要把提醒的焦点放在你能给对方提供的东西上就好了。这就是为了给他一个和你继续交往的理由。另外一个"步步紧随"的手段就是选一些对方可能感兴趣的文章发给他们。当别人对我这样做的时候，我会非常非常感谢他们，因为这表示他们也在为我所面临的问题进行思考。

除了E-mail这种完美的"步步紧随"途径外，还有其他一些方法可以考虑。比如在当今这个电子时代，一张手写的表示感谢的小便签会显得很独特，可以帮你抓住别人的注意力。你还记得上一次收到手写信件是什么时候的事吗？当你从信箱里拿出一封手写信的时候，我想你一定会打开来看。一封表示感谢的信件可以很好地维系彼此的关系，它能够创造出一种亲切的气氛。在信里你可以说一说会面时漏掉的相关问题，然后强调一下你对下一次会面的渴望以及你能给对方提供的帮助。

在写"步步紧随"邮件时，还有下边一些你应该注意的事项：

○ 不时表达你的感激之情。

○ 一定要提一些上次会谈里有趣的事情，比如一个玩笑。

○ 重提一下你们双方的约定。

步步紧随或者一败涂地

○邮件要言简意赅。

○一定要发一封向对方表示专门感谢的短信。

○既要发电子邮件也要发普通信件，两者的结合可以增进双方的私人接触。

○信件的及时性是关键，务必在会面或者访谈结束后第一时间发送。

○有很多人喜欢等到假期的时候才会去和别人联系，为什么非要等到放假呢？你的行动一定要及时、恰当并且要起到备忘的作用。

○同样要记得与介绍你和对方认识的中间人保持联系，他是你们双方交往的最初媒介，你应该让他知道双方会谈的进展，并对他的帮助表示感谢。

在交往的过程中，你应该把"步步紧随"的行动常态化、自觉化。这样做以后，你就不用再费力去记别人的名字了，当然他们也会牢牢地记住你。

第十四章

成为会议"突击手"

军事家都知道,交战的时间、地点以及形式早在第一枪打响之前就已经决定了一场战役的胜负归属。在大多数成功的会议里,道理也是相同的。你应该把偶然参加的一次会议当成是一项战斗任务,学会如何把会议环境变成你的主战场,在开会之前就确定好你的战斗目标。

不要仅仅扮演一个与会者的角色,要成为一名会议突击手!参加会议的目的往往会专注于某一项事物。当然开会不是为了休会期间得到那些免费咖啡和饼干,也不是为了花大价钱去听别人的商业教导。开会的真正意义在于,会议给你提供了一个和很多志同道合的人见面的机会,这些人会帮助你完成你的任务,实现你的目标。在每次考虑是否去参加一个会议的时候,我都会大概考虑一下"投入产出比"。我要想一想去参加这次会议是不是能让我的关系网有所增强,是不是值得我花费时间去参加。答案是肯定的,我就去,否则就不去。这个办法很简单,虽然听上去有些太过实用主义化了,但是确实很有效。

在我刚把YaYa卖给Vantage公司的时候,新管理者就实施了一项削减出差和会议费用的政策。但我认为这项政策真是太离谱了。

这些新的管理者并不是把开会当作提高公司收入的加速器,而是认为各种会议纵容了公司的管理人员去享乐。每年几次供职员去参与

成为会议"突击手"

这类事情的花费是完全不必要出现在公司预算当中的。

我非常不同意他们的想法和做法，决心要改变他们。我着手对那些给YaYa公司带来了实际收入的项目做了整理，把那些我在会议上结交的人所提供的项目记录了下来。当我把这个记录单给他们展示的时候，他们都感到非常震惊，单子上清楚地显示了公司里许多重要收入和后续订单，都能追溯到以前我所参加的一次又一次的会议。他们之所以会针对商业聚会进行这样粗暴的管制，可能是出于对开会的一种很陈旧的理解，那就是既然去开会就一定要在思想上有所收获。而且存在这种想法的管理者大有人在。其实这是大错特错的，思想上有用的收获大都来自于实际经验、书籍和向他人的学习。然而在圆桌会议上的讨论和专题演讲可能会比较有趣或者能给人启发，但是却很少能在这样的场合里学到什么真正的知识。

然而对于扩展你的交际圈和谈生意来说，会场的确是一个最佳的场合。为了说明这个问题，我来举一个例子。在旧式的销售行为中，销售人员将80%的时间花在了组织展示会、介绍产品和费力地追求订单上，只有20%时间用来发展和客户之间的关系。而现如今，我们更多是注重关系营销。实际上，各个层次的销售人员和商人们都会把他们80%的时间花在努力构建与客户的稳固关系上。即使你有一套完美的产品幻灯片展示，比起和客户建立的感情以及客户从内心对你的信任来说，也是微不足道的。

那些能够合理利用会议的人，在日常的行业聚会中均能获得很大收获。通常，这些人在开会时会组织一次又一次的会面，举办各种宴会，拼命制造各种机会来结识那些可能改变他们生活的重要人物。而其他的人在开会时却只懂得坐在椅子里不停地记笔记，或者抱着免费饮料喝个没完。的确，这些人在参加会议时的行动准则跟其他人有所不同。传统的教化告诉人们，开会的时候要穿戴高雅，遇人寒暄，还要和他人有切实的眼神交流等等，这些对于我们刚才说过的那些人来说都是小儿科的手段了，要从熙熙攘攘的与会者里把他们分辨出来，光看这几点是远远不够的。当然，有一种手段可以把大部分这类人从会议里找出来。我有一个在软件公司里做事的朋友保尔·兰迪曾跟我说，开会的人可以分成两类，一种是"保龄球"，而另一种是"大头针"。"保龄球"这类人，开会时一看到人群就像保龄球看到球瓶一样直奔过去，打成一片。他们在跟许多人热情地互相介绍、交流之后，给大家留下了很好的印象，好多人跟他交上了朋友，他自己的目标也就完成了。另外一种"大头针"人士呢，他们会死死地钉在自己的座位上，被动地等待任何可能的事情主动降临到他们头上。

我们不应该把商业会议看成是一次生意上的撤退，而是应该把它当作能够帮你进一步走向成功的战役。拿我来说，每次去参加会议时，我都要记着以下行动的准则：

大型会议往往非常繁杂，要处理好各项事务才能保证会议成功进行。组织会议会遇到很多琐碎的事情，你能找到各种机会参与其中，成为大会的内部人员。一旦成为内部人员，你就可以了解到这次会议将会有什么重要人物出席，还可以提前知道即将讨论的热点话题。这样你就知道那些与会的巨头们会在什么时候出现在哪一场酒会上，当然你也就可以在同一时间出现在那里了。

但是要怎么才能成功参与到会议的组织过程中呢？这其实并不是一件难以实现的事情。首先要做的就是浏览一下会议的材料和官方网站，看一看主办方都会邀请一些什么人与会。然后给主办人打一个电话，这时候这位负责人肯定已经为这次组织工作焦头烂额了。比如，我一般会在会议开始前几个月给负责人打电话，跟他说："我一直盼着你们组织的这次会议召开。我很想帮你们把这次会议办成历年来最好的一届。我愿意全心全意地把时间投入到这件事情里，动用我的能力和关系把会议办得漂漂亮亮。现在你就可以给我指派工作了。"我保证，当你这通电话打完之后，对方一定会高兴地跳起来。我之所以这么说，是因为好多年前当我还在德勤任市场总监的时候就曾经有过这样的经验。

当时，德勤咨询公司正在和Michael Hammer合作，为了搞出一种可靠的业务流程重组模式而一起进行实践活动。我们就想组织一次会议向市场介绍一下我们和Michael Hammer的合作关系，如果成功的话，那一定可以极大提高我们公司的品牌形象，同时也可以吸引来一些客户向我们下发订单。初步设想由我们来提供产业方面的专家意见和案例研究报告，而Michael Hammer则提供他在业务流程重组方面的专家意见，并用他的理解来指导我们如何来组织一次世界级的会议。这不仅意味着我可以亲眼目睹一次成功会议的内部运作流程，同时也让我有机会能够接近米歇尔这样的大师级人物。这次经历让我很确切地了解了"邀请什么人出席"、"安排什么人演讲"以及"什么样的论坛最有利于交流"等这些对于组织会议来说极为重要的问题。

在刚开始组织会议的时候，我们就把一些很有用的方法加了进去。我们启动了一套跟踪系统，这套系统负责记录我们的工作进程，看看我们每天给自己定下的任务目标是否都能如期完成。我们还给每位参会的德勤成员指派了任务，他们每人必须负责接待出席会议的两个客人。其中一个有可能成为我们客户的人被定为重要目标，另外的一位肯定能带来其他好处，多半是供职于某一家媒体。这样做的基本目的都一样，那就是要认识更多的人。

因为事先知道什么人会来出席会议，我们把每个人的情况都简单地列在一张纸上发给了负责与其接触的德勤工作人员，这张纸上记录着这个人的身份、行业、个人爱好和成就，还有他们公司正面临哪些德勤可以帮其解决的潜在挑战。这些信息足以帮助工作人员在见到他们的时候能够顺利完成交流。

我们还给工作人员每人发了另外一张单子，这张单子能够有效地帮助他们在会议期间顺利找到自己的任务对象，还指导他们在见到对方的时候怎么与其搭话。然后每天在会议结束以后，工作人员需要汇报他们的工作情况。如果哪一位在完成任务上遇到困难的话，我们就会制定应急策略以保证在第二天的晚宴上把我们的工作人员和他的任务对象安排在相邻的位置上，或者我可以亲自去介绍这两个人认识一下。

因为事先都做好了调查，所以我们提前知道了他们要会见的人的信息以及见面的时间、地点和方式等情况。就这样，我在不知不觉中培养出了一支会议突击队！这样做的收效真是非常惊人，会议变得非常紧凑。当然，德勤公司也在这次会议中发掘出了无限商机。从那以后，我们在 Ferrazzi Greenlight 完善了这套组织制度。不仅有公司来咨询如何让他们举办的会议获得最大成效，而且也有一些大的会议举办商来找我们帮忙进行会议设计以实现举办方和出席人的双赢，像福布斯和 People Soft[1] 这样的公司，他们举办的会议往往都是世界级的。我们之所以成功的关键就是能够努力的工作以保证我们策划的会议可以使与会各方都能有所收获。

在跟 Michael 合办的那次会议上，来自各个方面的与会者几乎都对他们在会上能够做成那么多的生意而感到无比震惊。会议成功一方面是由于我们准备了良好的开会环境，当然 Michael Hammer 本人一贯的出色才华也起到了很多作用，我们都从他身上学到了很多东西。但是每个人在会议上取得的成功最主要的原因就是，会议的组织工作一直紧紧围绕商业会议所应该有的最本质的功能：营造一种易于增进关系的气氛，为那些志同道合的职业人士提供亲密接触的机会。

下面教你一些具体的方法，以便你真正成为一个会议"突击手"

可以选择做听众，但是最好能当一个演说者

你是不是认为在社交中成为演说者是一件大事呢？确实有很多人是这么想的。我要告诉你的就是，其实成为这么一个角色的确非常重

---

[1] People Soft，是全球企业资源计划(ERP)软件包的主要提供商。

成为会议"突击手"

要,但也并非处处需要。有很多人喜欢当演说者,这些人就算是面对一群很普通的人——比如他们自己的家人和朋友——也要一本正经地讲上十几分钟。

首先你应该知道这么一个道理,想要让他人看到、听到并能记住你的意图、你的行为和你的思想的话,发表演说就是最简单而且有效的办法之一,而且你不需要成为托尼·罗宾斯[1]这样的大师也可以找到一大堆人来听你大讲特讲。

那么有多少人每天都会在他人面前演讲一番呢?无数人。每一天我们每个人身边都有无数的讨论和其他事件因为各种各样的原因不停地出现。所有这些讨论问题的场合都需要一个积极的人出现,对大家说一些既有鼓动性又有见地的话。然而令人遗憾的事,大部分想要充当演讲者的人却根本做不到这一点。

你是否认为那些口才极棒的人一定是各自领域的精英?其实不然。那么怎样才能出色地演讲呢?

我们就拿Toastmasters International[2]来举例,这个协会专门帮助他人提高演讲水平。这个协会在每周都会有非常多的演讲者在8000家以上、规模在三四十人左右的俱乐部发表演说,在美国国内巡回演讲的规模非常庞大。据美国经理人联合会分析,集会行业每年有830亿美元的潜在市场,其中560亿都来自于各种每年一次的大型例会或者研讨活动。注意,这一数字使得集会行业成为美国国民生产总值构成中排名第23位的产业。

有酬或者无酬的演讲机会到处可以找到,演讲是一件很有趣而且有益的事情,如果想要让他人了解自己,同时也认识他人的话,演讲

---

1 托尼·罗宾斯(Tony Robbins),成功激励学演讲大师。

2 Toastmasters International,国际演讲协会一个专为训练会员演讲技巧与领导能力的非营利性组织,位于美国加州。

是最好的一种形式。有研究表明，一个人如果在工作中能够演讲得越多，他的收入层次也就越高。作为一个会议上的演讲者来说，你的特定目标就是能够更容易地结识其他人。与会者希望你能够走下讲台来和他们接近，他们当然会对你这位演讲者而不是别的和他们一样的听众来表达尊敬。一旦你站到了演讲台上，大家对你的信任和良好口碑就会立刻建立起来。

在会议上怎么才能曾为一个演讲者呢？首先，你得言之有物，就是说你的演讲需要有内容（这一点在其他章节里我们会详细讨论）。你需要在自己所处的领域内来高谈阔论。实际上，你可以针对不同的听众群体发表各种不同类型的演讲，这一点同样会在后文提到。如果你能够提前认识大会组织者的话，那么获得一次演讲的资格就不是那么困难了。

在最初的时候，你最好从一些小的演说来开始。我有一个朋友很多年前离开了他的大公司，转而开始去搞他自己的咨询企业。他需要让自己成为品牌领域的专家级人物，然而他本人却非常害怕在公众面前讲话，但是他知道演讲是帮他吸引潜在客户和锻炼口才的最好方法。于是他就先从一些小的场合开始，他先去认识了所有小型地方行业会议的组织者。他往往要求在会议结束的时候能给他一个空间来发表演说，希望组织者把这个当作对他帮忙组织会议的回报。于是，他就先从这些他能组织起来的小集会上开始了他的演讲之旅。

刚开始，他的演讲甚至都不会被排进会议日程。他在会议上穿梭于人群中告诉大家他正在组织一个私人集会，希望那些发展各自品牌事业的专业人士能来参加。这种非正式的气氛，可以使他在陈述自己事情的时候不会有面对一大群听众那样的压力。不久之后，他演讲的场所就开始变大，演说的质量也越来越好，至此，他已经基本上克服了对演讲的恐惧。

但是如果你参加会议的时候没有成为演讲者的话，该怎么办呢？

成为会议"突击手"

同样有办法可以使你引起他人的注意。你应该记得,去参加会议的目的不是跟别人学什么新东西,你的任务是要去结识他人,让别人能够记住你。当会议的提问环节开始的时候,你应该尽量最先举手提问。能提出一个富有见地的好问题也是让全体听众记住你的一个好机会。但是一定要在提问之前先介绍一下自己,告诉大家你在什么公司、做什么工作,然后再提出你的问题,这时在听众席里就会响起嗡嗡的声音了,人们已经开始议论你了。还有,你提的问题最好能和自己的经历有所联系,这样当别人说"嗯,这是一个不错的问题"的时候,你还能继续有话可说。

游击战:组织会中之会

真正的会议"突击手"不会被主办方发放的会议日程所限制。没有人说过你在会议期间不可以自己来搞一次餐会,也没有谁不允许你在会期里特别针对你自己的问题召集一次非正式的讨论会。

一般来说,大会组织的餐会往往会乱作一团。人们的注意力都无法集中,每个人都在为了别人能够听清自己而提高声音说话,一边听着主持人在那里致辞,一边不停地跟周围的好多陌生人相互介绍认识,而能吃到嘴里的东西却很少。这样的场景实在是不合适谈话。

所以每当别人在这种餐会上煎熬的时候,我就偷偷溜回自己的房间,叫宾馆送一些吃的上来,然后当晚剩下的时间就在我的手提电脑上度过了。不过这样做还是太浪费时间了。还有另一种更好的选择,那就是你可以把这没用的一两个小时拿来组织一次你自己的餐会。

我每次参加会议的时候,至少都要搞这样一次我个人的会餐。为了能够跟会议日程同步,我会在附近先找好一家餐馆来预约一次私人会餐。你可以在开会期间抽空做这件事情,或者提前发出正式的邀请也行。有一种方法很有效,我常常会用到,那就是先给宾馆发一份传真——大部分会议都会预订一家宾馆供会议的贵宾下榻——让他们在会议开始前的那个晚上准备一次会餐或者酒会，因为大部分来开会的人都会在这个时候到达宾馆，这样便于邀请他们。

想想看，这个时候你发出的邀请不会像平时那样被这些大人物的秘书们给拦下来，这些人在刚到宾馆的这个晚上很可能没有什么安排，或者即使有安排，能提前发出这样的邀请也使你显得比较突出。而且我敢肯定，对你这样为他们着想的安排，这些人一定会很高兴。当然如果大会安排的宴会上主持人的致辞比较有意思的话，我就会把自己的计划缩减成宴会之前或之后的一次酒会。

如果你想在同一地点同一时间一次性地见到所有你想见到的人的话，召集一次你自己的谈论会一直都是一个最好的办法。如果可以办到的话，应该请一些有名的演讲者出席，这些人星罗棋布地分散在人群中，可以很好带动你的小聚会。经过这样的场合，即使是一个无名小辈也可以变成一个小小的名人。每次参加文艺复兴周末会议，我都会这么做一次，这个会议每年在纽约举行一次，由政客、商人和其他职业人士参加。每次我都会发出一份有趣的邀请，问一问与会的人们是否有兴趣在官方的宴会上"逃课"去其他的好餐馆聚一下。事实上会有很多人不惜改变原计划，应邀而来。这个办法在为期三天以上的会议上很有效，就像上大学的时候每个人都喜欢从校园里溜出来一样。

如果大会正好在你家所在的地方召开，你可以大胆地在自己的家里正正式式地请一次客，每年米尔肯全球会议在洛杉矶开幕的时候我都会这么做。每次我都在会议正式开始的前一天搞这么一场家宴。来开会的人们最晚也会提前一天到达，比起一个人在宾馆里吃东西来说，一场生动有趣的私人宴会简直太完美了。然而开会的时候官方除了会举办宴会以外，还会安排其他的活动，比如时间比较长的会议可能会穿插安排一些外出活动，打高尔夫球、观光或者参观历史遗迹等等，但是这类活动往往也是一样的乏味。你有没有试过和400人一起挤着去参观博物馆呢？简直就像是一大群牛在被赶着走一样。

成为会议"突击手"

这个时候你同样也可以领导大家参加你自己组织的活动，去一个会议主办方没有想到的不同寻常的地方，或者游玩或者参观都行。我有一个老同事每次去参加冬季举行的会议时都会这么做。他是一个滑雪的狂热爱好者，每到一个地方他都喜欢找一找当地最好的滑雪地点，通常是要找一些尚未被发现的没人滑过的雪坡。然后他能毫不费力地吸引几个滑雪者跟他一起去玩，这些人都热衷于寻找一些新鲜刺激的东西。

你应该积极地主办一些会中之会，这样不仅可以帮助他人很好地交流，也可以使你成为一个有影响力的中心人物。在自己举办的聚会上，你不要只是简单地介绍自己，也应该把你认识的人介绍给大家认识。如果你新认识的几个人没有什么话说，你就可以提一些话题帮他们接上话。比如，"大卫，你不是正在找人来帮忙打造你们公司的品牌吗？塞尔吉奥曾在可口可乐公司鼎盛的时候负责那里的全球品牌事务。你应该去跟他谈谈，没有比他更好的人选了"。

围绕大人物

如果你认识了会议中最受欢迎的那个人，你就能靠围绕着他来直接结识会议上那些最重要的人物，因为这个人认识所有的与会者。会议的组织者、演讲者、知名品牌的CEO以及参会的专家，对你来说都是很有价值的大人物。先去查一查那些名流和重要人物的名字，看看他们有着怎样的会议安排，然后要保证你能够出席他们计划的这些活动。你应该提前到达他们将要演讲的会场，站在主要入口处或者守在来宾登记处前，时刻准备向他们介绍你自己，或者也可以在一旁寻找机会去认识他们。

你必须记住，一定要在演讲者登台以前跟他们说话。通常，有一些无名之辈，早上还在那吧唧吧唧地吃奶酪呢，演讲完之后就立刻有了名人的光环，摆起了架子。所以一定要在对方摆出名人的架子之前找到他们，这样你才有可能和他们较好地沟通。或者你也可以让主办者帮你指出来那些大人物长什么样子以便你去寻找，当然无论如何你要提前跟主办者搞好关系才行。

成为一个信息收集中心

一旦你创造出了结识陌生人的机会，一定要让自己成为一个"信息收集中心"，这是任何一个善于搞社会关系的人的必要素质。那么具体怎么做呢？当然不能死记大会官方的宣传册里的东西。对于身边你想认识的那些人，先去收集一下他们的相关信息，然后精心准备一番。比如跟对方有关的生意谈话，各地一些好的吃处以及私人的聚会等等。接下来，你就可以传播一些重要的信息，或者告诉别人怎么才能得到他们想了解的信息。这一做法的功能不是说在人际关系活动以外就没有用了；成为一个信息资源库以后，你将会成为人们最想认识的人。

掌握好"深度撞击"

作为一个会议突击手来说，"撞击"是你最好的一件兵器。所谓撞击，简单来说就是在这两三分钟里你和想要认识的人在会议上突然"撞"到一起。你的目标就是在这种邂逅结束时邀请对方以后能保持联系。跟其他的技巧一样，不同的"撞击"都有着细微的差别，最完美的"撞击"会让人觉得是做了一件既痛快又有意义的事情。我称之为"深度撞击"。

"深度撞击"是你跟他人迅速接触的一种成就，可以帮你和他人建立一种可靠的联系，确保以后继续交往。在开会的时候，你常常是交了一大笔的参会费（除非你被邀请去作演讲，那样不用花钱！），为了保证这笔钱花得值得，你就想要在允许的时间内尽可能多地认识一

成为会议"突击手"

些人。在这种情况下,你要做的不是去找一个人跟他做好朋友,而是要去认识尽可能多的人,而且要确保以后还可以跟他们继续联系。要在两分钟的时间里完成这样的任务,你需要看着对方的眼睛,用心专注地去听他说话,然后聊一些生意以外的事情,稍稍介绍一下你自己,也要在跟对方交流的过程中适当示弱。对,就是示弱,示弱会比较容易感染别人!做到这些,你就足以和对方构建一种诚恳互信的关系了。听到这些你也许会有些吃惊,但是我亲见别人就是这么做的,而且我也在这么做。

"深度撞击"并不是一种办不到的空泛理论,有一些人根本不用几分钟,他们在完成跟别人"深度撞击"的时间上简直可以用秒计,美国前任总统比尔·克林顿就是这方面的大师。我曾近距离观察过他是怎么在一群支持者中应付自如,当然有时候也要面对一些尖锐的反对者。克林顿总统在人群中每见到一个人都会主动去握手,而且他常常会用两只手去握对方的手,或者左手握住对方的胳膊,这样的动作在一瞬间就可以带给对方很亲切的感觉。在这个瞬间他会看着对方的眼睛,询问一两个私人问题。我曾经无数次听到参加同一活动的人都说,他们能感觉到克林顿当时是在完全注意着他一个人,这简直不可思议。甚至有些共和党的人也这么说(克林顿是民主党的,共和党是竞争对手)。

这种交流是很有意义的,然而克林顿这么做并不是为了宣扬他的政治主张。他的目的简单而有效,那就是他想让你能够喜欢他。所以当他短暂地出现在这样的场合,他会表现出对你的喜欢和关注,同时人们出于本能也会给予同样的回报。这种细节所表达的深意就像电波一样发出,我们会收到这些信号,然后在里边寻找那些特为我们而准备的情感。在短暂的会面中,克林顿从来不谈自己,也不会去拉选票。他的问题只会围绕着对方的想法或遇到的麻烦。

在开会的时候,大部分人不懂克林顿的做法,他们以为会场是一个做生意的最佳地点。他们会拼命地穿梭于各个地点来推销自己。但是一个真正的"会议突击手"是不会这么做的,他懂得首先要做的是让对方对你有好感。生意自然会在你们后续的交往中做成,而现在要做的就是先和对方建立互信的关系。

了解你的目标

现在你已经准备好要去"撞击"了,下一步就是要找好"撞击"对象。

每次开会的时候我都会准备一张纸,写上我最想认识的三四个人的情况,然后叠好放在我的上衣口袋里。每遇到一个人的时候我都会核对一下我的记录,不光是名字,我还要简单记下我们谈话的内容,然后再为以后如何和这个人交往而写一小段注释。如果这样做的话,你就会在遇到他人的时候有话可说了。

然而,你不能把希望寄托在酒会或者早餐会这样的机会上。我的做法是直接去问会议的主办者某个人被安排在哪个座位上,我会去那里见他们。而且绝大多数人开会的时候,自始至终都会坐在同一个位置。

去年我一直想认识一下 Inter Active Corp[1] 的总裁贝瑞·狄尔。他是一个贸易和媒体方面的预言家,对于哪方面的革新可以创造利润这个问题,他比任何人都有着令人惊奇的先见之明,简直可以说,他的鼻子能直接嗅出金钱的气味。

在参加一次会议的时候,我注意到日程表上有他的一场演讲。我查明了他会在何时何地走哪条路去登台演说,然后我就把自己的位置安排在了他的必经之路上。我选的这个位置实在是离他的路太近了,近到如果他不跟我擦身的话简直都不可能过去。

---

[1] Inter Active Corp 是全球领先的多元化互动电子商务公司,涉及旅游、购物、票务、金融、通信、房地产等行业。

成为会议"突击手"

理所当然地，在他走过的时候就注意到了我。

"狄尔先生，我是基思·法拉奇，在喜达屋公司负责市场工作。我的老板之前提到我应该跟您谈谈。我知道您非常忙，但是我还是希望散会以后可以跟您的办公室联系，希望可以安排一次我们的会面，您看如何？"说到这里我停了一下，他回应说："当然可以，给我在纽约的办公室打电话吧。"我说："能这样的话真是太好了，关于贵公司的事情我有很多的建议和想法，我也一直很钦佩你事业上的成就，近些年您做了很多先锋导向性的工作。"就这样，我在话语中打出了我最有用的一张王牌，那就是我的老板——一位狄尔肯定会表示尊重的企业家。然而，在面对像狄尔这样的大人物时，你做的"撞击"可能不会像你预想的那么有深度。但是，我还是在有限的时间里提到了一个他熟悉并信任的名字，这样也就取得了他对我本人的信任。同时我还完成了其他两点：一是通过表达对他事业的崇拜，完成了先前我提到的"示弱"；二是通过指出我对他的公司有一些建议来提高我的价值。现在他的公司成了 Ferrazzi Greenlight 的重要客户。

在不同的场合，根据情况强有力地去介绍你自己。通常要做的就是根据场合的不同对你想要认识的人说两三句开场白，告诉他们你想为他们做什么，能为他们带来什么。

休会，不休息

休会的时候正是你可以真正大干一番的时候。一定要在休会的时候待在你该去的地方。当你在家里组织聚会的时候，你有没有注意，客人们常常会在厨房或者其他的聚会中心地带扎堆？在任何的聚会上，一个热闹而且位置合适的场所都会成为活动的中心地点。在商业聚会上也是一样。先了解一下大多数人会在哪个地方聚集——或者至少要路过，然后你也就要待在那。这种地方往往会在餐桌、吧台或者是接待处附近。

当你身处这个地方的时候就要尽快进入状态。《美国新闻与世界报道》杂志曾经透露过亨利·基辛格在这种场合下是怎么掌控全局的：

"一，进入房间；二，往右边走；三，纵览室内情况；四，看屋里有都有什么人在；五，让大家注意到你。"

基辛格知道，交际高手都了解如何给他人留下深刻的第一印象。他们会把聚会场所当成是比赛用的场地。上场前要记住，行动要快，身处在那些别人可能注意到你的场合时，一定要穿戴得当，这一点不能忽视。然后就放手去"撞"吧。

步步紧随

如果看到这里你还不认为我是个疯子的话，那么往下你恐怕就会这么觉得了。我知道，先前我已经讲过了关于"步步紧随"的事情，但它实在是太为重要了，所以我这里要再说一回：一定要"步步紧随"。每次见面之后都要跟上，跟上，再跟上。不停地"步步紧随"。

我不会停止这么做，而且"步步紧随"这件事本身也没有个尽头。在会议上听演讲的时候，我会坐在最后边，给那些我休会中认识的人们起草"步步紧随"的邮件。对于会议上认识的每一个人，你都需要给他们发这么一封邮件，提醒对方他们曾承诺要和你再联系。同样，我也会给每一位应邀发表演讲的人发一封简单的信。

下边就是一封真实的，我用来向某人"步步紧随"用的邮件：

卡拉，你好。

哦，刚才真是挺有意思的。我没有料到在这样的会议上能够喝上几杯龙舌兰酒，以后每年开会的时候我们都应该这样喝几杯才对。对了，刚才我们提到你的市场战略，你还说想要利用我们公司的策略来帮助你们完成成年女性人口统计工作，这样吧，我们应该继续谈一谈这个事情。这周什么时候你能给我打个电话？

或者其他你方便的时间也可以打。

另外，我要告诉你，我已经听到了很多人在谈论你的演讲，大家都说讲得非常好。祝贺你！

致敬。

在会议的内容里我常常找不到什么特别有用的内容。通常我都是阅读很多东西，时常和别人谈论一些话题并且不断思索，然后再去参加会议，这样我就知道该说一些有实际内容的话了。

当然也有例外的情况，就像 Michael Hammer 在开会时讲述业务流程重组的时候，他的演讲是一次单口相声般的例行公事，同时他也能魔术般地把它搞成一场人生的大课堂。除去会议的主旨不说，大部分会议上演讲的内容都是有关于几个在 IBM 或者微软这样的大公司供职的副总，有关于他们是如何改进某个项目之类的内容。就算有时候演讲者很风趣，但是讲话的实质都一样的，那就是：演讲，都是在讲人。

不要成为下面这些人

局外人：握手软绵绵，专挑房间的角落坐，表现谦逊——这些情况都标志着这个人来这里的目的就是为了听一听演讲而已。

跟屁虫：跟屁虫就是这么一种人，他们常把在各种地方见到的第一个人认定成最好的朋友，然后就拽着不放了。出于担心，他们在会议的全程都要像影子一样地跟着这个人。但是为什么要这样呢？花了那么多的钱来开会就是为了能有机会认识不同的人，所以就大胆地去"撞击"好了。你有一生的时间可以跟他们继续建立良好关系，用不着非在会上这一段时间抓住哪个不放。开会期间应该尽可能多地建立一些会有后续发展的关系。

别独自用餐
NEVER EAT ALONE

势利眼：有一种人，在开会的时候总是要用上吃奶的劲来接近会议上最大牌的人物。然而问题是，如果他们要接近的这个人确实是最大牌的人物的话，他们往往防备心理很大，或者有可能就真的带着几个保镖。我有一个年轻的朋友最近去听了约旦国王的一场演讲，回来以后心醉神迷。他跟500多人挤在一起等了一个多小时，为的就是能有机会跟国王握一下手。我问他："那么，你在这件事上有了什么切实的收获吗？"

他很羞怯地回答："至少我可以说我见过国王本人啊。"我告诉他，在国王的随行团队里可能至少有五六个其他的"达官贵人"，这些人虽然跟国王同时出现，但却没人认识他们，也没人想要去认识他们。为什么不从中找一个，然后跟他聊一些切实的事情呢，这不比去跟一个见面之后转眼就会把你忘掉的人去握一下手更有好处吗？要是照我说的去做，你也许就能跟哪个大人物建立一种联系了，可是你现在得到得却只是一张握手的照片。

眼神飘忽不定的讨厌鬼：有些人在会议期间频繁周旋在每个人中间，游移的眼神揭示着毫无生气的内心。应该像比尔·克林顿那样，如果你跟某人相处的时间只有短短的30秒，那就一定要在这30秒里体现出你的热情和真诚。

名片收集狂：在会议上，有一种人喜欢到处发名片、收名片，他们觉得名片在人际交往中是万能的。实际上，名片的功能被太过高估了。如果跟别人交流时，你已经成功完成了前面说到的"撞击"任务，并且得到了对方关于日后再会的许诺，那么一张写着对方名字的纸卡片简直毫无用处。然而这些名片收集狂却为拿到了一大叠名片而心满意足，他们以为这样就是发展了一大批新关系。实际上除了可以拿这些名片编一个电话本以外，他基本上毫无所获，就算按这些名片上的电话打过去，他能听到的恐怕也只是一个个冰冷的声音。

第十五章

结识交际枢纽式的人物

我们大部分人已经知道,在这个世界上任何两个人之间只需要通过六个中间人就可以互相认识。这是怎样实现的呢?那是因为有一些人他们所认识的人要比我们多得多。

我们把这种人称作超级交际枢纽,我们极少会认识一个这样的人,他们好像认识地球上所有的人。观察一下你会发现,这种超级交际枢纽往往出自下面这些群体:猎头专家,职业说客,资金筹集者,政客,记者以及公共关系大师。之所以会有这种情况,是因为这些群体里的人需要有天生的交际才能。其实这类人是每一个发达交际网络的基石,下面我就来说说这个问题。

这种交际枢纽对于你的人际关系网来说,就像迈克·乔丹之于篮球界、泰戈·伍兹之于高尔夫球界一样——不可或缺。那么到哪儿去找这种人,怎么才能把他们拉到你的交际圈里呢?

马尔科姆·格拉德威尔[1]曾在他最畅销的一本书——《引爆流行》中引用了社会学家马克·格兰诺文特在1974年的一个经典研究项目。

---

[1] 马尔科姆·格拉德威尔(Malcolm Gladwell)曾是《华盛顿邮报》记者,现为《纽约客》杂志专职作家,2005年度思想家排名第31位,著有《引爆流行》等畅销书籍。

这个研究项目考察了马萨诸塞州牛顿市的一群人通过怎样的方法找到了他们当时的工作。这项名为"求职之路"的研究成了这一领域的开山之作，而且它的研究结论也被后世一次又一次地证实。

在这项研究里，格兰诺文特发现他们所调查的人群中，有56%的人是通过个人关系找到现在的工作的。只有19%的人是通过我们传统认为的报纸招聘或者经理面试而求职成功的。还有大概有10%的人是通过直接向雇主申请而获得工作。我讲这些数字的意思是什么呢？那就是说"个人关系是你的开门钥匙"，这种说法并不是什么创新之物，从上述研究里我们可以看出，这种说法古已有之。然而真正令人惊讶的却是，在这项调查中，那些从个人关系中获得好处的人里，只有17%的人经常和熟人或者好朋友保持联系，有55%的人偶尔联系，而我要强调的是竟然有28%人从来不和他人联系，而这些人也都通过熟人找到了工作。

换句话说，并不是非得像亲属或者好朋友这样的人才能对你提供强有力的帮助；在你的交际网中，最重要的那些联系人应该是彼此认识的。

在研究报告中，格兰诺文特用到的一个非常精妙的短语"关系不强，但力量不弱"，在日后成为了他的名言。这句话的意思就是说，在你想要找工作，或者查找信息以及探寻观点的时候，那种"不强"的关系往往比你想像的要有用得多。为什么会这样呢？我们思考一下，因为大部分你的好朋友，那些关系很铁的联系人，他们往往都跟你一样出席同样的场所，有着大概相同的职业，都生活在彼此差不多的世界里。这就是为什么他们很少知道什么你所不知的情况。

而从另一方面讲，你的那些"关系不强"的熟人，他们生活的世界往往跟你的很少有交集。他们活在不一样的环境中，接触着不一样的人，他们有机会接触的信息是你的好友们所不可能了解的。

小时候妈妈告诉我们别跟陌生人说话，其实这是不对的。就像马

结识交际枢纽式的人物

尔科姆·格拉德威尔在书中所写的那样："简单讲，熟人就是你的社会力量之源，所以熟人越多，你的力量就越大。"

在我的这本书里，我一直在强调应该发展深层次互信的个人关系，而不是仅仅跟他人保持一种"淡如水"的交情。不管格兰诺文特的研究结果如何，我相信友谊是构建真正强有力的个人关系网的基石。通常我们发生日祝福或搞聚餐的时候只会想到跟我们比较亲密的那几个人，如果对成百上千的人都要这么花费心思的话，那简直太不可思议了。但是，对于某些人来说，这样的情况并不奇怪。那就是所谓的"超级交际枢纽"，那些和我一样需要和数千人保持关系的人。然而重点不是你认识几千号人，而是这几千号人应该来自不同的世界，而且你跟他们至少要熟到可以直接跟对方电话联系。一旦你跟某个超级交际枢纽成为朋友，那么你离我们所认识的那数千号人就只有一步之遥了。一名叫做斯坦尼·米尔拉姆的社会心理学家曾在1967年的一项研究中证实过这一观点，他曾设计并执行了一项实验，来证明我们所认为的庞大而客观的世界，其实是非常小的，而且也充满了友善。

正是米尔拉姆的这次实验开创了"通过六层关系就可以认识世界每一个人"这一概念。在实验中，他在美国内布拉斯加州随机挑选了100多人，他给每个人寄了一个邮包，而邮包的目标收件人却是一个远在波士顿的他们并不认识的股票经纪人。在邮包中附有说明，请每个人帮忙把邮包转发给他们认为可能认识收件人的熟人，然后再继续转发。最后大概有1/3的邮包顺利到达收件人手中，而每个邮包的平均转发次数竟然不过6次。

而且令人感到惊讶的是，在对每一个成功收到的包裹分析其转发途径时，米尔拉姆发现这些包裹大部分都经过了同样的三个内布拉斯加州人转寄。这个发现说明，能够认识几个超级交际枢纽是非常有用的。虽然说这种人在各个行业都可能出现，但是我一般只在他们最常出现的下面这七种职业里搜寻他们的踪迹。每一个这样的交际枢纽都会带我认识一个全新的人群，帮我了解他们的想法，让我得到这个新世界的新知识，这对我来说意义重大，他们的出现给我的人生带来了一些新的乐趣，促进了我职业的发展，使我所从事的事业取得了更多的成功。

餐馆老板

确切地说，第五十七街并不在曼哈顿的商业区，但是对于基米·洛德瑞格来说这里就是闹市，这位夜店经理开的第一家餐馆就使得布朗克区成了最精彩的去处。他的第二家餐馆也吸引了一批同样的客人，比如社交名流、政客以及知名运动员等来此品尝美食，打发时光。当我待在纽约的时候，这里就是我的据点。这里给人的感觉就是高级而不奢华：柔和的灯光，闪闪发光的石质吧台以及悠扬的蓝调背景音乐，使人觉得这里像是一个忧郁的乡村俱乐部。基米会在各个桌子间穿梭，给你提供免费的开胃小吃，还会介绍一些他认为你应该结交的人给你认识，这一切会让你迷上这里。

这里就像是一个私人的俱乐部，不用交什么会费。在我的记忆里，基米很热情也很善于交际，事实上，这一点对于绝大部分开餐馆的人来说都是必须的品质。就像我在芝加哥的时候会去戈登饭店，在洛杉矶的时候就去吃 Wolfgang Puck 的菜，他们都有这样的品质。他们企业的成功，都是因为有一个核心的常客群体，把餐馆当成了他们自己的另一个家。

想要了解一家餐馆是非常容易的。聪明的店家会用他们独特的方式给你带来非常愉快的感受。而你所要做的就是去那里的次数足够多。每当我到达一个陌生的城市，我就会问当地人哪里有比较火的、大家较为公认的好餐馆。然后我就会打电话给他们的经理，告诉他们我经常出外活动，有时候会出席一些大的场面，而且现在我想找一个新地方来好好娱乐一下。如果你不是像我一样有那么多活动的话，那

结识交际枢纽式的人物

就找你喜欢而又常去的一两个好地方去消费。一定要成为这些地方的常客，要跟那里的领班混熟。然后如果有什么工作上的招待活动，就带人去那里，不得不请客的时候也安排在那里。

这样等你认识了那里的经理以后，这个地方就会变得像是你自己开的一样，它会带给你一种你独享的、有着私人风格的氛围，会带给你像家里一样温暖舒适的感受。

有了这样一个要成为常客的预定计划，再加上一点点忠诚度，一家餐馆能带给你的就不单是美味的食物，到那时他们还会把其他的贵客介绍给你认识。

猎头专家

招聘负责人、职业介绍顾问、人力资源经理等这些角色对于找工作的人来说就像看门人一样。成功的猎头专家绝不只为一家公司负责，他们往往会负责为上百个经理在他们各自的行业内招募新人。

猎头就是一个专业的"媒人"，通过给各个公司介绍职位候选者来赚取佣金。你能否取得一份工作，代理的猎头是有相当大的决策权的，他们为此获得的佣金会跟他们介绍成功的求职者头一年的薪水相挂钩。

这样看来，猎头可以说既是推销员又是社交名流的混合体，这很有意思。为了找到职位候选人，他们常常会找地方发布招聘启事。

他们有时候也会直接和猎头对象联系，这种情况多半是由于朋友或者同事的推荐。在所专长的行业中，他们所掌握的人力资源和其他信息简直是无价之宝。一个猎头专家往往对两个问题最为钟情，要么你雇他们为你猎头，要么为了别人的利益来帮他们完成猎头。如果你想找一份工作的话，那么一定要找足够多的公司让他们来帮你的忙。我手头有一份猎头的档案，里边记录了他们是谁，他们在寻找什么人才等资料。而且我会回复他们的每一个电话，在我的圈里帮他们搜寻他们所要找的良材。之所以这么做，是因为我知道当我需要跟他们的其他客户取得联系的时候，他们一定会帮得上忙。至少，他们也扩展了我的交际圈。

那么你可以主动去找猎头吗？事实上，猎头更喜欢由他们来主动联系你。但是如果你们为他们着想，能够先把你的交际网贡献给他们以供猎头，而不是先想着去他们那里推销自己的话，他们也会乐意接受你的联系。在我刚开始工作的前几年，我既不是哪个猎头者的客户，也不认识某个跟猎头者有业务的雇主，所以我就只能直接问他们："您现在的任务是找什么样的人？有什么我能帮得上的吗？"

在这个圈子里还有另外一个供参考的方法，那就是你自己可以假扮成一个猎头者，然后时常注意帮猎头者和找工作的人牵个线，或者帮正在招人的公司与猎头者之间搭个桥。当你帮他们完成了一项新任务之后，他们手头有空闲职位的时候大概就能想到你了。如果你能更进一步地帮这个猎头成功联络一个客户的话，他们大概就会跟你谈判以后再帮忙时需要付给你的酬金了。帮别人搜寻好的员工真的可以帮你赚到钞票！

专业说客

他们见多识广，会循循善诱而且总是自信满满，这就是职业说客的特点，他们往往都是会给人留下深刻印象的交际专家。

由于职业上的优势，他们常常跟各种大型组织的关系很密切，他们了解各级政府的工作流程，他们个个充满热情，他们会把某一项议案夸得天花乱坠，而目的只有一个，那就是促使那些立场尚不确定的政治人物能够为他们所宣扬的提案投票。

那么他们是怎么完成工作的呢？这些说客会经常性地举办一些鸡尾酒会或者宴会，这使得他们可以和政治人物以及他们的反对者在一种轻松的气氛之下进行交流。他们很多琐细而基础的工作就是长时间

结识交际枢纽式的人物

地跟别人电话或者信件交流，以图能够唤起公众对某一项议题的支持。由于他们的工作特点，你很容易就可以给他们一些满足。比如直接表示对他们的支持，或者为他们的活动充当一次志愿者，也可以介绍其他的志愿者，或者引荐几个可能的客户给他们认识，所有这些都可以让他们高兴起来。职业说客们愿意随时结识那些有能力的成功人士以及更多的其他各种人物。

资金募集人

"向钱看"就是资金募集者的生存之道。他们知道哪里有资金，知道要获得这些资金需要付出什么代价，最重要的一点是他们清楚谁才是最有可能提供资金支持的人。因为工作需要，募捐者们——不论他们是为了政治团体、大学或者非赢利机构工作——总是希望能认识每一个人。这些人要做的就是试着说服别人把挣到的钱捐出一部分来，所以这项工作真不值得羡慕，不过他们却总是不可思议地受他人欢迎。募捐是一项无私的工作，通常要由足够的理由才会有人去做。有很多人都说，如果谁有一个朋友是做募捐工作的，那么他就同时拥有了一扇通往新朋友和新机会的大门。

公关人员

打电话，劝诱或督促别人，祈求媒体记者用舆论保护他们的客户——这就是搞公关的人日复一日的工作。公关和媒体的关系总是很不稳定，但是最终他们往往还是出于各自的需要而行动一致。如果能够结识一个做公关的朋友，那么你可能就有机会跟传媒界的人物甚至是一些社会名流有所接触。在我所雇用的"玫瑰组织"（一个公关组织）里有一位叫伊莲娜·维斯的副总经理，她曾把在办公室里认识的一位知名作家、政治专栏撰稿人阿瑞娜·霍夫顿介绍给我认识。阿瑞娜后来成了我的朋友，我的知己，每次我在洛杉矶的家中举办宴会的时候，她总像是一个引人注意的明星。

政治人物

不论是哪个层次的政治人物都毫无例外地是交际狂，他们必须得这样。他们总是在跟别人握手、亲吻儿童以示关注和爱心，发表演讲、频繁赴宴以进行自我宣传，所有这些都是为了能够取得人们的信任和选票。政治地位往往不是取决于政治人物所拥有的财富，而是取决于他们的政治实力。如果你为他们在拉拢选民或者是幕后决策方面有所帮助的话，他们就会把你当成自己人。

那么一个政治人物能给你带来什么呢？一些当地的市政官员将使你在当地那些繁复的官僚机构办事时畅通无阻。而且不论是哪个层次的政治人物，只要他们在工作上是成功的，那么也就一定是一位名人，这是由他们的交际关系所决定的。

那么怎样才能接触到政界呢？可以先加入你本地的商会，因为这里汇集了当地的一些生意人、企业家等等。在每个团体里都会有一些年轻的政治活动者试图爬得更高，你要做的就是在他们变得突出之前对他们的目标表示支持，在他们竞选时给予一定的捐助，这样你就可以取得他们足够多的信任和忠诚了。

记者

记者总是有力而又饥渴的，有力是指他们用一次恰当的报道就足以成就一个公司，或者把一个无名之辈变成重要人物，饥渴是指他们无时无刻都在寻找着报道的素材。而且记者们往往并不出名，他们不难接近，因为很少有记者能攒到足够的声望。

在我回到德勤公司以后，很多年我都坚持请不同杂志的记者们吃

结识交际枢纽式的人物

饭，为他们提供好的故事做素材。到现在，我几乎认识了国内任何一家商务杂志的高层。因为这个原因，YaYa公司在我掌管后不到一年的时间里，就使得它的名号和它所提倡的概念频繁出现在各种媒体上，包括福布斯、《华尔街日报》、CNN、CNBC、《品牌周刊》、《新闻周刊》、《纽约时报》等等，而且日后这个名单会更长。

从事以上所说的七种职业的人最适合成为超级交际枢纽。当然还有一些其他的职业，比如律师、经纪人等等也是可以的。你要做的就是深入他们的关系网中，同时也把他们编进交际圈。不要只是围绕着办公室里的那帮同事转悠，你应该跟那些每天看的听的想的都和你不一样的人打成一片，他们跟你生活在不同的世界，他们身边的东西会给你带来灵感。

总的来说就是一个词：交往。或者说得更明确些：跟那些交际枢纽交往。

别独自用餐
NEVER EAT ALONE

著名交际案例

保罗·里维尔（1734-1818）

保罗·里维尔留给世界的关于人际关系网的经验遗产，简单来说就是一句话：不管你身在何处，那里总会有一些人的交际能力强于他人。

如果你搬到一个小镇以后，因为某种原因想要认识这里的每一个人，那么你该怎么办呢？你是会选择挨家挨户地敲门、一个一个地单独去接触，还是先去找一个可以帮你打开所有人家大门的高人呢？

答案不言自明。

在现在的城市生活中，这种高人可能是当地高中的领导、本地球队官员或者是教堂的牧师。但是保罗·里维尔是生活在18世纪70年代的波士顿大都会地区，他在城北有一家小银器店，那个时候的交际高人都是像他这样的小店主、批发商之类的人，因为他们每天都需要跟波士顿当地处于各个文化阶层的人们打交道。

里维尔也是一个社交经历非比寻常的人：他一生加入了很多其他人组织的俱乐部，同时自己也创办了几所。在10多岁的时候他就建立了一个由教堂敲钟人组成的社会团体；成年以后他加入了北部政治核心会议俱乐部，这是一个由塞缪尔·亚当斯[1]的父亲创立的社会团体，这个俱乐部的目的是为当地政府挑选合适的候选人。在1774年，波士顿的军队开始查抄军需品，里维尔就组建了另外一个俱乐部，负责监视波士顿军队的行踪。同时里维尔还参加

---

[1] 萨缪尔·亚当斯(Samuel Adams)，此人是美国革命志士、波士顿茶叶党领袖，煽动殖民地百姓反对英国花税条例的革命领袖，同时也是《独立宣言》的签署人之一，人称"美国革命之父"，后来曾任麻州州长。

结识交际枢纽式的人物

了圣安德鲁的"麦逊共济会"[1]，在那里他跟革命激进分子詹姆斯·奥蒂斯[2]和约瑟夫·沃伦博士成了朋友。所有这些经历使得他在大革命时期能够代表波士顿人，成为波士顿信函委员会和麻省安全委员会"通信兵"——专门向在费城举行的"大陆会议"[3]传递信息。简单来说，里维尔不只是认识波士顿的人，他同样知道那些小道消息、谣传、人们的闲话以及各种新闻，他可以从波士顿社会的各个阶层收集这些信息。在1775年4月，里维尔得知波士顿将下令逮捕造反派的领袖，于是他和他的同伴们就发明了一种报警系统：在波士顿最高的建筑——城北老教堂的塔楼上，如果挂着两盏灯笼就表示波士顿的军队将从海上来袭，如果只挂着一盏则代表军队从陆上进攻。这样在波士顿以及周边地区的"叛乱者"们就可以知道何时该拿起武器，何时该无声逃遁。

美国人大概都已经熟知了"一个代表陆上，两个代表海上"的故事，但却很少有人知道，当年那个受大家委托负责点亮塔楼之灯的人正是里维尔，这一切都是由于里维尔在交往能力方面所表现的机智，也许他也是当时唯一可能的人选。

然而当时那座教堂恰恰是英国教徒的，那里的主教是一个激进的英国王权支持者（即反对大革命）。但是里维尔是有办法的，他在参加北部政治核心会议俱乐部的时候就认识了本教区的委员约翰·普林，在普林开的店铺里，里维尔又认识了教堂的杂役罗布特·纽曼——教堂塔楼的钥匙正在这个人手

---

1 麦逊共济会(Masonic Lodge)，共济会这种组织在18世纪初叶在欧洲开始发展，他们的目标是挑战英国以及特别是法国的天主教权威。富兰克林在独立战争期间当"大陆会议"驻法国的大使时加入了巴黎的麦逊共济会，这个组织是所有共济会里最激进的。他之后也成为麦逊共济会伦敦分会的重要领袖，而该分会则支持英国王室以及教会的阶级传统，因此不像巴黎"麦逊共济会"那么偏激。当富兰克林回到美国，他把麦逊共济会带入美国，许多的领袖，包括乔治·华盛顿，都加入了麦逊共济会，组织中形成了"美国已经借由建立一个非君主政体的世俗政府带来了一种'世界新秩序'"的信念。

2 詹姆斯·奥蒂斯(James Otis)，美国革命激进分子，他的论点中主张"违宪的议会法案是无效的"。

3 大陆会议(Continental Congress)，1774年9月5日来自北美殖民地的代表在宾夕法尼亚的费城举行代表会议。这次会议起因于在整个殖民地扩展起来的要求统一的愿望。第一次大陆会议共有代表12个殖民地的56名代表参加。佐治亚没有派代表与会但同意并支持会议通过的一切计划。第一次大陆会议对公正处理来自英国的横征暴敛的兴趣甚于宣布独立。

别独自用餐
NEVER EAT ALONE

上！在决定命运的那个晚上，里维尔的关系是帮助他最终成功的关键。在点亮灯笼之后，里维尔还需要赶到列支敦士登去找"反叛者"的两个领导人山姆·亚当斯和约翰·汉考克发出警报。当时，先是有两个熟人划船渡他过了查尔斯河来到查尔斯镇，然后在那里有里维尔认识的一个教堂执事——约翰·拉金，早已把自己的马准备好，只等上路了。

由于英国军队的追赶，里维尔转而奔向列支敦士登北方的梅德福德市[1]。因为他认识梅德福德的反叛军队首领，里维尔骑马跑到他的家发出了警报。在这位首领的帮助下，里维尔在到达列支敦士登之前先完成了向梅德福德报警的任务。

美国人大概已经对这个故事在列支敦士登发生的情节比较熟悉了，然而很少有人知道，在里维尔奔向列支敦士登发布惊天警告的那个晚上，有一个叫威廉姆·道斯的人同时也飞奔到波士顿西部叛军首领聚集的地方去报警。然而当道斯在那个地方只使得两三个人在夜里走出家门的时候，里维尔已经在远方激发了一路大军。为什么会有这么大的差别呢？这正是因为里维尔是一个交际枢纽：他认识每一个人，他有能力激发一个又一个地方的人们，他敲响每一扇门的时候都能准确喊出屋里人的名字。历史学家说，里维尔仿佛受到了精灵的祝福，而这个精灵是专门让人成为大事件之中心角色的。但其实这跟精灵没什么关系，这个故事告诉我们的就是，我们应该关心和参与到你的社群中，而且更重要的是要找一两个交际枢纽式的人物去跟他们做朋友。

---

[1] 梅德福德，美国马萨诸塞州东北部一城市，是波士顿的居住区和工业区。

第十六章

扩大你的交际范围

　　扩大和激发你朋友圈中所蕴藏的全部潜力的最好方法就是带不属于这个圈子里的人进来一起共事。我并不觉得人的关系网真的像一张网一样，关系网里的人们不会像在学校的辩论会里那般争论。相反，人际关系网应该跟我们的国际互联网差不多，这里的每一个关系链接都相互协作，共同加强并扩展了我们的整个社群。

　　我说的这种协作，就是指要在你的交际网中把每一个人都看成是你的搭档来对待，就像做生意的时候每个创业的同伴都各自负责公司里的一部分事务，交际网中的搭档们也要互相帮助，他们通过共享自己的那部分来拓展整个大网，当他们负责的那部分网络中有人需要向其他部分伸出触角的时候他们也会负责提供一个中间桥梁。或者换言之，它们交换了彼此的网络。每个人的交际网络的边界都是随时变化而开放的。

　　下面我根据自己的亲身体会来给你举个例子。曾经在某个周六的下午，我的朋友塔德和他妻子卡罗琳在洛杉矶的 Bel Air 酒店请我过去，塔德把我介绍给了酒店的经理莉萨认识。这位经理简直是非同一般地风姿绰约：她是一位高个头的金发女士，善于表达，看上去迷人、风趣，而且很令人感到放松，这一切优点都同时出现在她一个人身上。

她跟我们说："如果说你们两个人在洛杉矶有什么不认识的人的话，我肯定不会相信。"在她的眼中，我和塔德两个都是人际交往的大师。莉萨跟很多从事酒店服务业的人士一样，是一个超级交际枢纽式的人物。

在认识了10分钟以后，我们心里就都知道我们一定会成为好朋友的。莉萨和我很有共同语言。莉萨听说我常常定期举行一些商界的宴会，就对我说："如果你要在洛杉矶请客的话，应该把你的客人请到我们Bel Air酒店来。"然后我在参观了一下Bel Air的情况后觉得，如果能在这么高档的地方办我的聚会，那一定会给人留下深刻记忆。于是，我想能不能由我跟莉萨联手举办一次社交联谊活动呢？所以我就简单建议了一下。

我说："莉萨，你看让我们一起花些时间来办几次餐会怎么样？你可以在你的Bel Air来办，给我留一半的邀请名单就行。然后我也办一场，你负责请一半的客人。我们来分享这样的事务，不仅可以帮我们省下一大笔经费，同时我们也可以一起认识一些新朋友，令人感到兴奋的新朋友。我觉得如果我们两个一同来办聚会一定会更加成功！"莉萨同意了我的建议，当然我们的宴会也是极为成功的。我们请来的两拨客人分别来自商界和服务业，他们都很风趣，都值得认识，而且把这两拨人聚集起来也是比较稀罕的。我们不仅为各自的朋友介绍了一片新天地，同时宴会上呈现出的生机也令人感到高兴。

很多政治人物都是交际成瘾的，他们用我说的这种形式来交换彼此的交际网络已经好多年了。他们甚至还有一种叫做"东道主委员会"的机构，这种机构里有一群来自不同社会领域的人，他们都是某个政治人物的支持者，他们负责把他们心中的人选介绍到各自的朋友圈里给大家认识。每一个典型的成功政治家都有这么一个东道主委员会，这个委员会的成员都是医生、律师、保险专家和大学好友等等组成。每一个东道主委员会里的成员在各自领域里都有着良好的人际关系，

扩大你的交际范围

他们负责组织一些聚会等事宜，为他们的支持者提供机会去接近他们整个的大朋友圈。在我看来不只政治人物可以这么做，他们其实是为所有想要扩大交际范围的人提供了榜样。

有没有什么领域是你想要深入接触的呢？如果有的话，你就应该看看能不能找到这个领域里的一个中心地位来搞一个属于你自己的"东道主委员会"。比方说在一个商业领域里，你计划要在几个月中重点推销你们公司一种新的服务产品，假如说这个产品主要的消费者可能是律师群体，那么就先去找你自己的律师，告诉他产品的情况，然后办一场宴会，请他带一些同行来参加。请他告诉这些人，如果他们能参加聚会，他们将不仅能对这种神话般的新产品先睹为快，而且还有机会认识你请来的其他朋友，这些人都可能需要雇一位律师。以后这样，这些律师很可能会把他们的朋友圈介绍给你认识，然后你也会给予同样的回报。我现在的 Ferrazzi Greenlight 拓展训练公司正在向职业人士推广一种我们称为"交际促进收入"的培训课程，上面所提到的方法正是我在推广活动中所使用的。这项课程在一些顾问公司、警容服务企业和软件销售人员中都已大获成功。刚才我们说到的合作关系很不错，但是这种合作下所隐含的动力应该是利益共享，应该在所有参与者中形成一种"多赢"的情况。

如果有谁带你进入了他的朋友圈，那么一定要充分地回报这位介绍人，而且在跟这个新圈子里的每一个人交往时都不能忘了带你进入的那个人。俗话说：不要抛下带你到舞会上去的那个人。我曾经就犯过一个错误，那时我跟一些新朋友一起举行聚会，但却忘了邀请介绍我们认识的那位仁兄。这实在是大错特错，是我判断上的一个不应该的失误。在交换彼此朋友圈的时候，诚信是第一位的，你必须对别人介绍给你的新朋友报以最大限度的尊重。

当你的交际范围慢慢扩大的时候，就需要跟别人一起搭档处理交际事务了。这样会提高你们的交际效率。在一个局部的交际网中总是会有这么一个人，他掌握着维护这个网络的主动权。他也就是可以介绍你接触那个新世界的引路人。

下面给你介绍两条精辟的原则：

○在和别人共享朋友圈的时候，你和你搭档间的地位必须是平等的，付出和回报要成正比。

○你一定要信任你的搭档，因为最终你还要确保他们与你的关系网所进行的接触是对你有利的。

第十七章

闲聊的艺术

其实，我们大家都有用来吸引身边每一个人所需要的素质，比如吸引你的同事、朋友、你的老板，甚至是陌生人。但是，"拥有这样的素质"与"知道如何发挥其作用"是完全不同的两码事。

闲谈的天赋是吸引别人注意时所必须的素质，对某些人来说是与生俱来的，可是偏你没有。怎么办？其实在走入一个尽是陌生人的房间而无话可说之前，我们都已经与那种很古老的恐惧感斗争过了。我们仿佛看到，在门口到吧台之间有着巨大无比的障碍物，阻隔我们不能逾越，可是我们却看不到屋子里其实已经坐着无数我们的准朋友了。我说到的这种情况人们会经常遇到，比如在商业聚会上、正式的讨论会上甚至是学校开的家长会上，在社会的每一个需要讨论问题的场合，你都可能产生这种恐惧感。正是因为我们常常会有这样的恐惧，所以可以帮我们度过这种感觉的"闲聊"就成为非常重要的一个本领。也正是因为人类有这种天生的恐惧感，所以像我们这样不懂得"闲聊"诀窍的人，在身处种种本来可以使我们认识无数新朋友的场合时，却感到了一种仿佛裸身于人群中的不自在。

在上边说的这些场合下，技术手段是一点忙也帮不上的。那些羞涩不愿意跟外界接触的人，他们总是把电子邮件和短消息看成一种代替和别人互动交流的绝佳方式。其实却不然，社会上新的技术通信手段在用来跟他人交往的时候没有什么特别的优点。虽然说数字媒介是迅速而简便的，但是它只能提高通信的效率，对于交朋友来说并没有什么功效。

可是有人却可以不费吹灰之力就摆平各种社交场合。他们是怎么办到的呢？

很多人想象的答案可能都是：有一种人就是有跟人搭讪的天赋，这是他们与生俱来的本领。

不过事实是令人欣慰的，这种假设的答案完全不能成立。谈话的技巧是后天练成的。如果你有决心而且方法得当的话，这个技巧跟别的东西一样是可以学会的。现在的问题是有相当多的所谓学习方法和资料都完全是错误的。我见过很多CEO，他们很以自己所谓简洁扼要的行为方式为荣。这些人喜欢宣称自己对于交际游戏规则不感兴趣，其实他们所钟情的这种做法只能体现出他们的无能与粗鲁。

事实不是那些CEO们想象的那样，两个陌生人之间的闲聊实际上是我们生活中最重要的一种谈话。语言是我们和他人沟通最直接有效的工具。当剧作家和电影剧本作者在作品中刻画人物的时候，最先要确定的就是人物的动机，他们要考虑某个角色想要什么、追求什么、渴望什么。这些问题的答案将会引导作家来设计人物的台词和对话。这种方法并不是戏剧世界独有的，从这种方法里可以反映出我们人类的某种本性。我们在使用语言的时候，其目的不仅仅是清楚地表达思想，也不只是要强化我们深层次的渴望，还有另外一个目的，就是要用语言来弱化别人的期望。

斯坦福大学商学院的一名教授叫托马斯·哈瑞尔，大概在10年以前他开始了一项工作——鉴别那些成功的毕业生有什么与众不同之处。他对一组已经毕业十年的工商管理学硕士进行了调查，发现其在校的成绩跟个人的成功完全没有联系。那些较为成功的人大都有一个共同的特性，就是"口头流利"。所有那些已经创立了自己的事业或者在公司里平步青云的人都可以在任何场合下自信地与他人交流。在面对投资商、客户或者老板的时候，对他们来说并不会比在同事、秘书或者朋友面前感到更多的压力。这样不论是在宴会上还是在出租车里，他们都知道如何对他们的听众开口。

正如哈瑞尔在研究中证实的那样，语言运用得越成功，你在生活中也就越出类拔萃。那么接下来，在训练"闲聊"这个问题上，你该定下怎样的目标呢？这个问题的答案很简单，那就是：一，跟对方开始一次对话；二，让对话继续；三，建立私人关系；四，结束谈话并使对方留下这样或类似这样一个看法："这个人不错，我喜欢。"

有很多人说过该如何跟别人搭讪。但是在我看来，这些所谓专家大概搞错了一件最管用的事情：专家们大都说在开始搭讪前要定下一些原则，比如什么该说什么不该说。他们都声称，当你第一次见到别人的时候，应该尽量避免跟对方谈一些不愉快的、过分私人化的或者争议较大的问题。

其实这都是错的！大错特错！不要听这些人的胡话！在任何地方，那些只会说一些乏味话题的闲聊者都是毫无用处的，那种程式化开场白的观念已经完全过时了。相比之下，我个人还是对另外一些说法更感兴趣，虽然我不一定都同意，但是也比整天都紧张兮兮的考虑什么该说什么不该说要强得多。

但是具体该怎么做呢？能让你在那些"闲谈"的专业人士里脱颖而出的最可靠的办法就是：做好你自己。还有我相信——弱点——对，说的就是人的弱点——是在当今商业社会中人们忽略了的一个非常重要的突破口。

然而有太多太多的人分不清"重要事务"和"私密事务"有什么不同。原来那些商业学校里教我们要把什么事情都"贴身"藏起来。但是，现在世界变得不同了。在当今社会，共享信息比自己私藏更有好处。而且，那条在私生活与事业之间的界限已经变得越来越不明显。现在我们身处一个资源开放的社会，这就要求我们同样有资源共享的意识。我们最在意的那些事情就是我们最想和别人谈论的话题。当然，我们并不是要你在谈话的时候跟别人抬杠或无礼。我们应该做到足够的诚实、坦率和示弱，真诚地让他人走入你的生活，这样才能得到对方同样的回报。

如果双方都比较豪爽、坦诚，那么在双方达成圆满结果之前需要多少次的磋商呢？我发现，在谈判中就算对方不同意你的看法，他也会把你的名片放在桌子上以示尊重。不论是在谈判桌上还是餐桌上，我们那种懈怠的心理倾向会成为那些我们想要认识的人和我们本身之间最大的障碍。有这么一种聊天的情况，两人说话犹犹豫豫，令人感到不舒服，在这种乏味的对话里你往往隐藏了真正的自我，那么在这样一次聊天结束的时候，你一定会对这个"结束"感到宽慰，你一定会想：我跟这个人真是话不投机啊。

但事实是，每个人和别人总会多多少少有一些相似之处。如果你不敞开自己，不让别人了解你的兴趣、你的想法，那么你就不可能找到跟他人的共同话题。由此我们可以得出一些令人欣慰的推论，就是说，在跟他人开始一次比较有意义的对话的时候，你不用预先想要什么连珠妙语，其实只要你有发自内心的真诚就会有很积极的效果，当你能明白这个道理的时候，与他人关系的"破冰行动"也就不再困难。有很多人以为"破冰"成功就意味着要有一场睿智而诙谐的谈笑，或者要得出什么有深刻见地的结论，我们又不是Jay Leno或者David Letterman[1]，何必要那么强求呢？

当你明白最好的"破冰"利器不过是发自内心的几句话时，你跟陌生人说话就不会再那么恐惧了。"示弱"规则在闲聊中是非常有用

---

[1] Jay Leno和David Letterman均为美国脱口秀节目类著名主持人。

的，我曾经一次又一次地为这种力量感到惊奇。最近我在参加一次由市场部和外联部部门经理参加的年会时，照例出席了会前一晚的全体宴会。那天晚上围坐在桌前的是许多大公司的市场部主管，他们来自沃尔玛、信诺、洛克希德、礼来、易趣以及尼桑等各行各业的顶尖企业。他们中的任何一个人手里都掌管着一份可观的市场预算案，所以他们对我的生意来说更是重要之极。这个场合真是一个要求我体现自己最佳状态的绝好时机！可是有一个问题就是，我的最佳状态可能在我从匹兹堡飞来这里的途中已经被疲劳消耗殆尽了。那一晚我生命的背景音乐就是一首《忧郁的布鲁斯》，因为就在几个小时之前我刚刚接到最后的E-mail，正式宣告我最害怕的事情已经发生了——我又失恋了。我正沉浸在感情结束和情绪崩溃当中，实在是没有什么心思再去跟别人说话了。

当饭桌上的讨论非常热烈的时候，我才意识到我正在做着我一直告诫别人不要做的事情——我把自己藏在那些客气而无味的问题后边以逃避现实。而我旁边坐着一位我刚认识的名叫雪丽的女士，她根本不知道我发生了什么事。我们两个就坐在那看着对方闲聊，其实什么话题都没有说，我们两个人心里都巴不得这宴会早早结束。

可是忽然我就意识到，我当时的行为是多么可笑。我总是在告诉别人：每一次与他人的交谈对你来说都是一次可以展现你自己的小小冒险。就算是不成功，那么最坏的结果又能是什么呢？大不了是对方对你的展现表示漠然罢了，这有什么大不了的？如果真是这样的话，那么也许这类人其实根本就不值得你去结交。但是，如果你的冒险收到了回报的话，那么你就已经使得沉闷的气氛变得轻松有趣起来了。这样彼此可能就有了较深入的了解，或者说一份真诚的私人关系就算基本上建立起来了。

想到这时，我开始张口对她说出了自己的真实感受："雪丽，你看，我可能需要跟你说声抱歉。我们可能还不太熟，但是我并不想一直像今晚这样，我其实很愿意说点有趣的东西。可是今天对我来说太难过了，我刚刚参加完公司的一次董事会，在会上我接受了股东们的严峻考验。更不幸的是，我刚刚和爱人分手了，这让我非常难过，到现在还提不起精神来。"就这样，我把心里话都说了出来，上一段里所谓的"冒险"也就开始了。我那几秒钟的"示弱"，话语里带着的一瞬间的真诚立刻使我们之间的谈话变得不再那么沉闷。当然，我这样太过私人化的表述很有可能会让她觉得不舒服，但是幸好当时她立刻显得放松了下来。她说："啊呀，这不是个什么大问题。相信我，我能理解处于这种情况下的人的心情。我来给你讲讲我离婚时的情形吧。"

于是我们在这种不可思议的话题上找到了共同语言。雪丽的肩膀放松了下来，她的脸色也柔和了，这就说明她的心打开了，不再那么紧闭。那天晚上是我第一次跟别人谈得如此尽兴。她继续跟我聊了她离婚时心情有多么的痛苦，把那之后几个月所发生的事情统统说了一遍。这样一来对我们两个人来说，此时就成了一个宣泄积郁的好机会，她同样给了我很多好的建议。然后我们就忽然谈到了分手以后会面对怎样的困难，这时令我们俩惊讶的事情发生了：我们周围的一些本来"守口如瓶"的客人也停止了他们先前的谈话，加入到了我们的话题里来。整个餐桌上的人们都开始谈论婚姻或者恋爱关系中所包含的苦闷和考验，大家畅所欲言，男人、女人、同性、异性的话题都参与了进来。很多性格本来比较沉闷内向的人在大家都说完了以后也讲述了自己的经历。直到晚宴结束，我们都一直在很亲密地谈笑，一场本来沉闷的宴会变得令人记忆深刻。到了今天，我每次都很盼着这个每季度的会议能早日来临，这样我就可以见到那次我结交的那些朋友了。他们都对我非常重要，有几个成了我的客户，但是更多的却成了我真正数得上的朋友。

其实在我们的一生里，会有机会参加很多次各种各样专业的或者非专业的集会，那么在这种场合下你总是面临两种选择：一，你可以跟那些不认识的人浅浅地聊几句一般的话题，然后彼此还是陌生人；二，你可以表现得稍稍自我一点，真的自我，让大家看到你人性化的一面，这样你就可能获得跟他人深入交往的机会了。

这些天，我特意在跟别人谈话的时候引入一些可能被某些人认为应该忌讳的话题。比如说神话、传奇故事或者政治等等，这些话题都能使你的生活变得更有意思。当然，如果不说这些的话，还是有很多常规的、说出来绝不会出岔子的话题可以拿来做开篇，这些话题简直可以通用在所有商业场合，比如：你是怎么创业的？你在职业中获得的最大乐趣是什么？你在工作中遇到过什么大的挑战吗？不论是在生意上还是生活上，你在跟别人说这些话题的时候虽然不会引出什么岔子，虽然是足够安全的，但是这样安全的话题往往也只能产生一些安全的后果，或者说没有任何意义的后果，不会给你带来什么改变。

那些真正的强者，他们的事业惊人成功，人际关系出奇地广阔，他们有着令人无法阻挡的超凡魅力，这些人时刻都会全面地展现自己，他们会抓紧每一秒时间、动用每一份精力来尝试新的经历。**想要有魅力其实很简单，那就是做好你自己。你的独特就是你的力量。**我们与生俱来的独特足以使我们成为一个闲谈的高手。

想要掌握闲谈的话，就不能只是谈"闲"事。闲谈是一门艺术，里边有它的科学成分：

学会无声的暗示

当你转向你身边站着的那个人的时候，你就已经在开始一次新的会面了；当对方把脸转向你的那一瞬间，你的头脑里可能已经做了数千次对他的估量。在这一刻，你心里就是在分辨，你是应该逃避、针锋相对还是友好亲近。人类学者认为，你此刻所想的事情其实跟原始人没有什么区别，都是出自本能。我们的基因已经决定了我们习惯于害怕陌生人。他们是会吃了我们还是会被我们吃掉呢？这就是我们可以迅速确定第一感觉的原因，我们必须先决定靠近对方是不是安全的。

在对方下意识地确定他是否喜欢你之前，你大概有10秒钟的机会。在这短短的10秒钟里，我们不可能交流太多的话语，我们对对方的判断主要来自于其他的无声的暗示。

怎样才能让一个不认识你的人在跟你说话的时候感到比较愉快呢？

在这个时候可不能玩"欲擒故纵"的手段，不要想着先保持一段距离，先玩一下神秘，这种庸俗的手段只有对像马龙·白兰度这样的人才能起作用，对于我们其他这些古板的人来说，这样的姿态无异于在脑门上写了四个大字："离我远点！"所以我们不该这样做，我们应该主动给对方留下我们想要的印象。如果你能够表现出富有同情心而又让人感到温暖，那么很容易就可以使他人折服。他人会如何看待你其实是取决于你在开口和对方说第一句话之前所做的一系列事情。

第一，给对方一个发自真心的笑容，这就表示："我是平易近人的。"

保持一种较为平衡的眼神交流。如果你无时无刻都盯着对方的眼睛，那只能表示你对他（她）不怀好意。这会使对方心里发慌的。如果你跟对方目光交流的时间少于70%的话，那就会让你显得比较冷漠、比较没有礼貌。所以你该追求的是保持目光交流时间超过70%而又不到100%这个区域。

放下胳膊，放松自己。如果把胳膊交叉抱在胸前会让你显得比较防备、自闭，这也是紧张的一个标志。所以，要放松！人们会注意到你的肢体语言并给予回应的。

在跟对方说话的时候可以微微点头，然后向对方靠近，但是注意不要靠到侵犯到人家的私人空间，只需要表现出你听得很投入、很感兴趣就可以了。

学会跟人握手。与他人的身体接触是一种很有力的行为。大多数人都以握手来表示自己的友好态度，也有一些人用双手来握手以示更为亲密。而我最喜欢的方式是用另一只手去握住对方的肘，这样可以一下子就使我们之间的距离感消失。这是一种很使人感到亲切的方式，很多政治人物都是这么做的。这个动作还没有接触到人胸前比较防备的位置，而且比仅仅是握手要更为私人化一些。

保持真诚

你跟一个新认识的朋友在一起时，不管你们待了五秒钟还是五个小时，一定要让这段时间过得有价值。当我住在洛杉矶的时候，每次去参加聚会总会遇到很多眼神飘忽不定的家伙。他们总是坚持不懈地转着自己的眼睛，试图找出房间里哪个人才是最重要的大人物。坦白地说，这真不是一个好的习惯，谁要是这么做的话，你肯定会讨厌他的。

想要让别人觉得你与众不同的方法只有一个，那就是给对方一些与众不同的感受。当然反过来说也是一样：如果你给对方的感受是无关紧要的，那么他们也会把你这个人看作是无关紧要的。

深入交流

当你跟新认识的人见面时，一定要事先准备好一些可以谈的话题，要保持交流的连续性，要培养一种有意思的谈话基调。你可以让话题直指一些你富有激情的爱好，比如厨艺、高尔夫或者集邮什么的，这种有激情的话题所扩展出来的力量往往是惊人的。

在商学院毕业以后，我把我的激情整个投入到了烹饪上，我花了数月的时间在伦敦参加了蓝带烹饪艺术学院[1]的培训课程。虽然我觉得用在这件事上的时间花得有点轻率，但是在这次课程里我得到了很多关于烹调的知识，这些都在以后我跟别人的闲聊中派上了用场。我会

---

1 法国蓝带烹饪艺术学院（Le Cordon Bleu Culinary School），于1895年创建于巴黎，现在，该校在世界15个国家共有25所国际性学校，在校生超过18,000名。

跟他们讲一些我在伦敦法式厨房里遇到的有趣甚至是尴尬的事情，就算是本来对烹调不感兴趣的人也会很喜欢听我讲故事。你说什么其实并不重要，至少远远不如你讲述的方式重要。听听别人讲述他们所钟爱的事情，对我们来说也是一件有趣而有益的事情，你可以把他人的热情故事也当作以后跟其他人说话时的素材。詹姆斯·克拉克是我的首席运营主管，拿他来说，他在攀登珠穆朗玛峰的时候一直表现很好，但却在登顶时的那一周出了问题。他跟我讲述的那些惊心动魄的故事现在成了我跟别人闲聊时的一个绝佳素材。要记住，在谈话的时候不要独霸所有时间，不要让你的故事变得冗长无味。因为你要做的是分享你的激情，而不是去给对方说教或布道。

调整你的Johari之窗（心灵之窗）

  Johari之窗，或称心灵之窗，是美国的两位心理学家发明的一个学术模型，它诠释了几种不同的视角，从这些不同的视角可以不同程度地看到人的真实自我。有一些人是内向的，外露的性格比较少，他们也就相应地关上自己的心灵之窗。同样也有一部分人是外向的，对外的表露也就多了很多，他们的心灵之窗就总是敞开的。

  但是这种关闭或者敞开，也会根据人身处的环境不同而有所变化。当我们在一个陌生的场合与很多不熟的人待在一起时，我们的心窗可能就会开得比较小。我们开得小，而且也以为别人同样开得比较小。反过来说，如果气氛是安全的，人员也是你熟悉而信任的，那么人们往往就会表现得比较自我，心灵之窗也就开得大些。

  根据Johari之窗模型的理论，交流的成功与否取决于我们能否成功地调整我们自身，能否成功地调整我们的心灵之窗，以和交流对象相互吻合。这个观点是当初征召我进入德勤公司的格雷戈·西尔灌输给我的，他是我较早的一位良师益友，我至今还很感谢他。记得刚进入德勤的时候，我还是一个坦率而有冲劲的新人，所以我的"窗口"

总是敞开的。

那时，不管是在向某个公司羞涩的总经理推销我们的咨询服务，还是在对付某个公司无赖般的销售人员，我都不会将自己闯劲和坦率的风格做出相应的调整。所以我总是搞不清楚，为什么会有一些销售员在开会的时候骗我，也有一些总经理会把我赶出办公室。后来格雷戈给我介绍了Johari之窗，告诉我在面对不同的谈话对象的时候需要调整自己的窗口大小才行，这个方法对我的帮助非常大。虽然格雷戈无论在面对什么人的时候都会保持他的真我本色，不过在说话的方式方法上也会迎合对方的口味。

每个人心灵之窗的开合，都会根据环境的不同而有所调整。社会上各种不同的行当，不管是跟人打交道比较多的销售人员，还是本质上相对比较独立的工程技术人员，每个人都可以吸引那些跟自己的心灵之窗情况差不多的人，这就是人以群分的道理。比方说，一个电脑程序员，除非是在一群同行的面前，否则可能不会把自己的窗口开得太大；而一个优秀的销售人员可能就会大不同，这类人不管在什么环境下，一般都会放得很开。调整的关键，就在于我们应该意识到我们谈话对象的不同风格，并且使自己去适应他们，而要知道这一点，就必须把跟对方之间的闲谈控制好。在跟我自己的培训公司里的人在一起时，我可以表现得风趣、坦率而且合群。但是当我与那些敬业的经营策略顾问讨论问题的时候，我就得把自己的那种激情锁紧，而努力使自己显得慎重而精明。如果我们没有配合对方的风格，那么对方的窗口可能就会立刻关上，让你什么也了解不了。人和人之间关系是不可能刻意制造出来的。在我走过的这些日子，遇到过无数各种各样的人，他们每个人都有着自己独特的风格，当我面对那些我想结识的人的时候，我都意识到自己需要针对每个人去调整交谈的方式方法，这都是Johari之窗这个观点教会我的。

在具体实施的时候，我自己有一个很有用的办法，那就是面对镜子，想象镜子里的你就是你要交谈的对象，然后去想他们说话的节奏是快是慢，声音是大是小，有着怎样的肢体语言。通过对着镜子里的人来调整你的行为，到时候对方自然而然地就会感到比较舒服。这样做并不意味着狡猾，而应该理解为你对别人的脾气性格比较敏感，你只不过是在调整你自己的风格以使双方交流的窗口可以保持适当的敞开。

体面地结束聊天

你一般都是用什么方法来结束一次谈话呢？在开会或者交际聚会的时候，我往往都是直截了当地表达。比如，我会拿一些谈话中说到的有意义的事情作为引子，说："是啊，今天晚上来的人都很不错，要是不抓紧去试着多找几个人来认识一下，那真太对不起自己了。你看，要不咱们俩以后再慢慢聊？"这样一说人们大概就理解了，都会很诚恳地表示同意。或者你也可以拿饮料来说事儿，比方这么说："我想去吧台拿点喝的，要不要给你带一杯什么回来？"如果对方说不用了，那么我去完吧台以后就没有义务再回来；如果对方的答案是肯定的，那么我会在跟别人聊天结束后，去吧台给原来聊天的人带一杯饮料回来，然后跟他说："刚才我碰到一个人，很有意思，你绝对应该去认识一下，跟我过来吧！"

后会有期

为了建立一种长久的人际关系，你需要在闲聊结束的时候为了关系的继续而留下一个邀请。在谈话的结束，作为补充，你应该跟对方达成一个保证以后可以再见面的口头协议，哪怕没有什么正经的事由。例如："看来你对酒真的很有见地，我很欣赏你的看法，以后我们应该每人带一瓶自己喜欢的酒再聚一次，好好聊一聊酒的话题，你看怎么样？"

学会倾听

正如威廉姆·詹姆斯所指出的："人类最深层的本能就是渴望被人肯定！"应该先去理解别人，然后才能被别人理解，你应该把这个当成主导思想。我们往往"听不到"别人正在跟我们说什么，却总是在为自己该说些什么而烦恼。

你应该给你的听众发出信号：我也在积极地听你讲，而且很感兴趣。而可以发出这种信号的方法并不复杂。**首先你应该做第一个主动跟别人打招呼的人，这样会显示出你的自信，而且会立刻使对方觉得你喜欢他**。当谈话开始以后，不要去打断，而且要通过点头来显示你听得很投入、很理解，这样就会让对方觉得你已经全身心地与其合拍。然后真诚地提一些问题，这样可以表达你相信对方的观点并且想要找出一些有意义的内涵。要向对方的成功经历表示关注，还要在对方讲笑话的时候报以笑声。而且，一定一定不能忘了对方的名字。每个人都会觉得别人叫自己的名字是最动听的声音。我在听别人做自我介绍的时候，会把他们的脸给我的视觉印象和他们的名字绑定在一起记住，过几秒钟之后我还会复习一遍来加强记忆，然后再跟对方交流的时候多次地在心里重复记忆。

如果以上我教给你的所有技巧都失败了，那么有一句话是永远不会失效的，那就是——"你说得很棒，再多给我讲讲"。

著名交际案例

戴尔·卡耐基
"学习闲谈的技巧对我们来说是至关重要的"

已故斯坦福大学商学院教授托马斯·哈瑞尔很喜欢研究校友会的特征。我们已经提到过，他的最主要发现就是，"那些善于交际的、健谈而且待人友好的人在毕业后的发展中更容易取得成功"。任何东西在决定谁将跑在他人前面这个问题上，都没有"交际的技巧"更为重要。

第一个将"闲谈"作为一种学术化的技巧提出来的人——戴尔·卡耐基，他曾在1936发表了一部他最畅销的书，《如何赢得友情，如何影响他人》。而在此后的将近70年中，他的完美理论几乎未得到任何修正。

对卡耐基来说，闲谈也同样是一种自我促进的方法。戴尔·卡耐基，1888年出生在密苏里州的一个养猪专业户家庭，他一生都在不懈奋斗。他在贫穷带来的羞愧中长大，这种感觉曾让他感到挥之不去的苦闷，他甚至曾想过自杀。当他24岁在纽约为户口而奔波的时候，卡耐基得到了在一二五街基督教青年会当晚间讲座教师的机会。他的第一堂课只有不到10个人来听。在前几堂课的时间里，他向学生传授了他在高中作为一位出色的辩论手时学到的东西，还讲了在密苏里州立师范学校学来的内容。他根据自己过去和当时的普通想法来告诉学生怎样逃避害羞的情绪，怎样促进自信心，怎样缓解忧虑。他教导大家，要记得别人的名字，要做一个好的倾听者，不要有太多的指责和抱怨。

但是过了几节课以后，他就把能讲的东西都用光了。于是他灵机一动，把在座的学生叫到讲台上来讲述各自的经历，然后根据他们的表现给予回应。由此卡耐基发现，当学生能够克服自己的胆怯而站上讲台的时候，他们也就能够不再那么放不开，而自信心也就随之产生了。

在卡耐基的课上，各种职业的人都可以得到一种基本的自我完善。到了1916年，他已经非常成功了，成功到第一次需要培训一些正式的"戴尔·卡耐基课程"讲师。到了1920年，他出版了《公共演讲》一书，这本书成了他在波士顿、费城以及巴尔的摩三地开办"卡耐基培训班"的官方教材。

如果卡耐基在最初的课堂上不曾叫同学起来讲他们自己的故事，上面说的这些事也许不会发生。卡耐基强调，"倾听是一项关键的交往技巧"。在现如今这个时代，电脑和电子邮件正在帮助人们完成每天的公事，但是卡耐基那些朴素的理论却从未过时。人，终究还是人，卡耐基的很多教诲还是时时在提醒着人们的行为。例如：

○ 真诚地关注他人。

○ 学会倾听，鼓励他人讲述。

○ 给别人多讲话的机会。

○ 保持微笑。

○ 谈论他人感兴趣的事物。

○ 表达真诚的赞赏和感激。

虽然卡耐基本人在他自己的生活中很好地运用了闲谈的智慧之术，但是起初他却不愿意把他的经验写成书。当初，卡耐基培训课程的学费是75美元，而且他不愿意公开课程的内容，但是后来"西蒙·舒斯特"公司[1]的一位叫Leon Shimkin的人，之前也上过卡耐基的课，最终说服了卡耐基写了一本

---

[1] 西蒙与舒斯特（Simon&Schuster），是美国最大的现代图书出版公司，人们又称他为"双S"公司(S&S)，成立于1924年，现在已成为世界最大的图书出版社之一，出版教育、消费和专业方面的图书，年销售已达20亿美元。

书。这真是为我们大家造福了。后来，1986年，有人在《纽约时代》杂志上评论说："也许卡耐基本人所推崇的恭维和固执的方法，被Shimkin学会以后用到了卡耐基自己的身上。"而对于Shimkin而言，有数百万的人和他一样，在卡耐基的鼓励下相信自己能够学会如何更好地与人相处以及，如何走向巨大的成功——不论我们起初多么的贫困或渺小！

SECTION THREE

把熟人变成同事
Turning Connection into Compatriots

第十八章
健康，财富，子女

　　什么才是你真正想要的东西？这个问题也许大家思考得并不多。在回答这个问题时，另一个问句可能就是最好的答案，那就是："你的目的是什么？"

　　这个问题决定你在追寻自己目标的过程中，你该去认识什么样的人，做什么样的事情。也就是说，这个问题的回答将给你提供一份蓝图，按照这份蓝图你可以去实施自己的努力，你可以找到那些应该找到的人。同样的道理，一旦你理解了别人的目标，你也就知道了什么才是对方所关注的东西，这就意味着你找到了帮他开启关键之门的金钥匙。只要你认真地按照这个规则去做，你就可能跟任何人建立起一种深刻而持久的交往关系。

　　如果我刚刚认识一个人，不管他的身份和所处的位置如何，在开始谈话的时候，我总是试着去发现对方在做某件事情时内在的驱动力是什么。一般来说，这种动力不外乎三种情况：想赚钱、想求爱或者想要改变世界。看到这里你可能会笑，其实在面对自己心底里最深层的欲望的本质时，绝大部分人都会笑。

　　其实不用紧张，而应该轻松面对这些实质。学着成为一名"交际枢纽"似的人物，其实某种程度上就是要成为一名心理治疗专家。顺

健康，财富，子女

着这种思路走下去，你就有可能非常敏锐地洞悉他人的心智。这样，当你看到他们处于某种"当局者迷"的情况时，也许能帮他们出出主意来清楚地认识问题。

很多善于结交朋友的人，往往都能妙语连珠，跟这样的人聊天，你会觉得他们好像既可以是经济顾问，又可以是男女问题的专家，三教九流无所不能。

与人交往是一种生活的哲学，一种全局的观点。这个哲学的指导思想就是：人，每一个你遇到的人，所有的人，对你来说都是一个机会，他能帮助你或者接受你的帮助。为什么我在这里如此强调这种彼此依赖的关系呢？首先，我们每个人都不可避免地作为一个社会的存在。在这个社会中，我们的力量来自于我们平日里所积累的行动和知识。而且有一个事实难以忽略，那就是在世界上没有谁能够没有他人的帮助就获得成功！

除了胁迫或者操纵等方法以外，能够让他人去做任何事情的方法只有一种，你知道是什么吗？

这绝对是值得一提的问题。说到底，做事业实际上就是要有一种能力，依靠这种能力来做到以下几点：激发一群个体一起来行动，把一个想法从纸上谈兵变成真真切切的事实；寻求一种方法来实践一个理想；获得你的职员或者同事对你的认同；鼓励他人来执行你的计划，实现你的蓝图。

如果你真的不知道这个问题的确切答案是什么，那么也不要紧，因为很多人都跟你一样不懂。每年都有数百本的新书出版，这些书一直在围绕一个问题纠缠，那就是人的忠诚和做事情的驱动力是因何而生的。不过可惜的是，绝大部分这类书最后得到的结论都是错误的。

这些书的作者得到错误的答案，究其原因就是他们思想的出发点不对。现在经常会听到有人发出这样的感叹：时代不同了，什么都变了，什么都跟以前不一样了！人们这些话的意思就是说，如果要得到我上边所提问题的正确答案，要么就从一些新形式的管理或科技手段入手，要么就得遵循某种看上去稀奇古怪的组织学理论。

然而事实证明，戴尔·卡耐基先生在60多年前所支持的一条法则——如何处理好人际关系——却是永远适用，永远不会过时的。

想要让其他人任你所用的唯一办法就是要认识到他们的价值，从而可以让他们感到自己的重要。每个人心中都有一种最深层次的、一生不变的愿望，这种愿望就是受到重视并被人认可。

为此，你可以对他人的身份和事业表现出一种兴趣或关注，但是更好的办法却是表达出你对别人的欣赏，并做出慷慨大方的赞扬。

另外还有一个微妙的地方可以显示出对方在意什么东西。帮助他人达成他心底里最深层的那个愿望不单是帮你和他人建立联系的关键，同时也有助于把已有的朋友间的关系发展得更为紧密。在当今社会，"忠诚"这个优点大概已经被很多人遗忘了，但是在任何一种牢固的人际关系中，忠诚还是一个重要的因素，而且目前很多公司都在努力把"忠诚"这种价值观带入到它们的日常运作当中。

忠诚这个概念，对于我来说就是意味着要真实地去对待人或者其他事务（比如某个品牌或者某个用户群），不惧怕在这样的真实中所遇到的艰难险阻。忠诚这个东西可不像短跑的冲刺，用短暂的时间就可以做到，忠诚更像是一场马拉松比赛。作为一个优秀的品牌经理来说，你一定知道想要赢得一群忠实的用户绝非一朝一夕可以做到的。而且这个道理一定不是你生而知之的，而是从什么事情中学来的。那么又是如何学来的呢？

下面我来给你讲一个关于迈克尔·米尔肯的故事。对，这里说的米尔肯就是那个金融界和商界的大师级人物，同是也是一位慈善家，一位有深刻见地的实干家。在YaYa公司刚刚起步的时候，米尔肯还曾通过娱乐媒体风险投资公司EMV向YaYa投资。当我刚进入YaYa接受CEO这一职务的时候，我的一位叫桑迪·克里曼的朋友和米尔肯一起

健康，财富，子女

领导着EMV公司，我对他们明确了一点，那就是我到YaYa公司来担当CEO的职位，很大一个原因就是想要从米尔肯那里学习如何来有效地运营一家公司。其实在这之前我早已经单独和米尔肯有过接触。那是在几年前，我还在杜邦公司担任顾问工作，当时杜邦公司刚开展了一项对消费类豆浆制品的合资计划。而米尔肯是我当时最想见到也是最渴望能与其有所交往的名人之一。正好我通过他的一些文章发现他对豆类制品的食疗效果非常感兴趣，因为他那时已经和前列腺癌搏斗了很久，他把癌症带来的病痛转化成了对卫生保健事业的激情和对预防医学的关注。所以，对米尔肯来说日常饮食是必定要关注的内容，这种关注既是个人的，也是博爱而慈善的。

从我到YaYa上任的那一刻起，我就一直在想办法来发展这家公司的事业，同时也要发展我和米尔肯之间的关系。而作为回报，米尔肯也把我庇护到他的羽翼之下，将他的世界向我完全敞开。

米尔肯组建了一个叫Cap Cure[1]的基金，专门负责向研究前列腺癌治疗方法的科研项目进行支持。如果他哪天打算去纽约会见CapCure的某位基金发起人，或者代表米尔肯家族基金会去某地看望并资助那些从事特殊教育的老师们，这个时候我就会尽量争取和他同行。我这么做的唯一目的就是要观察一下他是如何工作的，同时我也有可能领悟一些深刻的东西。我还给自己定了一个任务，那就是不管米尔肯到了哪座城市，我都会去找一找那里有没有YaYa公司的客户或者潜在的客户，这样一来我在此类行程上所花的时间对于YaYa来说也是很值得的。

大部分的时间，我们都坐在那里静静地干活。不论走到哪里他总是随身带着数个装满资料的大袋子，孜孜不倦地处理着需要完成的工作。我呢，当然就坐在电脑前不停地敲着键盘来发送电子邮件同他人

---

[1] Cap Cure，是由Michael Milken于1993年创立的用来支持癌症治疗研究的网站，是最大的进行前列腺癌研究的私人网站。此网站为用户提供有关前列腺癌的诊疗信息、临床摘要，以及研究基金、研究小组等情况介绍。

联系，为了 YaYa 的生意能有所发展，我将自己全身心地投入到了这样的工作中。简单观察一下，我就发现在工作中有非常多的地方我需要向他学习，比如他怎样阅读材料、怎样思考以及如何待人接物等等。

在某次的旅途上，米尔肯开始和我谈论一些问题，关于人们的激情，以及什么才是人们真正在意的东西。就这样我得到了一些颇有见地的观点——有关人性和忠诚。所以你看，米尔肯不仅有着杰出而精明的头脑，同时也是一个人际交往的专家。

我曾见过米尔肯花好几个小时和一些看起来他不可能感兴趣的人聊天，比如公司里的秘书，不管是极年轻或者极年老的，也不管是有能力还是没能力的，他都可能和对方交谈。他喜欢这些人，喜欢听他们的故事，喜欢他们看待世界的方式。当我和他提到这些事情的时候，他提醒我说，拉尔夫·沃尔多·爱默生曾有一句名言："我所见到的每个人都有强于我的地方，所以我向他学习。"

他的这些做法使相当多的人甘愿奉献他们的忠实，我也一样。于是我问米尔肯：为什么那么多人热衷和你交往？你有什么不为人知的秘诀吗？"你知道吗，人们在世界上所有深刻的情感联系都是由三种事物来构建的，那就是健康、财富和子女！"接下来他解释说，"我们可以为别人干很多事情，比如给别人出个好主意，帮别人洗车或者搬东西。但是，你为了表达好意而做的其他任何事情，都不如从上述的三个角度去入手更为有效。"

当你对别人的财富产生积极影响的时候，当你帮助他们解决了健康问题的时候，或者当你真诚地关注他们的子女的时候，你们彼此之间就有了可以维系一生的坚实情感。

实际上，米尔肯的这个结论是有科学理论依据的。心理学家亚伯拉罕·马斯洛曾创立了一种学说，把人的需求分成多个层次。马斯洛认为，每个人的需求都是一样的，而且一个人在满足他较高层次的需求之前必须先满足那些底层的、基本的需求。

健康，财富，子女

按照马斯洛的理论，人类最高层次的需求就是"自我实现"。戴尔·卡耐基先生就很敏锐地认识到了这一点。但是马斯洛还说，我们如果不能先满足那些作为金字塔底层的需求，那么更高层需求的满足也就无从谈起。比如生存的必需品、生命的安全以及性的需要等等，都属于较低层次的需求。我们前边提到"财富、健康和子女"就属于较低的这些层次，而米尔肯说，人际关系中的忠诚正是在这些层次上产生的。当你围绕三项基本问题来着手时，会得到一箭双雕的效果：首先，你帮助别人满足了他最亟须满足的需要；然后，你的帮助给了他们机会，让他们能够腾出手来追求那些金字塔更上层的需求。

听过他的话之后，我反思了一下自己过去的生活，我发现他绝对是正确的。

最近，我的一位朋友也被查出患有前列腺癌。因为我和CapCure基金之间的联系，我认识一位顶尖的医生，于是我打了一个电话问他能不能抽时间来帮我的朋友看看。还有我的另外一个朋友，我也经常把一些人介绍到他那里，他叫莫曼特·奥兹。这个人少年得志，哥伦比亚大学的心血管研究所就是由他来领导的，他同时是纽约市医学长老会旗下一个叫做"补充类药物计划"项目的发起者和领导人。

我很清楚地知道，当一个人身处困境的时候，往往就会非常焦虑，此时一个可靠的专家对他来说是世上最有价值的。在我的父亲患上心脏病的那些日子里，我们家的一位叫阿琳·崔斯科维奇的朋友正在为匹兹堡最优秀的心脏病医生工作，他使得我们有机会得到很好的治疗指导，而这样的机会是大多数匹兹堡的工薪家庭所难以得到的。阿琳之所以会帮助我们，是因为她家庭的影响，阿琳的妈妈麦琪曾在Latrobe医院工作，她常说要确保我们家的每个成员或者朋友在就医的时候都能得到像王室一般的待遇，不论病人多么渺小卑微。正是因为那样的一段往事，所以只要是阿琳有求于我的时候，我绝对会鼎力相助。

有时候你要做的仅仅是表达一种关切并给予对方感情上的支持而

已。我来举个例子，罗宾·理查兹曾创办并领导著名的音乐网站MP3.com，他建立的这个企业是世界上很有名的互联网公司。他曾卓有成效地将MP3.com经营了一段日子，后来维旺迪环球[1]收购了这家公司，并聘请罗宾来就任一个重要的经理职位。我在那之前就见过罗宾，因为那个时候他正主持一项商业议案，想要收购我们的公司。

虽然那次收购案最后没有成功，但是在谈判期间我了解到，罗宾有一个年幼的孩子患有一种非常严重的癌症。当有一次我们一起吃饭的时候，罗宾将这种较为私人的事情告诉了我，他表现出了很深切的悲痛，而此时我们之间那种在谈判桌上对峙的气氛仿佛一瞬间就从身边消失了。我们一起聊了很多彼此的经历，然后我把他介绍给了米尔肯认识，那时米尔肯也和罗宾一样正热衷于寻找一种能够对付这种癌症的方法。所以我和罗宾至今都是非常好的朋友，我知道不管遇到什么事情，我们都会竭尽全力地帮助对方。

你是否曾经为了帮助别人减肥而放弃可口的美食？是否曾在发现某种对你很有效的维生素或补药后将其介绍给别人？这些事情看起来都是小事，但可能意味着一切。

当提到财富的时候，我回想起很多那些通过我的帮助而找到合适工作的人们。我这里说的找工作和米尔肯为很多人介绍工作是不一样的，他是帮助别人通过一些新的理财方法成为百万富翁，那样的工作会极大改变他所帮助对象的经济状况。而我呢，如果我了解到谁正在寻找工作的时候，我就会从我的关系网入手来给予引导。如果他们已经发现一个感兴趣的工作，那我就会给有权力录用他们的人打个电话，或者有时候我仅仅是简单地帮他们修改一下简历或者写一封推荐信之类，反正我会尽力帮忙。在对待别人的事业上，我也是一样的做法。比如那些我经常光顾的饭店，我会尽可能地照顾他们的生意。我会努

---

[1] 维旺迪环球（Vivendi Universal），法国一家巨型媒体跨国集团。

健康，财富，子女

力的帮各种熟人带去生意，比如顾问、小贩或大厂商等等。因为我知道他们这些人都干得很棒，我希望能介绍其他人也去享受他们非常专业的产品或服务。

孩子对于父母来说就意味着一切。我把指导年轻人看得比我自己的事情都重要，因为这非常有趣，而且对我自己也很有益处，教导别人的过程恰恰也是提高自己的过程。而当我把某人的孩子安排在我自己或者朋友的公司上班时，这种关系的建立所带来的忠实情感确实是难以估量的。

现在我要说说和杰克·瓦伦丁的故事。杰克曾经担任美国电影协会的主席和首席执行官，他出生在德克萨斯，在哈佛完成学业，他曾有各种各样的生活经历：战争时期他当过轰炸机的飞行员，做过广告代理商、政治顾问、美国白宫特别事务助理以及后来的电影工业领头人等等。他看上去认识所有的人，然而更为重要的是每个认识他的人都会对他怀有极大的尊敬（在一个并不容易赢得尊敬的行业里）。

曾经有一段日子我非常渴望能够认识瓦伦丁。虽然我一直没有找到机会，但是我觉得他一定值得结交，因为这个意大利人曾靠努力工作而白手起家。我觉得我们之间有很多相似之处。

我们的第一次见面真是非常凑巧。那是在克林顿总统任职的最后一年，我在洛杉矶出席一次为民主党内阁成员举行的一次午餐会。从众多的与会者中我发现了杰克·瓦伦丁的身影。所以我想办法使我们在宴会上的座位紧挨在了一起。

于是我们很客气地聊了一下午，都感到很愉快。那时我的谈话没有什么目的，我只是希望这次聊天能给我们以后进行实际的交往打下一个基础。

不久之后，一个朋友给我打电话，他知道我热衷于指导新人。他说："你知道吗，杰克·瓦伦丁的儿子正想在你们的行当里找一份工作呢，你是不是应该见见他，顺便给他一些建议。"

杰克的儿子非常出众,他聪明而富有个人魅力。我给他提了一些建议,还介绍他去认识这个行业里应该知道的一些人物。

数月之后,我在耶鲁 CEO 研讨会上再次见到了杰克。

"嗨,杰克。"我对他说,"你一定已经忘了我是谁了吧,当然这也不怪你。上次在民主党的会议上,我们曾一起吃过饭你还记得吗?前几个月我跟你的儿子聊过一次,帮他提了些职业上的建议,不知道他最近过得怎么样?"

杰克听到这些立刻停下来,而且显得极为高兴。他问了我一连串关于他儿子的问题,还问我在这个行业里有什么最好的经验。

又过了一天,我就邀请他方便的时候一起吃个饭,顺便也请了很多他可能交往到的政界和娱乐业的人物。

他说:"当然好啊,如果时间允许的话,我一定去。不过还有更重要的事情要和你商量,我想请你和我儿子,我们三个人一起吃个饭。"

杰克也许对我的邀请不感兴趣,谁知道呢。不过,他对自己儿子的幸福一定是很关心的。所以杰克还是来参加了我的宴请,而且他显得兴致很高。我想如果不是我曾告诉过他儿子那些简单而可靠的建议,他肯定就不会这么有兴致了吧。

很多人以为只要常常邀请别人一起去活动就会建立忠实的关系,我们以为只要带客户们去吃个大餐、看场球赛或者时装秀之类的活动,就可以赢得他们的忠实情感。我们觉得在刚开始跟别人打交道的时候,只有这几种活动可以给你机会来和对方建立更牢固的关系,从而可以让你进一步来满足他们最需要解决的问题。然而我却鼓励我们的顾客将他们自己的客户邀请到家里去吃饭,去和家人认识,因为这样可以帮助他们了解怎样以个人的身份去和他人接触。

不过有一点我们应该记住,如果你打算帮助别人解决他们最重要的问题,你就应该先给对方一个适合实际情况的许诺。要是你没有这样做的话,那么不管你的初衷多么好也有可能会搞得事与愿违。当你

健康，财富，子女

对一个人所许下的承诺太直接明了，但最后却不能实现的话，一定会把对方弄得极为恼火。

你能做到言行一致吗？对某些人来说，很多话说起来很容易，比如，"我很在意他人，我相信在这个社会里我能够帮助他人，同时也可以得到帮助。在生活中我有一个极为重要的原则就是去帮助别人，帮助别人获得财富和健康，或帮别人培养他们的子女"。有很多人每天都会把这些话挂在嘴边，不过当你真的去看看他们的实际行动时，就可以从他们的关系网中了解到，其实很多人根本就不相信自己说的话，他们没有那样的原则。所以你一定要确保，不论何时，你关系网里的任何一个人，在跟别人提起你时都能够形容出一个比较本色的你。

那么我们到底应该怎么做呢？你应该从改变自己的基本观点和世界观开始，应该认识到**每一个人对你来说都是一个机会，他可能会需要你的帮助也有可能帮上你的忙**。如果你能够认识到这一点，那么至于剩下的事情，比方说帮别人解决有关财富、健康和子女等等这些问题就都会迎刃而解了。

第十九章

如何从社交中获益

在社会上，有一些人喜欢通过单纯的恐吓或者逼迫别人来达到自己的目的，从而获取个人利益；而另外一些人的办法就高明得多了，这些人懂得如何使自己身边的人把他们当成生活中难以或缺的人物。

我始终记得格雷格·希尔的那些话，正是他的启发让我明白了这两种能力间的区别。就是那次我刚到德勤公司后不久，他把我叫进办公室对我说："别再勉强你自己，同样也放过别人吧，脑子里不要整天都在想着自己怎么才能成功。你应该思考一下，怎样才能帮助你周围的人成功才对。"

记得我刚刚进入德勤，就默默地给自己定下一个任务，我要多多地工作，结交更多的同僚，我一定要在最大的项目组里去解决最重要的问题。而且我当时已经迫不及待要做到这些，因为我决定拼着命也要让人们知道我的名号。结果当我发现很多很多的人都不喜欢我的时候才如梦方醒。在德勤这种公司，一切都组织得井井有条，在这样的环境下如果同事们都不喜欢我，要完成我自己的目标简直难如登天。

因为有很多人处在你和高层之间，而他们又早已习惯了墨守陈规，这让你感到很生气，对他们满是抱怨之辞。迈克尔·康达曾在1975年出版过一本名为《力量！得到它，运用它！》的书，他在书中提到：

"那些高明的人们……总是企图通过各种渠道掌握尽可能多的消息，然后再紧紧握牢不让别人知晓。"如果说在30年前要通过垄断信息（恐怕还要得罪一大群人）才能得到社交力量的话，那么在今天要达到相似的目的就应该像格雷格所说的那样：一定要坚持共享你得到的信息和特权。

这么做是如何起作用的呢？我们应该把这些事情想象成一种游戏规则。当有人提出一个待解决的问题时，你要尽力去思考如何找到解决办法。这种解决办法要么来自于你的知识或者经验，要么来自于朋友或者熟人的建议。比如说我在跟别人说话的时候，对方提到他们正想在洛杉矶买一套房子，那么我想到的第一件事就是："我的交际圈里有没有人能帮上这个忙呢？"如果能，我会抓紧时间，在聊天空闲的时候就在手机的名单里找一个这样的人，然后当然就是拨通这个人的号码了。

然后我会在聊天中，对那个想要买房子的朋友这么说："我认识一个房地产经纪人，她叫贝蒂，我觉得你实在是应该跟这个人聊聊。没人比她更了解洛杉矶这块地方的房地产了。你看，这个就是她的号码，哦，你等一下——"这个时候呢，我已经把贝蒂的号码拨通了。"贝蒂吗？你好啊，听到你的声音真是太好了，好长时间没联系你了啊。我跟你说个事儿，我现在有个朋友，她想买房正需要你专业的帮助啊。我刚把你的号码给了他，所以现在给你打个电话和你说一声，他会给你打电话详细说的。"

就这样，你帮别人搭的桥就完成了，事情搞定以后，不管接下来他们两个的情况怎么继续，双方都会对你能够为他们的利益着想而感到很高兴。这就是所谓的"社会套利"的执行过程。而想从社交活动中获取利益的关键，就是不要等别人张口来问你，主动出击就是了。

汉克·伯恩邦姆是High Sierra公司的CEO，这个公司是芝加哥一个生产小包的企业。汉克有一次在 *Fast Company* 杂志上看到了一篇我的关于专业市场经营方面的评论文章。有一次他突然打电话跟我说："那篇关于你的文章简直太棒了。"

其实就凭着一句话，他就已经获得了我的注意。

"我们只是一家小公司，"他说道，"而且我们自己的市场营销搞得非常差。其实我们产品是全美国质量最好的，可就是没有人知道我们。我们的盈利和市场大小还不及应有的1/4。你能帮帮我吗？"

他又说："而且还有一点，我们没有能力在广告方面去烧钱。"如果时间允许的话，我总是很乐于接到这样的电话，因为我能为很多不同的人扮演一个知己、顾问甚至是接待员的角色。对于来自我生活中不同领域的两个人，如果他们能够因为跟对方接触而达到双赢的效果，那么我一定会介绍他们认识一下，我一直都在这么做。每一天这样的事情对我来说就像是一种解谜的游戏，我要做的就是把合适的人和合适的机会配对在一起。而你也一样，如果有一天你也用这样的眼光来看待周围的世界，它就会给你带来很多令人激动的机会。其实这样做不但会给你带来回报，而且本身也充满了乐趣。比如伯恩邦姆需要一个顾问来帮忙，而他的包包也需要得到推广。而我在喜达屋酒店集团工作时曾认识一位商业顾问，这个人叫皮特，他热衷于户外运动，而且是一个非常厉害的市场营销专家。你看，皮特和汉克这两个人实在是太合适了。于是，我就给皮特打了电话。然后，我还给另一个在锐步公司[1]上班的朋友打了电话。他们公司产的包总是不如其他产品销量好，所以我觉得他跟汉克之间如果能够交流一下彼此在制包方面的心得和经验，一定对双方都很有好处。以前我跟另一位锐步的经理曾会谈过一次，这次我照搬上次的经验，把汉克带去介绍他跟别人面对面地交流。

我问汉克他有没有做过什么宣传。他说没有。于是我把汉克生产

---

[1] 锐步（Reebok），著名的体育用品公司。

的包寄了两个给 *Fast Company* 的一位叫作阿伦·万波尔的编辑。几个月之后，杂志发表了一篇文章，作者认为我们寄去的旅行袋很有特色，产品的创意很好。

汉克看到这篇报道后欣喜若狂。但是我还跟他说："汉克，虽然我已经为了你的事情打了几个电话，但是接下来的事情还得你自己办。你现在应该考虑加入'芝加哥经理人俱乐部'了。"他说，"哦，我还没想过，为什么要加入呢？"

"你现在不要再把你的公司或者你个人当成一个孤立的东西了。你需要去结交他人才对。在经理人俱乐部里有很多CEO和其他聪明人，他们都有可能像我一样给你帮上各种各样的忙。你应该跟他们多打交道才对。"

很快，汉克开始和周围的一些经理人建立了联系。由于他的产品绝对是一流的，所以他以前所欠缺的正是这样的联系。而且这个事情不只是我们两个人的成功。我以前在喜达屋搞市场的那位同事皮特，他通过这件事情也积累了经验，并最终确立了辞职单干的信心。现在他在纽约自己开了一家商业顾问公司。锐步公司的那位市场总监呢？他后来很感激我能介绍汉克跟他认识，这极大地推动了他的包包的销售。你看，从单个人遇到的单个问题开始，最后很多人的问题都得到了解决。

我举这些例子要说明一个什么问题呢？那就是，要想拥有成功的力量，必须先让自己变成不可或缺的人物。而这种不可或缺又如何得来呢？那就是要当一个接线生的角色，把自己拥有的信息、人脉和好意传达给尽可能多的人，而且要尽可能传达给来自不同领域的人。

你帮助别人解决的问题越多，你得到的回报也就越多，反之亦然。所以，如果你想广交朋友，想成就一番事业，你必须要亲自去为别人的事情着想，而这些事情往往需要付出时间、精力和思考。

成功地和别人交往，绝不仅仅意味着得到你想要的东西。这首先意味着在你得到你想要结果的同时,确保那些对你来说很重要的人也能得到他们想要的东西。这常常需要帮人们去结识那些他们需要的人。

最好的人际交往,就是你拉着两个来自不同世界的人坐到了一起。你关系网里的联系人差异越大,你跟他们的关系越好,那么你的社交力量就越强。

我们大部分结识的人都来自于自己的专业和相同的社会领域,对于其他范围的人认识不多。我觉得应该激励人们通过自己或者其他人际关系较广的人,去认识来自其他专业和社会领域的人们,越多越好。来自于芝加哥大学商业研究所的教授——罗恩·波特领导了一个比较有影响力的研究项目,其结果显示,那些薪水高而且升职快的经理们都有一个很关键的素质,那就是他们都有能力促成来自不同领域或者来自同一领域的不同人群间的交往。

波特教授说:"一个人如果能有一些来自于其他范围的朋友,那么他的竞争力就比别人强,因为我们生活在一个官僚作风的体制下,而官僚作风总是会制造各种各样的壁垒。"一个单独的经理人如果有很多其他的企业家朋友的话,他的信息流通就会更快,官僚系统对他的限制就不再那么一成不变,所以他就能更好地解决他的企业所亟须解决的问题。

他的研究很大程度上解决了一个总是被人们提起的问题:你成功的关键是什么?是你的知识和经验,还是你认识什么人?对于波特来说,答案就是两者都有。你所认识的人决定了你运用自己知识和经验的效率。如果想要做成事情,想要在公司里往高爬,那么你首先要建立正确的人际关系理念。

我一直都懂得这个道理。在德勤公司的时候,我认识了德勤最大竞争对手的市场总监。在喜达屋集团,我很快就和这个行业最有影响力的人混熟了。当我成为YaYa公司的CEO时,我一直努力去结识媒体和电脑游戏行业的领头人。不过我当时并没有意识到,我的这些做法已经悄悄地为我后来开办 Ferrazzi Greenlight 公司打下了一定的基础。

也许你会有这样的顾虑："我所属行业里的那些关键人物和大经理们，我一个也不认识，他们怎么可能会想到要认识我呢？"其实这不是个大问题，即使你的经济能力和人脉资源很缺乏，想要完成我说的"社交套利"也并不是非常困难。那么解决问题的关键是什么呢？就是知识！知识是在社交活动中可能帮你获得好处的最有价值的东西。而获取知识就没有什么限制了，你可以从书本上、从报刊杂志的文章里，或者从网上几乎任何地方学习，而且学到的东西对任何人来说都是有价值的。

而要在你的关系网里分享你所知道的东西其实是一个相当简单的技巧，你应该从现在开始就锻炼一下。首先要辨认出哪些人是这个行业里引领潮流的思考者和专业作者，找一找这些大人物有没有什么新书在卖。然后再看一看在《纽约时报》的畅销书榜单上有哪些热卖的随笔或者传记。或者在每周五《华尔街日报》的个人定期日志上找一找有没有什么热销的商业书籍。然后把这些书买下来读一读，把书里的见解总结一个简单的纲要，再把那些有趣的研究结果或者奇闻轶事记录下来，同时想一想这些东西跟你想要分享的人之间有哪些联系。这样你就制造了一个属于你自己的"每月妙策精彩记录"（或者你随便起个什么时髦的名字）。接下来就调几个人，有你熟悉的也有不太熟的，把你的作品发到他们的电子信箱里。你只要再加上一句话："我这里有一些很棒的想法，我觉得你可能会有兴趣来看一看。"

你看，马上你就成为一个信息经纪人啦！有了第一次以后，你可能就想要每个月都能发出这么一份好主意集锦，把它做成你自己的时事快报吧。如果哪个月你没有时间去做这些总结，也可以直接把那些你读过的非常有用的文章直接转发出去。或者，如果说你觉得某本书非常好，想要强烈推荐一下的话，可以直接给别人寄一本书过去也行。

你可以慢慢地习惯于做这样的一个信息经纪人，这并不复杂。比方说，某一天午饭后或者开会之前，有人提到说家里有个很让人头疼的青春期少年，你应该立刻就听出这里边存在需要解决的问题。作为一个"社交套利"的专家，你应该想到这个人正需要一种解决问题的方法。如果你自己没有解决这种问题的高招，那么你就该想一想你有没有什么熟人可以帮上忙，想一想你的哪个朋友家里碰巧也有青春期的孩子。大概你很快就会想到一个什么人，或者就是你自己的父母，他们也会对如何处理青少年的问题有很多有建设性的手段。然后呢，给他们打一个电话问问他们有什么好的建议，或者问问有没有他们觉得有用的书籍或其他读物。挂掉电话之后，你就可以把刚知道的这些东西转发出去了。

或者，比如说你是一个房地产经纪人，可是你却很渴望成为一名服装设计师。我呢，并不是很懂服装这一块，不过跟其他问题一样，一定有人会比较在行，而且肯定会有一些这方面的专业书籍。然后我就可以到上亚马逊在线公司[1]去找一找，看看有什么适合于想要学习服装设计的人读的书。然后我就可以把这本书的介绍链接发给你，或者直接就买一本书寄给你。再或者，如果我能直接安排你跟这本书的作者进行直接的交流，那就更有实际价值了。

没错，这样的交往很费时，也很费精力。不过也正是因为如此，所以会让人们很感激你。不断地帮别人牵线搭桥，不断地和他们分享信息，最后你就会发现你所做的一些给你带来了一种令人高兴的结果，那就是你已经成了一个现代的、真正有影响力的人物。

卡耐基先生曾经说过：如果你只关心自己怎么成功，那么你可能要花两年来努力；如果你也去关心别人的成功，那么你自己的成功也许只需要两个月就会到来。

---

1 亚马逊在线公司（Amazon.com），美国著名的专门从事网上图书销售的企业。

著名交际案例

弗农·乔丹

"让自己成为他人生活中不可或缺之人"[1],这是弗农·乔丹曾说过的一句话。弗农·乔丹是一位非凡的决策者,他担任过克林顿总统的顾问,是华府的大律师。乔丹现在是10家大企业的董事会成员,这些企业包括美国运通、道琼斯、露华浓以及施乐公司等等。他不仅是国际投资银行Lazard集团的资深常务董事,同时在位于华盛顿特区的Akin Gump律师事务所中担任高级辩护律师。他在美国《财富》杂志的最具影响力的黑人决策者榜单上排名第九。

《时代周刊》上说乔丹的收入高达七位数,而杂志上对他的工作是这样描述的:"法律上面的事务并不需要他去整理诉状或者出庭辩护,因为他通过出入豪华酒店或者接打几个电话就可以取得报酬……他可以通过自己的关系网,在矛盾最终变成一纸判决书之前就将其抹平。"由此可见,乔丹绝不仅仅是纸上谈兵,他非常具有实力。

在现代生活中,能够在高效组织起来的单位中坚持把一项工作做下来就已经很不容易了。但是乔丹却使得自己显得如此珍贵,有那么多的雇主都希望能够得到他;而实际上他往往同时在为很多人工作,而且这些人也从来不介意他同时在为其他公司服务。

正因为如此,乔丹也成为了华盛顿地区交际网最广的一个人物,他无论何时何地都会有很多朋友,同时也有很大的影响力。他认识IBM的董事长Lou Gerstner;他曾劝说美国国务卿鲍威尔任命沃伦·克里斯托弗担任美国国

---

1 前总统克林顿的密友和高尔夫球搭档弗农·乔丹,也是民主党成员。这位黑人律师,曾在"拉链门"案中助克林顿度过难关。虽然目前他的身份只是纽约一家投资银行高级总经理,但因为在民主党内极具影响,他仍是华盛顿最有权力的政治掮客之一。

防部长；他还曾帮助詹姆斯·沃尔芬森取得世界银行行长的职位。

乔丹是如何做到这一切的呢？他正是利用了我们上边说的"社交套利"的方法使自己变得不可或缺，不论从哪个角度来说，他都堪称一位当代的能力中介人。但是，他并没有参与到华盛顿所发生的所有重大事情当中。甚至直到1982年Akin Gump律师事务所雇佣了他以后，乔丹才移居华盛顿长住。他一到达这个城市就知道，他在自己的职业生涯里已经跟当地的数十位朋友打下了良好的关系基础，所以没过多久他就在新城市里成为了一个有影响力的人。Akin Gump律师事务所当然也知道这一点，这也正是他们决定雇用乔丹的原因之一。事务所的一位合伙人罗伯特·施特劳斯曾说："我知道他很快就会融入到华盛顿的法律界之中，用不了多久他就会成为这里的一个重要人物。这座城市是建立在人际关系和权利之上的，而据我所知弗农·乔丹非常适合于此！"

在20世纪90年代，因为和比尔·克林顿的密切关系，乔丹成为了美国社会家喻户晓的人物。但实际上在这之前，乔丹已经在黑人社会中有了很高的声望。

在60年代，乔丹是亚特兰大地区一位热衷于民权的律师。不久之后他成为NAACP[1]的一位书记，致力于取消学校里的种族隔离，并为佐治亚州的黑人争取选举权。1964年，乔丹离开NAACP，转而去领导南部省份的投票人教育计划。他当时的任务就是寻找那些可以鼓舞选民并且能够为教育计划募集资金的志愿者。因为要募集资金，乔丹不得不穿行于整个美国南部地区，不断地苦心说服各种基金会来为教育计划捐资。在这个过程中，乔丹作为一个为团体事务而奋斗的人赢得了整个社团内部的尊敬。当他和各个基金会的领导人以及教育计划的主管们打好关系的同时，他自己的人脉也得到了极大的扩展。

在1966年，乔丹受邀参加了约翰逊总统在白宫举行的人权大会，这个会

---

[1] NAACP的全称是National Association for the Advancement of Colored People，（美国）全国有色人种协进会。

如何从社交中获益

议有数百名各团体以及公司的主管参加,在这时乔丹就主动去赢得《财富》杂志排行榜列出的500个最佳社团的好感。在上世纪60年代到70年代之间,他同时在企业和人权社团里埋头苦干。由于他在两边都有位置,所以在彼此的阵营里就显得非常重要。在一个圈子里结交的朋友和取得的好感,到了另外一个圈子里可以帮他取得同样的成功。

乔丹的工作允许他可以在两边都保留一席之地。到了1970年,他成为黑人联合学院基金会的领导人。1972年,在一个和企业界关系良好的人权组织——全美城市联盟中担任主席,并且一干就是10年。这两个角色都可以帮助乔丹体面地拓展自己的交际圈,也正是因为看重了这一点,Akin Gump事务所在1982年付重金聘请他入职。施特劳斯说:"弗农并不那么好请。不过我当时告诉他:'前几年我们会帮助你进步,直到你熟悉了这里的一切之后,你就可以长久地帮我们取得成功了。'"

我们已经讲过,人们可以有机会把来自不同世界的人们带到一起来完成一些事情,乔丹的职业生涯就是一个极好的例子。在克林顿与莱温斯基的性丑闻中,他成为了公众人物,乔丹曾帮助素昧平生的莱温斯基找到了一份工作,但却宣称这对他来讲稀松平常,这引起了人们的质疑。这时他那广泛的交际网又帮他化解了危机。一位名叫莱斯利·桑顿的华盛顿律师在《华尔街日报》上发表文章,详细地描述了乔丹在帮助他人方面的行为方式。她在文中说明,有很多黑人或白人的专家很久以来一直在私下里有一个共识:乔丹的大门数十年来一直向各种不同信仰以及不同肤色的人们敞开着。

第二十章

保持联系！永不停息！

伍德·艾伦曾经说过："如果说成功基本上就是指超越他人，那么建立和维护人际关系的本质就是要永远保持联系。"

我把这种联系称为"人际脉冲"，它是指一种简短而不经意的问候，现在你可以有多种不同的新途径来这么做。当你一旦形成自己的风格以后你就会发现，要同时和很多人保持联系其实要比你想象中的省时而且省力。

当然，这也不是一件容易的事情。"人际脉冲"是很有用的，不过难办的是你必须不断地发出"脉冲"信号，不能停歇，就像你要给自己的关系网里不断地加入燃料，如果间断了，你的人脉就可能萎缩甚至枯竭。

你是不是经常这样自言自语，"这个人长什么样子来着……哦，想起来了，原来是他啊……"或者，"我认识她，就是有点想不起来她叫什么了……"其实我们每个人都经常遇到这样的问题。每当我听到这样的情况发生时，我心里就觉得这个人的关系网或者社交圈子正在渐渐地萎缩。

在当今社会中，我们每个人每天都被无数的信息所淹没，所以我们的大脑大概只能记清楚那些刚发生的事情。要怎样做才能在信息海

保持联系！永不停息！

洋中找到一条清晰的思路呢？其实每个人的心里都有一个熟人的列表，那么怎样才能让你自己的名字停留在他人列表的前几排呢？有时候仅仅靠一个非常有用的小把戏就可以做到，那就是：重复！

○ 当你要去结识他人并开始一段新的人际关系时，如果你想要对方真正认识你并且记住你，那么至少要让他通过三种不同的联系方式去看到或者听到你的名字才行。比如可以在他人那里听到，也可以是在电子邮件或者电话里交谈，或者面对面地交流。

○ 在留下初步印象以后，你就需要进一步来发展这段关系，至少要每个月都打一次电话，或者发一封电子邮件来显示你的存在。

○ 如果你想把一个普通的熟人变成一个朋友，那么至少要与对方有两次在工作场所以外的交往活动。

○ 对于不是第一等重要的联系人，也要至少每年联系两到三次才行。

运用我上边给出的这些经验之谈，你就可以让自己的人脉能够保持活跃状态。每一天我都会打数百个电话，其中大部分都是在朋友的语音信箱留下一句简单的问候。同时我也在不停地跟他人保持电子邮件联系。有了黑莓手机的邮件功能，不论是在汽车上、火车上还是在飞机上，我都可以不停地发出我的"人际脉冲"信号。我至少能记住存在PDA里的每个人的重要时间，比如生日或者别的纪念日之类，而且每当这些日子到来的时候，我就会特意跟他们多加联系。

当提到和他人保持联系这件事时，你必须每时每刻都处在良好的状态才行。

毫无疑问，你必须要拿出一定的精力才能应付得了。不过，我刚才讲的只是我自己的方式。你在实践的时候也会慢慢找到一种适合你自己的方法，只要在处理的时候记住一条原则，就是：重复。然后在不影响你日程安排的情况下有规律地去跟他人保持接触就可以了。

我已经找到了一种比较容易与熟人、同事以及朋友们保持联系的好方法，那就是要根据我和每个人联系频率的不同来给所有的人划分等级。首先，我把认识的人分成了五个类别：在"个人关系"这个类别里包括我的好朋友和社交上的熟人，因为我跟这些人的关系都是根深蒂固的，就算是很久没有联系也不会显得生疏；而"客户"和"潜在客户"这两个类别从字面意思上就可以理解；在"重要商业伙伴"这个类别里的人都是我当下正在共事的各个方面的专业人员，要么是正在和对方有业务往来，要么就是希望和对方有合作的机会，这个类别对于我的事业来说相当重要；我的最后一个类别就是"结交目标"，在这里我会列出那些我想要去结识的或者只有一面之交的人，比如某些通过我老板的老板而接触到的大名鼎鼎的人物。

在读过上边这段以后，你可能已经开始按某种对你有用的方法来为自己的通讯录分段和归类了。其实这里没有一个标准的方法，你只要按照对你有用的、能够符合你目标的方法来做就可以了。这种分类的方法是一个良好的习惯，每个人应该经常这样去做。每个成功人士都会做出很好的计划。他们将想法付诸笔上，按他们所说，如果你的计划不成功，那么你就注定走向失败。而所谓的计划就是要列一个表，上面记下你的近期活动和所要联系的人的名字。

当你把所有的联系人按照一定的规则分成了各个类别之后，接下来的问题就是，你跟名单上的这些人应该多久联系一次呢？我自己有一套相当简单的办法（当然你也可以自己改进），我的这个办法就是给我单子上的每个名字前边标以从1到3的不同数字。

如果标着"1"，意思就是我至少要每个月跟他联系一次。这个符号如果出现在哪个名字前，不管他是我的朋友还是生意伙伴，都表明我近期跟他有密切的往来。如果"1"出现在我刚结识的新人名字之前，它大概就是表示我还没有完成上边说的那样通过三种不同的渠道与之沟通。在每次社交活动之后，我会在刚刚见到的人的名字之后做一个简短的记录，其中包括上一次我和对方联系的时间以及方式。对于某个标为"1"的潜在客户，如果我在上个月已经给他发过电子邮件问候，那么这个月我就会换成打一个电话。同样，我会把某些标为"1"的人的电话号码设到手机的快速拨号上。如果我在车船上正好有空，我就会拨通快速拨号里的几个近期没有打过的号码来问候一下。

标为"2"的级别就是我的"基本接触"类。这个级别的人有可能是我比较随便认识的熟人，也可能是我已经熟识的朋友。我每个季度会给他们打一个电话或者发一封邮件。我一般会把我的生意情况写一封邮件集体发送给他们中的每个人。与所有其他的联系人一样，在节日或者他们过生日的时候我会发去贺卡祝福。

而那些被我标为"3"的人都是我所不大熟悉的，而且因为时间和环境的关系，我没有办法投入任何大的精力来跟他们保持联系。这些人是真正的"熟人"，他们都是我以前认识的人，但是没有机会出现在我的常用通讯录上。我会通过某种渠道与他们至少每年联系一次。因为你跟这些人并不是很熟，所以当你用一张贺卡或者一封E-mail来问候他们的时候，他们的反应都很棒，总是给我带来很多惊喜。当并不熟悉的人给你发来这样的问候的时候，尽管话语很简短，但总是会引起他们的好奇心，让他们感到十分欣喜。

第三步，就像我在这一章开始提到的你要把人名分类管理一样，你应该把手机里的电话号码也分类管理。因为有的时候我们做的那个主要的分类列表太庞大，不便于直接使用，在电话里就做好一个号码列表可以帮你节省很多的时间和精力。做这个列表你同样可以使用上边的那种分为1、2、3的方法，也可以根据对方所在地或者所处行业等等其他方法。这很灵活，比如我要飞往纽约办事，我就可以先打出一份标为"纽约"的电话号码单，然后等我下了飞机以后就给其中某些被标为"1"类的号码打几个电话。比如可以这样说，"你好啊，我到纽约了，刚下飞机就想起给你打个电话。这次来估计我的时间安排不开，不能跟你见面了，不过还是问候你一声"。而且在我准备到纽约的一周之前，这个列表就已经可以发挥作用了，我可以根据我在纽约的日程表和这个单子来安排时间，以便能抽空和其中的某些人碰个头。

那么什么时间来做这些事情呢？其实很多人都说过，时间到处都是。我可以在飞机上、火车上或者我自己的汽车里来给别人发这些"人际脉冲"信号。在浴室里的时候我可以用黑莓手机发邮件，在开会感到无聊的时候也可以。我已经养成了一种习惯，我会把我发出和收到的每一个电子邮件都保存起来。每收到一封邮件我都会按照分类存下来，然后Outlook自动就会标记区分那些我已经回复过的和尚未回复的。这样我一打开电脑就可以直接做出答复，继续我的"人际脉冲"。而且在每个周末我都会重新看一遍我的联系人列表，然后再根据下一周的出行和事务计划，来把列表修改一番。这样，不论任何时候我的手头都会有一份可信而且与时俱进的联系名单了。

另一个节省时间的好方法，就是要选择合适的时刻去打电话。说起来非常可笑，有时候我打电话，就是因为知道不会有人来接听所以才打，比方说有时候我并不想和别人长谈，而只是想给对方留一句电话录音来简单问候一下。这时我就会想一想人们平时接电话的习惯，如果我只想留言，那么我就选在对方不能接电话的时候才打，通常在很早或者很晚的时候打对方办公室里的电话往往可以让我达到目的。

这样做的一个更重要的目的，就是把这个"人际脉冲"的概念带到你的工作流程中去。很多单位已经将"人际脉冲"这个事情当作了他们整个工作组织过程的全部内容。我听说，在麦肯锡咨询公司里有一条经验法则，那就是如果哪个公司有新的CEO上任的话，100天之后麦肯锡就会派出他们的一位顾问来给这位新老总打电话，看看麦肯锡能不能帮上他什么忙。麦肯锡之所以定下100天这个日子是因为他们觉得一个新的CEO用100天的时间已经足够了解到他所面对的工作和需要解决的问题，但是这段日子恐怕还不够想出解决问题的好方法来。

保持联系！永不停息！

　　这种"人际脉冲"的方法作为商界的一种习惯性做法确实有着可靠的作用，所以市场上自然而然就会出现一些设计精巧的新型软件来让人们能够更轻松地完成这个工作。我已经找到有一款名叫Plaxo的软件就非常有用，关于这个软件我曾在前边讲科学技术的那一章里提到过。这个软件不但可以搞定过时的联系人信息而带来的问题，而且它还可以根据联系人的各种共同点来保存他们的联系方式。这个软件会自动到你的联系人数据库里找到每个人的电子邮件地址，然后把你在每个人名字后面记下的联系方式发给对应的联系人，并请求他们自己来做出信息的更新。当有人更新过以后，软件就会自动把更新过的信息发回给你，并且更新你的通讯录。你看，这一下你要做的工作就自动完成了！

　　现在我喜欢差不多每6个月就要这么自动更新一次。前几天我就更新了一下，然后没过几天我就收到了以前的一个潜在客户发来的邮件，我们曾经一度失去了联系。他在邮件里写道："我们一年之前曾谈过一次，但是最后却没什么结果。我想现在大概我们应该好好谈谈了。"就因为这封邮件，我又做成了一笔两百多万美元的生意。

　　有了这种"人际脉冲"的媒介和内容，我们可以搞定很多事情。对于那些交往比较近的联系人，有一种我称作"找你因为关注你"的"脉冲"信号。这种信号实际上要传达的信息就是告诉对方，你们已经很久没有联系过了，让他知道你还记得他，而且他对你很重要。当然为了表达这种意思可以有很多种说法，不过一定要记得，不论怎么表达都要尽量显得私人化一些。

　　而那些对于我的事业或生意来说比较重要的人，我一般都会发一种更有价值一点的"脉冲"给他们。如果我的交际圈里有人刚刚升职，如果有谁的公司在上一财政季度的成绩斐然，或者有人刚刚有了孩子，那么我都会尽量给他们提供一些有价值的东西。比如我可能会寄给他们一些相关的文章或者是我个人的经验之谈，再或者是一些小小的纪念品等等，只要能表达出一片心意就好，让他们知道我随时都愿意帮助他们。

当然还有很多创新的方法。比如我有一个朋友，他不管走到那儿都随身带着一个数码相机。当他每次在外开会或者出差回来以后都会带回很多人跟他问好的照片，然后他就会挨个跟这些人发一遍"人际脉冲"信号。看来这个办法对他来说是非常有效的。我还有一个朋友的方法跟这个类似，不过他的武器是音乐。他每次认识一个新朋友的时候都会问人家最喜欢听哪种音乐，因为这个人收藏的数字音乐非常之多，而且总是能找到新的歌曲。当他跟别人发消息的时候一般都会这么写："那天跟你聊得很高兴。我记得你喜欢听爵士乐，非常巧我正好拿到了一张非常珍贵的迈尔斯·戴维斯[1]的唱片。我想你听了一定会非常开心，把它发给你听听看怎么样。"

当你打算结交一个新的朋友或者同事的时候，为了发展好这段关系就一定要用我说的这种"人际脉冲"的方法来精心培养。对于你的友情和事业来说，这个方法就像是仙丹一样。

一般来说，大部分人会选择在圣诞节或者犹太教光明节到来时才给朋友们寄贺卡。但是我认为节日并不是传达"人际脉冲"信号的好时机。为什么呢？道理很简单，因为在节日里很多人都会收到数百个这样类似的祝福，你根本不可能在这些人里显得与众不同。

我个人最喜欢的时机就是别人的生日，这是一个值得庆祝但是往往会被大多数人忽视的时刻。随着你年龄的增长，你身边的人也开始渐渐地淡忘了你的生日，而且大部分人之所以这么做都是因为他们本人想要淡化自己的生日。你的妈妈可能不会忘记你的生日，但是你的

---

[1] 迈尔斯·戴维斯（Miles Davis），1926年5月26日出生于美国伊利诺州，卒于1991年9月28日。Miles Davis是爵士音乐史上杰出的指挥家和小号演奏家，在他的一生中，对许多风格的爵士乐都有深入的研究，有"黑暗王子"之称。

兄弟姐妹们会的。你的朋友们也可能会这么想："为什么还要去提醒这个可怜的人已经到了这个岁数了呢？还是别了吧。"

我经常听到有人说："都什么岁数了还过生日啊！"很多人还对他的家人说："你们不用给我搞什么大的仪式，就算是非要搞活动的话，那也尽量小一点。"但是，我从来不相信这些话。因为我了解你的心思，你和我没什么不同，其实我们每个人都一样。尽管我们每个人在成年以后都尽量扮演着一个"生日吝啬鬼"的形象，但是我们已经在小时候就养成了一种习惯，那就是所谓生日就是我一个人的大日子，一切都得围着我转。当然，这是你的大日子，从你还是个小孩儿的时候就是。甚至如果哪天你到了70岁了，就算是你嘴上不说但其实内心深处还是会希望有一个生日活动，来对你70年的生活表示一点点肯定，虽然那个时候你已经收不到孩提时代的那些大礼，可是心里仍然会很快乐。

不用再骗自己啦！每个人都很关心自己的生日！

以前我在纽约曾经在我掌上电脑上添加过一条备忘："生日——肯特·波罗希尔"。肯特以前曾经很成功地绕过我的那些秘书跟我取得了联系。在认识他的那天我就拿到了他的联系信息，同样我也像对待每个人一样问了他的生日。其实这并不是很冒昧的举动，而且大多数人在告诉我之后就会忘了这件事。

肯特出生于犹他州的盐湖城，信仰摩门教[1]。他总共有十多个兄弟姐妹，身处这样的一个大家庭里，你一定会觉得如果他过生日的话，一定会接到很多的电话问候。

后来的一段日子我一直很忙，我有一年多没有跟他联系过。后来某一天当我看到那条写着"生日——肯特·波罗希尔"提醒时已经是当天下午的3点钟了。一般来说，我都会选在清晨来打电话祝贺别人

---

[1] 耶稣基督后期圣徒教，1830年成立，大本营在犹他州。

的生日。这样的话，当他们早上到达办公室上班的时候就会在电话留言里听到我唱的生日歌了。因为这个事情，在纽约不知道有多少出租车司机曾经以为坐在车里的我是一个脑子有问题的家伙。

所以在那天下午当肯特拿起电话听到我这个冒牌儿帕瓦罗蒂唱的生日歌时，他在电话那头显得很安静，没有感谢也没有问候的话，所以我就一直唱下去了。

一般来说，当我给别人打这种电话的时候，对方往往会笑出声来，然后跟我说"谢谢"。但是这次，直到我整个唱完了，电话那头还是静悄悄的。我问："肯特？你在听吗？今天是你的生日，对吧？"但是仍然没有声音，他在电话那头一声不吭。这个时候我在想是不是我这么做表现得太愚蠢了，或者我记错了日子还是什么别的原因。

"肯特？"

终于他在电话那头结结巴巴地说："是，我在听。"他哽咽着，我能听到他在强忍住哭泣。

"你没事吧？"我问。

"你竟然记得我的生日？"人们总是会为这个事情感到很惊奇。

"你知道吗，基思，今年没有一个兄弟姐妹或者我的家人……没有一个人记得我的生日，一个人都没有。非常感谢你！"我知道他一定不会忘记这一天，换做任何人也不可能忘记。

第二十一章
找准贵宾，招待好他们！

当我还是一个在商学院里奋斗的穷学生时，我住的地方十分简陋，当时那个屋子非常非常狭小，而且确实还有点邋遢。但是就算是在这样的住处，我依然会经常招待一大群的朋友还有一些不怎么熟悉的人到我家来一起搞聚餐，大家都觉得非常有意思。

就是在那段时间里，我认识到了聚餐是一种非常有社交影响的活动，它会给人们留下美好的记忆，更重要的是在这个过程里人与人之间的关系会得到相当程度的强化。到今天，我可以肯定地说，那些和我关系最好的人都是我在餐桌前认识并交往的。只要一起吃顿饭就会把人们之间的关系拉近很多，如果再能喝上几杯那就走得更近了。

早些年，我的房子大概只有40平米，只有一个卧室、一张餐桌，窗户外面还对着一个橄榄球场。这样的地方容纳两个成年人活动就已经很拥挤了，但是我那些热闹的聚会经常有4到6个人参加，甚至有时达到15个人！来聚会的人三教九流都有，教授、学生、当地居民，或者有的人只是我在食杂店排队结账时刚认识的。因为地方小，所以我的这些客人们有时候不得不端着盘子挤在一起吃东西，但是我从不会因为日子拮据所带来的小麻烦去考虑太多。

聚餐能给我们带来很多精神上的愉悦和美好的回忆。在传统意识中我们一直都相信，在自己的家里请别人吃饭能够很有效地发展和人们之间的亲密关系，但是现代社会的快餐文化似乎贬低了这种传统，很多人觉得在家里请客吃饭是一件是非费时费力的事情。一提到聚餐，很多人脑子里都会浮现出一个相当盛大而且华丽的场景，就像是马萨·斯图尔特女士——她也是我的朋友——所描绘的那种。也许正是因为很多那种由女性来主持的电视节目所造成的影响，很多男人忽视了那种简单的聚餐所包含的优点，他们会觉得这种事情太过女性化。但事实并不是这样的，每个男人都应该相信，你同样可以在自己的家里开一个不乏男性风采的聚会。而且如果你还是单身的话，这样的活动会给你的恋爱之路带来很大帮助。

基本不到一个月我就会召集一批各种各样的朋友来一次聚会，一起谈论生意，结识新人。聚会的地点有时候会选在我洛杉矶的家中，或者我在纽约的房子那里，也有可能是在三藩市某个朋友的住处。组织这种活动的方法，我早在刚才提到的剑桥大学的破公寓里就已经学会了。

刚开始我所办的聚会还没有什么名气，为了能够吸引更多的人来扩展我的交际圈，也为了能让我的聚会多一些回头客，我为每次聚会都做了精心的准备。

你、我，我们每一个人其实都属于一个固定的社会门类。如果你在聚会上只和自己同样门类的人交往，那么你的交际圈根本不会有什么增长。而且还有一个问题，如果随便邀请那些不熟悉的人，尤其是某些身份地位和经历都在你的层次之上的人，也不见得会有什么效果。因为这些人往往喜欢待在跟他们自己的背景、经历以及社会层次相当的人群里。

比如父母亲一般不愿意加入孩子们的聚会，除非他们预先知道聚会上还会有其他孩子的父母一起参加；在大学里，大三大四的老生们一般都不会去参加大一大二的小朋友们组织的聚会；在成年人的世界里这个道理也一样。到全国各个地方的那些大公司的餐厅去看看，你会发现不管是管理层还是中层执行者们都会有他们自己的圈子，他们都只和自己同阶层的人坐在一起。

为了消除这种扎堆儿的心理，为了让人们都能来参加我的聚会，我发明了一种很有用的小方法，我称之为找准"贵宾"。

每一个人在心里都留有一个层次，通过这个层次的交往就可以结识很多自己平常圈子以外的朋友。在某种层次上，我们每个人都交往过一些比我们年长而且智慧和经验较丰富的人们。这些人可能是父母的朋友，也可能是我们的教师、师傅、神父或者老板等等。

我把这些人称为贵宾，对于聚会来说，他们本身的价值来自于与我们所不同的核心朋友圈。他们认识各种不同的人，经历过很多事情，所以自然就会教会我们很多新东西。

要找准一位贵宾级的人物并邀请对方来参加你的聚会其实并不困难，某些你已经认识的人很可能就和某位你要请的贵宾走得很近，这样很容易就可以帮你把邀请转达过去。只要留意你的朋友给你讲的小故事，你就会发现他们经常会提到几个人的名字，这也许就是你要寻找的人。一般来说，这就是对你朋友的生活影响最大的几个人，所以他们可能同样对你也会有所帮助。

一旦找准了在你的社交圈子之外的某位贵宾，并把他请到你聚会中来，这个小小的举措就可以给你带来巨大的好处。请一位贵宾来参加聚餐可绝不仅仅是为了增添一点热闹的气氛。

虽然总是能请到人来聚会，但是一位贵宾可以带给你的东西却会更多。日后他们有可能邀请你去参加一个高于你的层次的聚会，这样你就能见到在你自己的聚会中见不到的很多其他人。如果还拿公司的餐厅举例的话，那么你现在相当于坐在普通经理的桌子上，但吃的却是总裁一般的午饭，这样一来就会有更多的中层经理也跳到这张桌子上，围在你的身边。

其实，每一个能够给你的聚会带来一点活力的人都是你的贵客。我还发现有一种职业的人可以做非常厉害的"贵宾"，那就是新闻记者。他们一般收入不是特别高，所以一般不会拒绝一顿大餐。职业的需要使得他们总是有一大把的主意，他们总是不停地在找好的新闻线索，而且往往会把聚会当成是收集材料的合适场合。记者们往往都很健谈，而且聚会上的其他客人也喜欢跟他们聊天，因为记者们很有可能会把你的观点写出来在媒体上给更多的人看。另外艺术家和演员也可以和记者归为一类，不管出名的还是不出名的。万一你实在找不到你想要的贵宾来参加你的聚会的话，备选的可以圈定在那些跟权势比较靠近的人物，比如某位政治明星的顾问，或者也可以是某个大公司总裁手下的运营总监等等。在这种情况下，你要利用的就是一种"品牌效应"或者"明星效应"了。

当你一旦请到一位合适的贵宾光临的话，那么如何挑选一起参加聚会的其他人就显得十分关键。对我来说，邀请名单上一般会包括下面几种人：首先是目前和我有生意往来的各专业人士，然后就是一些我希望在日后能有所合作的人。另外，我还要请一些"亮点"人物，这种客人必须精力充沛、谈吐风趣而且愿意表达自己的观点和想法。当然加上几个当地的名人也没什么不好。同样也可以叫上几个要好的私人朋友和家人。

爱琳娜·赫芬顿是我最愿意邀请的客人，她是一位知名的政治专栏作家。她性格和蔼风趣，而且总是能坦率直言。那么我最开始是怎么邀请到她的呢？因为我的一个朋友正好认识一个在爱琳娜的办公室供职的人，于是他就介绍我给爱琳娜发了一封邮件。在邮件里我告诉爱琳娜我很敬慕她，还跟她说我经常在洛杉矶办一些很有趣的宴会，如果她能来参加一定能让宴会办得更好。刚开始她只是来聚会上待上一小会儿，后来她觉得有趣了就慢慢地变成了聚会的常客，也成了我的好朋友。

找准贵宾，招待好他们！

因为在聚餐的时候可能很容易达成重要的商业协议，所以邀请客人的时候一定要小心，不能请来太多的商业伙伴，也不要在脑子里想着安排太多的商业日程。如果在聚会的时候一直谈论生意方面的问题或者公司经营方面的琐事，那么整个活动就会变得乏味。所以要记住搞聚会的目的主要还是发展人际关系。

我发现在聚会时一般邀请6到10个人就是恰到好处的。虽然现在我一般都是邀请14个人，但这是因为我已经有了很多经验后才这么干。有时候我会在开餐前或者饭后甜点的这段时间再多加五六个人，但是这几个人一定是我非常亲密的朋友才行。因为这样的朋友不但不会因为我没有请他们吃正餐而感到不愉快，而且可能还会因为我把他们当成那种不必特别客气招待的自己人而感到高兴。一般来说，在邀请别人的时候一般都会有20%到30%的人会因为时间安排不开而拒绝。所以每当有人说已经有了别的事情安排不开的话，我就会建议他如果能在开饭前或者饭后甜点的时候来坐一坐，我也一样欢迎。

这种"荣誉客人"一般会在大餐结束前才来，这时我就会拿出早已准备好的折叠椅让他们坐在桌子旁边跟大家一起吃些饭后甜点再聊聊天。一般这个时候很多客人都在看表准备走了，他们都想着要早些回去睡觉以便明天能早起。这个时候一群精力还没有消耗掉的新人忽然加入聚会中的话，全场的气氛一下子就会再度活跃起来。

大概在这个时候，原来一直从音响里放出来的音乐就会变成真人的钢琴演奏了。我一般都不会提前宣布这种事情，那些坐在餐桌前的客人们就会慢慢发现客厅里传来的音乐已经变了。当然也不一定是钢琴，有时候我也会请来一位歌手，然后再找一个小乐队来助助兴，甚至有的时候我会花一点时间去找一找附近有没有曾经参加过耶鲁著名合唱团"Whiffen-poofs"的校友。如果能找到而且费用合适的话，对方一般都很乐于为我这位老同学的聚会一展歌喉。

当甜点端上来的时候，这位校友歌手就开始唱了。然后那些晚到的人也来齐了，活动到了一个小的高潮。一些人坐在桌前，另一些人换坐到客厅也跟着一起唱。不知不觉可能就到了凌晨一两点钟，而这个时候我明白又一次成功的聚会就要结束了。

如果你喜欢吃东西而且又愿意跟人相处的话，不管怎么安排你都可以实现一种有自己特色的聚会活动。

我的朋友吉姆·波利姆是纽约最一流的设计师。他在纽约市区有一套小公寓，每隔一周的周四他都会在那里开一次聚会。顺便说一下，其实星期四是开party的最好选择。因为这天的聚会不会打乱人们周末的安排，而且因为再工作一天就可以休息了，所以客人们一般都愿意在晚上活动的时候多待一会儿。

在他的房子里，我很惊讶于他竟然能把简单的东西弄得那么优雅。我发现他室内的布置和他的设计作品一样具有很高的品质。在靠墙的一侧放着一个铺上天鹅绒垫子的长椅，椅子上的坐垫包着黑色皮革的套子。我们会坐在那里，一边喝着香槟，一边欣赏轻柔的背景爵士乐。而他的客人们则大都是艺术家、作家或者音乐家，一群极具魅力的朋友。

离长凳五六步远的地方就是一个木质的餐桌，上边没有放桌布而是用两根银色的蜡烛做装饰。旁边的椅子已经打开，每个人的餐盘都放着一大碗家庭自制的红辣椒酱，还有已经撕好的现烤面包。最后在饭后甜点的时候吉姆会给大家再上一些香槟酒和冰激凌。总体来说，这样的安排就是简约到完美，完美到简约！

其实不论是谁都可以自己开party的。下面拿我以前的一位名叫马克·拉姆齐的朋友来举个例子。我第一次见到马克的时候，他正在一个专门负责娱乐圈顾客的经理门下当会计。他是一个性格非常不活跃的人，但是他很想靠自己来克服这种缺点。终于在25岁的时候，他攒了足够的运气开始行动了，我成了他邀请的第一个客人。

马克那个时候是我聚会上的常客，作为我的客人和朋友他也经常请我去外边吃饭或者看演出来作为回报。后来有一次，我问他："为什么你从来不请我到你的家里去吃饭呢？"一般来说别人的家宴是我最喜欢参加的活动。

他的回答非常非常普通，跟我带过的所有新人的答案一样。他跟我说："我恐怕永远也搞不出像你那样的聚会来。我没有那么多钱，而且我住的地方也非常破旧。说实话，我屋里甚至连一张吃饭的桌子都没有。"

"餐桌？为什么非得有个餐桌呢？"

就这样，我劝他一定要试着办个聚会。我跟他说我一定会成为他的第一个客人，还建议他再多请四个人一起到他家吃饭。至于吃的东西呢，我告诉他可以准备一些酒，用不着很好，但是量要够大家喝。然后弄一些炸土豆片和辣酱，可以跟蔬菜一起蘸着吃。另外随便找个地方买一张可以折叠的圆桌叠放在一个小咖啡桌上，这样一来马克就有了一张足够宽大的餐桌了。

准备正餐我劝他最好不要自己去做饭，弄点沙拉再从熟食店买一只烤鸡回来就够了。饭后甜点就买一些小饼干和冰激凌，还有酒不要断。结果聚会最后非常成功。马克当时请了一个他的潜在客户，我还带了一位朋友过去，这样一来我们就都是他的座上客了。

你看，其实要办好聚会的最重要的事情就是能让大家玩得高兴。当然，还有另外一些方法可以帮你让大家玩得开心。下边就列举几种：

1. 聚会要有主题

就算是一个小小的聚餐活动也可以搞出一个主题来。一个不用很复杂的主意就可以让你把食物和活动的气氛联系起来。随便找件事就可以扩展成一个聚会的主题。比方说，为了让大家尝尝你妈妈拿手的炖肉妙方，或者是为了一个节日，为了品尝一顿素食或者一起欣赏某种音乐等等。当大家知道了你在搞一些新鲜玩意儿的时候，他们就会变得活跃起来。

别独自用餐
NEVER EAT ALONE

我记得曾经在《华盛顿邮报》上读到过一个有关聚会主题的故事。那个故事讲卡特总统曾在1978年将一支和平工作队派往南部非洲、近东地区和太平洋地区。这支队伍的负责人是一位名叫博蒂塔·休斯顿的女士。她当时一直在办一种只有妇女参加的主题餐会。

这样的聚会填补了休斯顿所疏忽掉的一些事情。她解释说:"因为我领导的和平工作队所负责的地区面积很大,所以我经常要到处跑才行。当我因为在队里工作而不能在家的时候,我很想跟我只有7岁的儿子皮埃尔在家里多待会儿。而且因为我经常要到处跑,所以也渐渐失去了很多朋友。但是后来我想到了每周在家里开聚会的这个办法,这样我就不用挨个跟每一个人跑到饭店去吃饭以联络感情了。

"就在这个时候,我又意识到其实社会上有很多女人跟我的处境相似。我们都是单身,而且大都因为有一个高层的工作而让事业上的问题占据了私人生活的时间。这些作为卡特政府急先锋的女人们,在很多时候都需要一些可以依靠的社交活动。所以我决定,我所办的聚会只允许女人们参加。

"在周日的时候我只要多做一些饭菜,这样就算准备好了周一需要的12个人的食物。很简单,有的时候我会做点蒸粗麦粉(一种北非传统菜,由肉、炖菜和粗面粉蒸成),或者弄一种叫做'乔巴'的羊肉汤,北非的人们在斋月里等到日落之后开饭时就会喝这种汤。'乔巴'这个词的意思其实就是汤。这种汤非常可口,而且足以充当一整顿大餐了。通常我都会准备这么一大盆的'乔巴',然后再配上一些蔬菜沙拉和热的面包。饭后甜点就是水果和奶酪。

"参加过我周一妇女聚会的女士们的反应都是赞不绝口。我总是会用上家里最好的瓷器,还有水晶以及银制的烛台。换句话说,我把这种聚会当成是一般的男女不限的聚会一样精心对待。

"我们在餐桌前的谈话都非常率直。我们一般会谈论美国的外交政策,或者说一说作为一个女性管理者所遇到的问题,比如怎样在工作中和老套的规矩中与男权主义作斗争。在体验之后她们都会给我很多建议，比如请什么人、怎么组织、怎么策划等等。因为客人的大力支持，这种聚会已经变成了我们生活中非常重要的一个组成部分。"

休斯顿的周末聚会已经变成了华盛顿特区的一个组织。它让那些志同道合的女人们能够聚在一起，她们互相帮助，团结在一起来克服生活中的磨难和痛苦。对你来说也完全可以做到这样的事情，找一找人们之间的共同话题，比如球赛、宗教、性别或者职业等任何事情，这些主题都可以为你的聚会增加一些额外的效果，从而可以吸引更多的人来参加。

2. 如何发出邀请

我完全赞成那种临时的即兴的聚会，不过相比之下，一次正式而成功的聚餐需要投入更多的时间和精力。不管是通过电话、电子邮件还是手写的短笺向客人发出邀请，一定要尽早，至少要提前一个月。这样人们就有足够的时间来安排计划，而且你也可以提前就知道谁能来、谁不能来。

3. 不要成为厨房里的奴隶

不要把做饭当成是聚餐的全部工作。如果你请不到一位厨师做饭，而且又不能自己提前把食物准备好的话，那么就去买外卖好了。只要是新潮又美味的食物，就一定可以给你的客人留下深刻的印象。

一般我在准备聚会的时候都会请一位厨师。不过如果你也想办一场雅致而省钱的聚会的话，只要提前下工夫准备一下就可以做到。在聚会上省钱的关键就是要做到去繁从简。只要提前一天准备好炖菜或者香辣酱，然后放在一个大盘子里，再准备一些美味的面包和沙拉，这就是你所要弄的全部食物了。

哦，也有可能不是全部……因为对我来说可能还需要一点点酒才行。我最最喜爱的伟大的酒啊！我经常会多喝几杯的。酒，恐怕是上天赐给我们的礼物吧！最棒的聚会肯定离不开酒精的功劳。但是还要说一遍，那就是每个人都有着属于自己的爱好，说不定对你来说只需要苏打水就可以完成一次完美无缺的聚会。

4. 营造良好气氛

记得要花上几个小时提前布置一下你的场地。不用考虑什么太贵重或者新奇的装饰，普普通通就好。只要有蜡烛、鲜花、音乐配上合适的灯光就可以给人带来舒适的心情。在餐桌的中央摆上一个主要的装饰物。如果你没有为聚餐而请一个服务生的话，那么就找一个亲戚家的年轻人来为大家倒酒。

5. 不要安排情侣挨着坐

你要知道，只有让大家坐在餐桌前合适的位置上才能好好地吃饭。如果你把一对情侣安排在了一起，那么气氛往往会很沉闷。你应该通过观察和搭配，让那些彼此不怎么认识但却可能有共同话题的人挨着坐。我会把每个人的名字写在一张纸片上当作指示卡放在各个座位上。如果有时间的话，我还喜欢找一些有趣的问题或者一个笑话写在卡片的背面，这往往能给大家提供话题以消除刚开始的陌生感。或者你也可以出去买一些这样的小卡片，同样能起到效果。

6. 放松精神

客人们往往会受到主人的影响，如果你很开心，一般他们也都会玩得尽兴。聚会的整个晚上你都应该去享受这些你劳动所带来的快乐果实，这是你的一个目的。

SECTION FOUR

升级与回馈

Trading Up and Giving Back

第二十二章
要设法引起别人注意！

　　我记得在过去做市场上的卖方是很轻松的。基本上，我们只需要先做好一个广告，然后通过为数不多的几个媒体投放给消费者，接下来就可以坐等生意上门了。

　　然而那样的好日子已经一去不返了，当今时代，人们的视听途径已经发生了根本变化，而且人们之间用于联系的通讯工具也在不断更新。因此商家吸引和培养消费者的手段也发生了相应的改变。很多商家都选择用大型的娱乐演出来进行宣传；还有的利用互联网释放假消息，然后再一本正经地跳出来高调辟谣。所以说现在要判断听到的东西是真是假，并不是一件容易的事情。厂商想要培养出坚信自己品牌的忠实消费者已经非常困难了。商人们按照传统方法把消息发布出去已经不管用了，普通的广告和营销手段同样也不能达到预期的效果。现在每个公司里的市场总监都时时刻刻关注着市场投资能否带来相应的商品大销，所以一个优秀的市场部负责人，必须同时是一个技术专家、战略家和创新主义者。能达到这种要求的人并不多，就算是作为一个咨询或代理公司，要符合这个条件也不容易。所以，市场总监的生活常常是孤独的，而提出这些要求的公司总裁们，其生活也总是充满了失望。

　　接触过很多知名的市场行销专家后，我对当今市场的变化有了新

要设法引起别人注意！

的认识，据此我创办了自己的 Ferrazzi Greenlight 公司。这个公司的业务主要集中在营销策划和战略服务方面，目的就是帮助客户在支出了销售成本之后可以收到相应的市场收益。我们帮助客人尽量降低巨额的广告费用，转而把这部分资金用于在企业和他们的客户或消费者之间建立一种人性化的互信关系。这可能意味着我们在对待一个便利店和喜达屋集团这样的大公司时并没有太大区别。有时候我们要为某个功能复杂的新产品的上市设计一个广告片，有时候则是为某个工程公司推动一个"形象大使"计划，以便能在全美吸引500个潜在顾客和名人的关注。

在我眼里，有效的营销手段，就是指帮助企业和客户或者潜在客户建立关系。一定有人会对这种看法感到奇怪。

对于这种市场的显著变化，我在大学课堂上已经无数次地从我个人角度讲述过了。每次在我刚讲完或者还没讲完的时候，总会有一些学生鼓足了勇气过来跟我说话，那种崇敬的神情就像是我第一个提出这些问题似的。我呢，一般都会很随和地跟他们交谈，不过接下来他们的话大都如出一辙："您刚才讲的真是太棒太棒了，棒极了！"多半我也会问问他们有没有受到什么启发，或者学没学到以后可能用得到的东西。不过我的希望常常会落空，因为大部分人都会支支吾吾地回答，"哦，我不知道"，或者："我只是觉得你讲得很好。但是我不知道我是否从中学到什么……"

有的人心里可能这么想："嗯，我觉得虽然跟你聊得非常有意思，但是，我可能要先回家收拾收拾屋子，没空跟你多说。"当然这么想并不过分，但是你要想想，如果一个人没有什么实质的话跟别人说，那谁还会愿意跟他聊呢？如果你不能给你的交际圈或者你的公司带来一些有价值的东西，那么你怎么能够让自己在跟别人交往的时候显得突出或者与众不同呢？

从事市场营销和公共关系领域的人们一定要注意做一个引人注意

的人！你自己有义务让别人觉得值得和你交谈，或者值得提到你这个人，而且就算你知识很丰富也不能代替你在这方面需要做的努力。其实，你所遇到的每个人在见你第一面的时候，都会在心里给自己提这样一个问题："这个人值不值得我以后进一步的交往呢？"

很多咨询顾问称其为"机场问题"。人们都知道，咨询业提供服务时，总会有冗长的访谈过程，他们会搞出一系列复杂的案例研究或者逻辑测试，这些商业顾问常常会从一大堆能力相当的受访者中挑出一个来，然后把这个平时只提给自己的问题抛给对方，那就是："如果你因为航班延误而必须在机场逗留几个小时的话，你是否愿意和刚认识的这个人一起度过这段时间呢？"

在跟别人聊天的时候，你有没有提到过以下类似的内容呢？比如说一说你最中意的收藏，或者回忆一下你在象牙海岸度假的美好时光，或者发表对某场政治辩论的反对意见。确实，每个人应该从自己的日程安排里挤出一点时间来跟上世界的变化。留意记住那些你听到的奇闻轶事，这样在你跟别人聊天的时候就可以有话题了。最好定一份《纽约时报》或者《华尔街日报》来了解每天世界上所发生的事情。记住，老板们不光会任人唯亲，也会任人唯贤，只要你对他们的企业有利，他们就会雇用你。这里说的"贤"，就是指对于外部世界的通透理解。你需要了解自己智慧的价值，同样也必须学会告诉对方有价值的信息。这样一来你就融入了身边的世界，别人才可能会注意你。

在交往中当你的知识平台不够抵挡的时候，你就不得不回去恶补，但是此时往往你已经失去了一次机会。

我在耶鲁大学二年级的时候曾经去竞选新港市的议员职位。新港市的人们当时正需要一位敢于坦率直言的、体面的候选人站出来和没有激情的反对派候选人竞争。当时我曾做过耶鲁大学政治协会最年轻的主席，而且还成立了校园里的第一个学生联谊会，所以有一点名气。所以当机会来临的时候我就决定去参加竞选。当时我没有想过这样一个问题，那就是我能给大家带来什么好处，而新港市的人们又为什么要选我作为代表。我当时没有想到自己那么自负。

直到今天，当初那场竞选的失败仍然让我难以接受。当时我确实很努力地去了解本地的各种问题，而且也很认真地准备了竞选活动。当时我的对手名叫乔尔·里特纳，他在当地的街道和食堂搞了很多次演讲。我却不屑于和他在这个层次上交锋，我一直都期望着我那种意气风发的竞选风格可以给我带来胜利。

乔尔用他的想法和热情激励了很多投票人，他本人很受鼓舞。而相比之下，我只是觉得像他那样搞一个竞选办公室来参选可能显得比较酷，但我终究还是个年轻人。所以我没有成立竞选办公室，而且我还告诉公众我虽然参选了，但是我还是要先对自己的学业和现在所领导的其他社团负责。

当然，最后我败得很惨，而且完全是我自己的原因。这次竞选的经历给我上了很重要的一堂课，在那之后我知道，不论我所要代表的是什么团体，也不论我要完成什么职业上的目标，我所付出的一切努力都必须是建立在内心的热情和信念之上的，这比只考虑着自己的利益去努力更容易让人取得成功。想要打动别人，你的话题就不能只围绕着你自己。有足够的胆量是一个好事，但是光有胆量是不够的。因为"吸引别人的注意"和"吸引别人足够的注意以达到改变现状的愿望"，这两者是有区别的。所以我应该恭喜乔尔的胜出，后来我听说他干得很出色，这是必然会发生的。

做一个有内涵的人，要有自己独到的观点

要引人注意绝不仅仅是要学会做一个善于言谈的人。虽然健谈是一项重要的素质，但是你话语的观点也应该是有想法、有内涵的。我真心希望每一个人都热爱读书看报，这样的话，不管遇到谁，你都可以找个可以参与的话题来讨论。但是有趣的谈话和有内涵的谈话是有很大区别的。前者是指谈论一切可以开启话题的事物，比如政治、体育、旅行或者科学等等。而有内涵的谈话里应该包括更多专门的知识或学问，你需要说一些别人不大知道的事情。这就会让你显得与众不同，显得很专业，这会帮助你树立自己的风格，使你可以成为人际交往中一个真正有吸引力的人物。

单纯的出名往往不是好事，但是如果因为有见识而出名就完全不一样了。那样的名声就是别人对你的尊敬。所以你必须有自己的信条——就像乔尔·里特纳在竞选中一样，这样别人才会相信你。

一旦吸取了教训，以后我就不会再犯同样的错误了，因为我并不想当一个多面手，我只是想成为一个有自己观点的专家。从学校毕业后我得到的第一份工作是在帝国化工[1]负责总体质量管理，后来到了德勤集团工作，在那里我的职责就是搞"业务流程再造"。在喜达屋公司的时候我直接负责行销，后来转而去搞互动经营。如今市场动力已经从根本上发生了改变，市场方面终将向着关系营销的方向发展，而我所有的经验让我坚定了自己工作的信念，那就是：在营销上投入的财力一定要配得上最终的销售业绩才行。

在从事每一份工作时，在我事业的每个舞台上，我都会表现得够专业而且有内涵。这可以让我有别于他人，让我显得不同寻常，让我能够在人际关系网或者在公司里体现出更多的价值。在我的生活圈子里，这种不同给我带来了很多宝贵的机会，让我得到了很多信任和展现自己的机会。所谓内涵就是你在专业领域里的一种信念和想法，一种方向或技能。

如果你能够持之以恒地学习，然后将你的内涵不断地展示在大家面前，那么你就可以在众人之中显得出类拔萃了。下边用我受雇成为YaYa公司的CEO这件事作为例子。在此之前，公司的董事会已经知道

---

[1] 英国化工企业，世界500强之一。

要设法引起别人注意！

了我曾用"业务流程再造"的方法帮助德勤公司提高他们对市场营销的理解，也知道我在喜达屋公司里提出改变服务运作的方法在业界引发的影响。YaYa公司的决策者们知道，捕捉有价值的信息并将其转化为占领市场的方法，这对于一个还没有成熟产品的新公司来说是非常关键的。看来我正好符合他们的想法，我就是这样的一个市场开拓者，可以按照YaYa的观点创造出他们想要的激情和信念。接下来就要拿出可信而且独到的想法来吸引别人来购买我们的服务，这就是我们所面临的挑战，不成功则成仁。

到了YaYa公司以后，我们的第一个目标就是要找一个契机，以便在改变公司目前产品线缺乏的同时想出更广泛的方法来拓展销售范围，从而真正创建一块属于我们自己的市场。像往常一样，我将自己全身心地投入到了这件事情当中。那些天我疯狂地看书，从早到晚地查阅各种文章、分析报告、图书以及网页。我找了很多CEO、记者以及商业顾问交谈，他们都具有互动营销界、游戏产业或者培训业的专业知识。

然而情况却不是那么顺利，你要面对无数不断增长的新知识。那段时间我好像忽然掉进了毒气室一样感到窒息，身边充满了各种数字、资料、不同的意见，还有一大堆毫无头绪的新信息。像以前在负责全面质量管理和业务流程再造这种工作的时候，只要简单地挪用一下别人创新的想法，然后再领导手下发布和实践就可以了。而到了YaYa之后，我们不得不靠东拼西凑来制造属于我们自己的新内容。这就意味着我们要把所有分散的信息组合成一种别人没有过的独特内容。

这种组合信息的工作对于那些专门从事商业改革的人们来说并不应该显得那么神秘。马克·麦考马克[1]曾经在他的《哈佛商学院不教的东西》这本书里写过一句名言："商业的创新只不过是把大家差不多都在思考的东西联系在一起罢了。这就好比你的工作并不是要去造新轮

---

[1] 体育产业奠基人。

子，而是用现有的轮子造成一辆新的马车。"

当我继续沉浸在这些工作里的时候，心情却变得越来越失落，因为我发现营销和培训领域根本没有用到YaYa公司赖以工作的两种强力媒体：互联网和电视游戏。当在网上学习营销和培训业知识的时候，我把那些曾改变了世界的其他媒体在刚诞生时的情况做了一个对比，我提醒那些营销人员，回首当初我们从收音机时代转入电视时代的那段日子，只要把一个摄像机放在一个电台播音员面前拍上一段，一个所谓的电视广告就算拍完了。在适应新媒体和它们所带来的新规则时确实需要花费一定的时间。到了互联网时代，人们又犯了同样的错误，一直想把以前的旧模式放到互联网这种新的环境中继续使用。所谓网络就是指大范围内建立互动和联系，在网络上任何概念都能像病菌一样很快地传播到全世界各个角落，当然不光是正经的概念，就算是个笑话也会一样。不过，现在的商人们还在用着古老的广告方法，比如贴在街上的海报和车身上的广告画等这些东西，现在只不过是将那些内容原封不动地搬到了网上的广告位中。这一类广告如果没有获得预期的效果的话，一点也不奇怪。不光是营销业，在培训行业也一样。你是愿意在一个有趣而互动的环境中学习，还是喜欢那种传统而陈腐的填鸭式员工培训呢？哪一种会带来更高的学习效率呢？

下边你大概就可以了解游戏行业的情况了。下边有一些令人吃惊的数字暗示了有一个从未被大家利用到的现象：在1999年，游戏行业的收入已经超过了电影业的票房收入；网络游戏的玩家结构已经发生了根本的变化，而且游戏的内容已经不再只是面向青少年，很多游戏都将对象玩家瞄准了成年人或者女性群体。目前在线游戏玩家的平均年龄是35岁，其中49%的玩家是女性。我还知道，有一家德国公司曾经设计了一款非常有意思的"打火鸡"游戏，已经有非常多的人下载了这个游戏，以至于国务卿曾经评论说这个游戏降低了我们国家的生产效率！但是至今还是有很多人认为所谓游戏不过是放在桌面上用以消遣的小东西罢了。

现在我手头上已经有了这些零散的信息，下边要做的工作就是把轮子组成一辆新的马车。其实这才是真正有意思的事情，因为你要开始的这个领域内还没有任何已有的限制和约束。在艰难努力地去解决某个问题的时候，与其撞墙般地苦想，还不如用下边的问题来拓展自己的思路，那就是："要是我真的有魔法的话，我会怎么来组合这些信息呢？"当然这种开放式的想象不必也不该只有你一个人去完成。我会找很多其他有意思的人来跟我一起想，比如找我的下级、同事和知己等等，我会问很多看似荒谬的问题，然后利用大家的发散思维来引导我自己。我一般会召集一小伙人做头脑风暴，让大家把大脑里飘过的每一个稀奇的念头都说出来。在这种一群人无拘无束的幻想中，我们的创造力就得到了发挥，这种创造力会给我们最终指明一条实现梦想的道路。

我们开始想象，游戏这种东西除了用来休闲和娱乐之外还能干些别的什么。我们开始提一些假设性的问题，比如，"我们所处的行业到底算哪个领域？娱乐？市场？还是服务？""我们应该拿出什么样的产品？是游戏、广告、培训、资讯还是技术授权？""我们真正的客户会是哪些人？是令人生厌的青春期少年还是成年人？或者是《财富》列出的500强大公司？"目前游戏这个媒体已经有着很大一群用户，并且人数还在继续增长，而同时越来越多的公司也正在试图利用互联网来更好地和他们的客户互动，那么我们要做的，就是想办法把游戏和互联网这两种强势的媒体组合到一起。

无论是作为一个企业家还是一个普通职工，你都具有在自己的领域内做这种简单组合的创造力。为什么这么说呢？因为你的创造力有可能经常会用到，也有可能只是存起来没有用，但是它们并没有消失。你所面临的问题就是怎么来利用这种创造力，我们应该打破那些禁锢我们创造力的枷锁才行。

这种头脑风暴的结果是很显著的。我们很快意识到不但可以在游戏的介绍网页上来打各种销售广告，而且我们可以利用互动的在线游戏创造一种有效的新型广告投放形式，这种新的意识给我们带来了机遇。当人们将YaYa公司从一个电视游戏公司重新定义为一个市场类公司以后，我们同时也明白了，我们真正的客户其实不是最终玩家，而是想要接近游戏最终玩家的那些公司。定位的改变，让我们在看待游戏的时候不再觉得那仅仅是一个产品，而已经变成了一种新的媒体，它可以帮我们把任何想发出去的消息送到公众面前。现在你就可以把游戏当成一种营销手段来培训或教育员工，在大型品牌的活动中或者在跟消费者一对一的推销中，你也可以通过游戏来收集顾客偏好的数据，等等。就像电视节目的商业化转型最终取代了个人化的广播一样，在互联网上网页条幅类广告的位置最终也将被游戏类的广告所取代。

　　就这样，YaYa公司独特的新概念诞生了。于是我们开始对外宣传，说游戏广告和寓教于乐的产品将成为下一代最有力的信息媒体，说这是一片供各种产品投放商业广告的尚未开启的完美空间，在这片空间里你可以做品牌的体验游戏，也可以定制游戏化的商业培训，等等。不久之后，在游戏业的大会上我就不再只是列席，而是已经可以上台大谈我们的新想法了。

　　一旦我们的想法获得了业界的完美共鸣，那么接下来要吸引别人的注意就不是个大问题了。媒体记者们都会迫不及待地来收集信息。很容易就可以找到这些记者，你只要按照那些报纸和杂志在网页上的电话打过去，然后直接说你要找那个负责你这类新闻的记者就可以了。放心吧，你不会遇到障碍的，我还没见过有哪个记者也会安排一个电话"门卫"呢。而且，我一般都会留下这样的话："现在有一条独家新闻，我知道游戏产业将如何给营销业带来一场革命。我一直欣赏你以前的作品，所以我觉得这条新闻还是找你来做比较好。"在这种情况下从来没有一个记者会不给我回电。

很多年来，我一直在给记者们提供这类消息。甚至很多时候，我所提供的新闻线索跟我的公司或者我本人都没有一点关系。之所以这么做，我就是为了能和他们建立一种互信，这样当某一天我需要发布自己的新闻时就方便多了。大概就是因为我的这个习惯，所以现在几乎全国所有主要商业杂志社都有我认识的人。我曾经见过很多其他做CEO朋友都在抱怨说，想要把关系渗透到《华尔街日报》或者《福布斯》这类机构简直不可能。不管是在何地的何种杂志，只要是我想登的内容往往都会被顺利的刊发，这让那些CEO们频频摇头，这种情况让他们非常吃惊。他们不知道这其中原委，其实这就是经常给媒体提供好故事的回报。

当然，我也从他人那里获得了很多帮助。举个例子，在总结出了YaYa的独特业界观点之后，我把这种观点介绍给了一些广告代理商。后来一家名为KPE的互动广告代理公司把YaYa和我们的广告游戏概念带入了市场。于是他们就成了我们和我们公司产品的"伯乐"。不久之后很多电视游戏公司的巨头就参与了进来。后来我找到很多我认识的热衷于改革的人，比如Activision[1]的总裁Bobby Kotick，他的一个合作伙伴——尼尔森公司在评估了游戏业作为一种新媒体所能给广告业带来的影响之后，向YaYa公司提供了资金和他们在业界的影响力作为帮助。这得益于我和Bobby常常一起在CNN或者CNBC[2]上互相称赞对方的新想法。

我有一个做CEO的朋友，他的公司差不多有YaYa的4倍大，而且已经运转多年，但是他们想要把自己公司的新闻挤进《财富》杂志时却屡屡失败。当他看到YaYa的消息经常出现在《财富》上的时候，开玩笑地问我："基思，你到底有什么秘密手段啊？贿赂？还是要挟？

---

1 Activision，美国著名游戏发行公司。

2 CNN和CNBC是美国著名的电视新闻媒体。

快，给我传授一下真经！"

于是我就告诉他："你要搞出你们公司的新故事，而且故事里必须能够包含读者所想看到的东西。这样你就有内容了，接下来就可以拿去发布。你有没有亲自拿起电话来跟那些记者们聊一聊你所提供消息的特别之处？没有吧。不应该把散播新闻的事情统统承包给那些公关公司，因为记者们每天都要被无数的公关围着，他们不会注意的。你想想，公关公司的人怎么可能比你自己对所要发布的东西更了解、更有激情呢？你所在的领域，真正的专家就是你自己嘛！"

创新，无法外包给别人去做

在上边的讲述中，我们已经理解了怎样制造"新内容"来帮助一个公司建立起品牌效应。但是，如果你要建立你个人"品牌"的话，该怎么办呢？怎么寻找内容？你的卖点从何而来呢？我们刚才用来说明YaYa如何吸引营销业界兴趣的例子，同样可以帮助你学习如何吸引交际圈内外人们的注意。

在以前，只要四肢健全，然后再拿着一个MBA的学位，你就可以坐到一个经理的位置了。但是现在这个年代，仅仅这样的条件是不可能当上经理的。在美国的信息经济社会中，我们必须用自己的知识和创新精神取得竞争优势，这意味着，现在"创新"的市场价值已经超过了单纯的知识，专业技能的价值同样已经超过了泛化的知识。如果你只会干那些大家都会做的事情，那么一定会有人愿意拿更低的薪水来抢走你的饭碗。事实已经证明，这类廉价的工作已经都被放到了印度和孟加拉这些地方了。不可能把思想创新的工作也找一个外包公司去做吧？还没有这样的公司呢。所以，如果你总是能想出一些新的独特的方法以保持企业的竞争优势，那么谁也不可能把你这样的员工辞退回家。

任何地方对于创新人员的需求总是很大的。他们总是可以得到提升的机会；他们的职责就是制定大的计划；在会议上发言的总是他们；在报纸和杂志上露面的仍然是他们；公司里的每个人以及本行业的很多人都知道他们的名字；他们在自己的小世界里享有很高的名誉，而这些名誉都是因为他们的思想总是能先人一步！

那么他们是怎样做到这种程度的呢？最简单的办法就是使自己成为专业人士。

回首我自己的职业经历，要做到先人一步的办法其实很直接：我经常注视着商界那些最新的、最有优势的思想；我沉迷于结交行业里的思想领头人，阅读所有能拿到手的有价值的材料。我把得到的广阔信息加以分析，试图了解这些思想如何影响他人，如何才能在我所处的领域内得到应用。这样我就得到了新内容！做到这样以后，要成为专家就很容易了。只要能在课堂上、媒体上或者其他场合说出你的专业见解，你就是一位专家！

我毕业后的第一份工作是在帝国化工集团，我说服了面试官，他们同意招聘我这样一个文科类的毕业生加入到一项为管理人员而设的培训中作为尝试，而这项培训里其他每个学员在受雇之前都已经获得了化学工程、材料科学等工科学位。

我很快感到，以我在工科的知识是不可能在ICI得到晋升机会的。然而在我培训了没几个月的时候，我注意到"整体质量管理"这个概念开始流行起来，商业顾问主导的这些经营概念总是每过几年就会有一种活起来，那个时候就轮到了"整体质量管理"。

于是在业余时间我研究了所有能拿到的相关资料。由于我过去在组织管理学方面的背景（大学时候上过的两门课），在工作了短短几个月之后，我就自学到了关于整体质量管理的"专家技能"。然后当有一天帝国化工要开始搞整体质量管理的时候，突然之间我就成了公司内排名前三的专家型人才了。更重要的是，我才刚刚尝试在公司里讲相关知识的时候，在别人眼里我就一下子成了专家。接下来我就把自己所有的东西都拿来作报告、写文章，然后再努力和全国商界的思想者们多多结交。甚至在过了一段时间之后，我竟然为帝国化工这个工业巨头专门设立了一个新部门并由我管理，这个部门也成了北美地区的整体质量管理领域的领头羊之一。

给别人教授知识就是你学习知识的最好方法，也是让你尽快成为专家的最佳途径。有很多最成功的CEO在他们公司需要某种尚不具备的技术或经验的时候，都不肯去雇别的企业来帮忙完成，他们往往把这种困难看作是一种难得的机会。他们往往会说："我们自己也能做到！"于是在克服困难的过程中，公司总裁和员工们就都学到了他们所需要的新知识。他们都欣然地去尝试做新的工作，而且也能很好地达到目标。所以实际上当你读完这本书以后，你就可以到当地的社区学院里去给大家讲授有关人际关系学和内容创新等方面的课程。这样在备课以及和学生互动的过程中，你就会学到很多你要讲的东西。

简单来说，暂时忘记你所从事岗位的职责吧。从今天开始，你应该学着了解，需要什么样独特的专家技术，才能让你在自己的关系网或者公司里显得更有价值。

怎么开始呢？一般来说有两条路，一条是平坦大路，另一条充满艰难险阻，两条路我都曾走过。比方说，在我讲完了我自己在帝国化工和德勤公司的经历之后，有些读者可能已经开始组合书中有用的信息并成为这方面的专家了。这就是走了那条简单的路。

要走另外一条路，你就必须组合那些自己收集起来的零碎信息。这里最困难的一点就是在整个过程里没有什么具体的蓝图或者新手指导类的东西来给你引路。当然有一点还是值得庆幸的，那就是这种创新并不是必须有惊人的才华或者天赐的灵感才行。虽然我觉得才华和灵感总有一天会派上用场，但是并不需要很多。我正是靠着正确的指导方针再加上一些良好的习惯和技巧才成功地走到了今天，这几条因素是非常重要的。

要设法引起别人注意！

下面的 10 条提示可以帮助你成为一个专家型人才：

1. 走在流行之前，分析趋势赢得机会

具有先见之明，可以让你和你的企业在变化来临时从容应对。要把创造力利用起来，在当今社会，创新的想法已经远远比产品更为重要，创新路上不进则退。能应对变化的人，能敏锐感受趋势的人，能传播新知的人，能经营变革的人，以及所有了解行业动向和下一个热点思想的人都将成为商界的大明星！

先找出你所处的行业里有谁总是能够走在潮流的前面，然后动用你已经学到的所有交往技巧来跟他取得联系，请他们吃饭，拜读跟他们相关的新闻；去读一切你能找到的材料，在网上有数以百计的个人见解，分析这些资料然后做出你自己的预测；那些空谈的分析家只用眼睛不用脑子。所以你应该上网去读资料，订杂志，买书，跟身边所有的聪明人探讨问题。最后所有这些知识和信息都会自己形成系统，你也就可以组合出别人没有的新概念了。

2. 问一些看上去很笨的问题

如果你提出一些大家都不会问的问题，那么你得到的答案就可能会改变你看世界的方式。但是有多少人有勇气去提出这样的问题呢？答案是所有的大发明创造都是来自于有这种勇气的人。"你不觉得把所有的 mp3 文件都放进一个像随身听那样的小东西里会很酷吗？"于是 iPod 诞生了。为什么不能马上看到刚拍出来的照片呢？"于是立拍立现的照相技术诞生了。"人们肯定都喜欢吃肉夹馍和炸土豆条，为什么我们不把这些做成快餐呢？"于是麦当劳和快餐工业诞生了。

在商界里，"无知"是一种力量，这个道理在《飞跃童真》这部电影里曾得到了极佳的演绎。在影片中汤姆·汉克斯饰演的一个小男孩儿一夜之间长成了大人。其中有一个辛辣的讽刺场景，汉克斯长大后在一家很大的玩具公司做了一名行政人员，一次公司的副总裁正在展示他对一款新玩具的规划，所有的数字都很有用，所有的幻灯片都显得这款玩具应该及早推出。但是就在这个时候，汉克斯童真般的无知却促使他说出："我觉得这个东西不怎么样。"因为在他亲自玩过这个玩具之后，任何幻灯片和商业数字都不能掩盖一个明显的问题，那就是：这个玩具一点也不好玩。这说明有时候数字也会说谎，有时候就算是全世界最好的幻灯片也不能帮助公司去掩饰他们所忘记的最基本的问题。

正如很多年以来，那些不断制作各种游戏的人们一直相信他们身处的是一个休闲娱乐行业，而我却问道："要是我们去搞市场营销，那么事情会变成什么样呢？"

3. 了解自己和自己的才能

当然，我的脑子和帝国化工里的那些科学狂人是不能比的。我利用自己的长处来成长为一名专家的同时还要克服自己的缺点。这里的秘诀就是如果某些工作需要用到你所缺乏的技术或才能，那就不要强迫自己去干，专心去培养你的长处好了，这样你的弱点就不会再成为你的绊脚石。在这个问题上你应该使用80/20原则，那就是可以花**20%的时间来改善你的缺点，但是真正的重点还是要放在培养自己的长处上**。

4. 学无止境

想要多赚钱就得多学习。那些有创新思想的人往往都热爱读书，或者至少都非常喜欢提问和探讨问题。同样对于自身的发展他们也很有主见。所以，你的个人发展计划应该包括经常阅读书本报纸，多听教育讲座，每年参加三五个行业大会，参加一两门培训课程，然后和所处领域内的大人物搞好关系。

5. 保持健康

研究表明，由于睡眠时间被剥夺，公司职员的身体在每天下午三四点的时候普遍面临着70岁级别的危险。你可能觉得做职员就是写写画画、搞搞文字工作，没什么身体问题，事实却完全不是这样的。虽然听起来有点老调重弹，但是你真的必须要好好地对待你自己——包括你的身体、你的思想和精神状况，要保持一种最佳的状态。对我来说，只要日程能排得开，那么我至少每周要去锻炼身体五次。每隔一个月我就会尽可能找机会给自己放一个五天的假期，当然这期间还是会读书和发邮件的。每个月我都会有一段精神上的隐修，或者有时候只是静静地冥想上一会儿。而且每周我都会做一做思想功课，大部分时间是去教堂祈祷。在24小时的紧张生活中，这些活动就是我充沛精力的来源。你呢？

6. 经历非常体验

有人曾问现代管理学之父——皮特·杜拉克说："你能不能举出对人在事业上最有帮助的一种事情？"杜拉克说："去学拉小提琴啊！"非常体验会给人带来非常的灵感。比如去看看你的孩子所感兴趣的东西，然后想想他感兴趣的原因；了解一下主流生活以外的东西，或者去神秘的异国他乡旅游一圈，这些都可以激发你的灵感。如果要在未来的竞争中取得优势，光靠着对自己行业和本土市场的了解是绝对不够的，对于不属于你专业范围内的以及不在你安逸的生活圈子中的事物，要深深地保持一种无拘无束的好奇心。

7. 不言气馁

当初我写给帝国化工的第一封关于整体质量控制的电子邮件根本没有得到回复。直到今天我都把被拒绝看成是一件再平常不过的事情。如果你想创新，你想跟上潮流，想要表现出众，那么就要习惯在这个过程中所遇到的颠簸。还有一点是你应该知道的，那就是当你想要做一个弄潮儿的时候总是会有人来给你泼几瓢凉水。有强烈的敬业精神的同时还必须知道，激情可能会将你带入到一段困难的时期，但是同样也可以帮助你打败任何艰难险阻。创新的路上会遇到各种变化和挑战，你必须要用自己的坚定和毅力才能应对。所以要坚定目标，然后时刻观察以便能跟上你所在行业里的最新动态。

8. 了解新技术

现在每个行业都在强调快速的创新。你本人没有必要去成为一个技术狂人，但是你应该理解技术革新对所在行业的影响，并利用这种影响来使自己受益，所以要跟某个技术狂人搞好关系，或者至少要雇一个作为你的员工。

9. 找一个小环境来发展

小生意也能够出名和成功，大都是因为生意人很谨慎地选择了一块他们真正可以企及和占领的经销环境。个人的成功也与之类似。你可以考察一下公司里哪些地方的业绩表现不佳，然后选一块最小的来插手。

举个例子，我曾经指导过的一个小伙子，他当时在一家公司里负责开展一个刚刚启动的事务——出售一种新型的宠物玩具。上班后不久他就发现，在刚启动的生意中要应对无数的问题，其中一个就是邮寄费用过高，这部分费用在一定程度上增加了公司的运行成本。说实话，这种事情绝对不可能影响到一个刚起步的生意的运行制度，但是我们的这位小伙子却不肯小看这个问题。

他把这个问题当成一个很正经的事情来处理和研究，然后给 UPS、联邦快递等公司负责小件邮寄的部门打了很多电话。几个星期之后，他向 CEO 提交了一份备忘录，其中详细说明了公司应该如何降低邮寄费用。当然，CEO 显得非常高兴。这个小伙子在邮寄事务这个小环境里的专家级表现，让他很快就成了公司里非常有价值的一个新人。现在他可以不只在邮资这样的小领域内培养自己的专业知识了。

10. 以财富为导向

如果不能得以应用，那么任何创新都显得一文不值。所以你所搞出来的新东西必须至少符合这样一条底线，那就是它能给我们带来收益。因为销售额和流动资金是每一个企业的命根子，所以任何伟大的想法在有人愿意为它投资之前都是毫无意义的。

第二十三章

打造你的个人品牌

> 不论年龄、地位以及职业，我们每个人都应该理解品牌效应的重要性。如果把我们自己比作一个公司的话，那么每个人都是自己这个公司里的CEO。在当今商业时代，对每个人来说最重要的一件事情就是要打造一个叫做"我"的品牌。
>
> ——汤姆·彼得斯[1]

作为一个专业营销人员，我很敏锐地意识到了两点：第一，理念决定事务走向；第二，我们自己就是一个品牌。我们了解自己身上的各种要素如何组成一个与众不同的自我，比如我们的穿戴、言谈举止和生活习惯。

在新的社会经济秩序中，个人的形象和身份已经变得越来越重要了。每一天我们都可能要面对无数的数字，每个人都被淹没在各种信息的大海之中，在这种情况下，建立一个可靠的个人形象比创建一个商品品牌更为有用，它可以使你在激烈的竞争中获得优势。

丰富的个人内涵将有助于你建立自身的品牌，可以帮你把所有用在人际关系上的工夫集合成一个统一而有力的对外形象。在与别人交往中，一个好的个人品牌可以给你带来三点很明显的好处：第一，它

---

[1] 汤姆·彼得斯（Tom Peters），20世纪八九十年代最受欢迎的管理学领袖人物之一。

会让人们觉得你有个人特色，而且值得信赖；第二，它会让你显得引人注意；第三，它可以吸引更多的人围在你的身边，关注你的事业。这样你就可以在这个越来越混乱的社会中占有一席之地了。最后你会发现自己可以很容易地交到新朋友，而且在生活和工作中你也有了更多的发言权。

如果我们看到一个"对勾"的标志，会想到什么？我想很多人第一个想到的就是耐克的商标。耐克的这个商标已经在消费者面前出现20多年了，他们将运动的伟大注入到这个商标中。同样，他们也把我们的思维和这个小标志成功地绑在了一起，每当我们看到那个小对勾时，脑子里同时会闪出"耐克"这个品牌。

这是个很有说服力的例子，不是吗？

在一个社交圈子里，你的个人品牌可以做得和耐克一样成功。你可以给它注入使命和内涵，然后散播到各个地方。这个品牌代表着你的责任，你的个性，它将给别人提供一个能否与你交往的明确缘由。

顶级商业顾问、品牌经营大师汤姆·彼得斯总是习惯于大张旗鼓地教导别人：要建立一个不逊于耐克的个人品牌！听他的口气就好像把大象装进冰箱里是件很容易的事情。在那些想成为超级名人的无名小卒面前，他总是会拿出迈克尔·乔丹和奥普拉·温弗瑞[1]作为成功的模板。

那么我们怎样才能从经营商标的过程中学到建立自身品牌的经验呢？

彼得斯坚持认为我们正生活在一个"完全颠倒的世界"之中，过去的那些言论都失去了意义，以前的规则也早已落后于时代，新经济和旧经济的概念已经渐渐地融合在了一起。正式的公司和一群人组成的简单群体也变得难以区分。

---

[1] 奥普拉·温弗瑞（Oprah Winfrey），她主持的电视谈话节目"奥普拉脱口秀"，平均每周吸引3,300万名观众。

目前，商业流程已经生产线化，科学技术取代了很多人的工作，国际外包生产服务变得越来越发达，自主创业正在兴起，越来越多的人把自己看成是可以为任何人服务的自由人。将这些因素综合在一起考虑之后，彼得斯认为公司职员类的工作或者"职员"这个概念本身都将在10到15年内消失，他称之为"白领的革命"。他说："到那个时候，想要成功你就必须有超凡的计划，因为那时不论是你的公司、你的部门还是你自己的岗位，都已经成为一个可以为任何人提供服务的独立个体，就像是一个个单独的企业单位一样。"

在个人品牌这个问题上，每个人都要面临一个最基本的选择，那就是：要么就独特，要么被淹没！

彼得斯总是不顾自己偶像级的身份到处宣扬，说："我最烦听到的一句话就是'我也想干，但是他们不让'。这样的人啊，起身反抗吧！做自己生活的主人吧！不用计较后果，大不了换个工作，这年头换工作太容易了！"他的话真是说到我的心里去了！

很少有什么事情会让我感到生气，但是如果有人对我说不屑于或者没能力在一群同类人中发挥自己的特点，那么我可能真的会很生气。我记得前边曾经提到过一个极为聪明的年轻人叫做凯文，他在普华永道公司[1]做一名普通顾问，在一次谈话中他跟我提到对于自己的岗位和工作结果感到很不愉快，他说他不过是公司里无数啃数字的无名小卒之一，公司里固定不变的环境让他没有任何变动的机会。

而我却对他说："你错了！你可以有很多选择，只不过是你自己没有创造出机会罢了。你应该开始主动地去规划自己的职业生涯。你必须努力去摆脱这种啃数字的小人物的身份，把自己的品牌变成一个小有名气的特色人物！"

---

[1] 普华永道（Price waterhouse Coopers），目前世界上最大的会计事务所，规模惊人，在全球有155,000名员工和9,000个合伙人，年收入为150亿美元。

然后我告诉他应该如何详细地去做的时候,他却很激动地跟我说:"在那样的大公司里根本不可能做到你说的这些东西!"在争论这些问题的时候,我气得头都快炸了,估计他也差不多。

"凯文,你说的这些都是给自己拆台的废话!德勤这个公司不算小吧?从进入德勤的第一天开始,我就按照自己的方式计划着在德勤搞一些别人没有干过、没有想过的事业!我把自己的想法发给上级,甚至有时候直接发给上级的上级,几乎每天我都在这么干。我没有什么好怕的,最坏的情况又能如何呢?大不了我被解雇,反正当时的工作我一点也不喜欢。而我的选择是什么呢?我要努力制造一个职位,不管这个工作在哪儿,只要能让我干得高兴就行。"

在我的拓展培训公司中,我们开设的课程有职业学校的各种培训以及大公司的新员工培训等等。在培训过程中,我们努力一遍又一遍地让这样一个概念深入到学员心中,那就是你要靠自己,也只能靠自己来经营自己的职业生涯。作为一个创新者、思考者或者游说人,我在经历过的每一个工作岗位上都留下了自己的努力。刚毕业的时候,我作为一名管理实习生加入了帝国化工公司并给总裁先生发了很多邮件,提出了一系列的建议。没错,他从来也没给我回过信,但我却坚持一直发了下去。

人们确实会对你的性格和专业能力有一个估计,但是如果你认为不可能改变人们这种看法的话,那你就错了。你应该努力让大家认识到你更多的能力,这样就可以打破公司里限制自己发展的各种障碍。

彼得斯曾经提到过一个空中小姐的故事。这位空中小姐曾向公司提建议,在飞机上提供的每杯马提尼酒里只放一颗橄榄就可以了,用不着放两颗。凭借这一条建议,她所在的航空公司每年节约了4万多美元的成本,她也由此"一战成名"。现在这位空中小姐大概已经坐到了公司副主管的位置。

小说家米兰·昆德拉曾把调情比作是没有感情保证的性承诺。那么相对来说，一个成功的个人品牌就是能让你在各种新鲜经历中取得成功的保证。拥有这样的品牌后，人们就会觉得这个人总是能想出好的方案，而他发的邮件人们也都会认真地阅读。

要获得这样一个品牌，你必须坚持不懈地保证你所做的每一项工作都有额外存在的价值。而且我敢保证，不论你现在正在做什么工作，都可以往里边添加这种价值。比如说，你能找到点什么办法来更快更有效地完成现有的工作吗？如果可以的话，为什么不实践一下呢？为什么不把这种方法告诉你的老板，以便在所有员工中推广呢？或者你有没有在业余的时间开始新的工作计划？有没有研究出什么方法来降低公司的成本？只要有一条就可以了。

但是如果你完全不想冒任何风险，如果你时时刻刻都遵循着上下级的命令关系，如果你只是按部就班地完成职位描述中所要求的工作，那么你可能就难以打造自己的品牌了。只有那些有魄力来完成特殊工作的人才可能打造出自己坚固的品牌，那些只会循规蹈矩的人在这场竞争中没有立足之地。

你应该通过专心学习来培养和强化自己的某种技能，否则想要完成一些重要的工作恐怕不大可能。如果你想要让周围的人能够对你有一个新的认识，那么你就必须能做到让他人刮目相看。这就意味着你的工作成绩应该要超过人家要求的标准，这还意味着不能让你的简历万年不变，每年都应该有新内容写进去。而且你还要利用关系网内外的所有人来为你的目标或计划注入神奇的灵感和动力。彼得斯把这一系列工作称为"一鸣惊人前的准备活动"。

在现代社会，想要自成一体地做到一鸣惊人的话，有很多条路可以选择。但是这些道路却往往没有精确的方向，而要靠你自己的直觉走下去。在这个过程中只要遵循下面的原则就可以了：要行动起来，坚定自己的梦想并寻找自己的价值！创造一切可以创造的机会来建立你的个人品牌！

那么怎么才能干出一番独特而杰出的事业呢？怎么才能让你的名字在公司里变得响当当呢？怎么才能成为社交圈子中最炙手可热的人物呢？在努力的过程中，只要做到下面三步，就可以让你成为尽人皆知的明星了。

第一步：发展一种可以代表你的个性化信息

所谓的个人品牌，就是当别人看到或听到你的名字时脑海里浮现出的那种印象。像很多有意思的人那样，最好的个人品牌会携带着一种独特的信息。

像我们在上一章里提到的，在你为自己的存在增添价值的时候，当你在表达独到而有用的观点的时候，你的独特信息也就随之传播了出去。这种信息可以体现出你的名字真正所代表的人格含义。要让你的信息体现出更高的价值，那么你首先就要做到了解自己的独特之处，然后再想办法把这种独特用到你的工作当中去。这并不是什么太困难的任务，你要做的就是培养一种正确的思维方式。

你希望人们在听到你的名字时想到怎样的一个你呢？你能拿出手的最好产品和服务又是什么？你应该把你的能力和热情联系到一起，然后在市场上、在你的公司里去细心探索。

在你丰富自己的内涵、奔向自己目标的过程中，始终都在散播着你的独特信息。在行动之前你应该先坐下来搞清楚你要成为一个什么样的人，然后你要写下各个不同时期的行动计划，比如近10天要达到的目标，接着是3年内以至10年内的目标等等，最后你就可以按照这些目标的要求来规划和打造你的个人品牌了。你发出的个人信息中应该包括一些关键词，就是那些你希望人们在看到你的名字时能想起的有用信息。要达到这个要求你可以先问问自己最信任的朋友，看看他们会用那些词来简略地形容你的特色，不论是优点还是缺点。看看他们觉得你最具重要意义的品质和技能是什么。

以前当我急切地想成为《财富》500强某企业的首席执行官时，我发出的个人信息就包含这样的意思："基思·法拉奇是这个世界上最具创新精神的、最能按时完成工作的商界CEO之一。他在经历过的每一个岗位上都留下了很多的创新成果。而且不管何时何地，他所具有的激情总是能给人们带来光明。"

第二步：精心包装自己

除了你所说的话以外，绝大部分人会根据自己的视觉印象来判断你是一个什么样的人。我们实话实说，其实在任何领域的任何人，基本都是会以貌取人的，所以你的外表看上去必须显得光鲜，而且有专业风度。

在完成这一步的时候可以遵循一个广泛适用的规则：突出自己！风度很重要！不管你自己喜欢不喜欢，都应该注意自己的衣着、发型、名片、办公环境和说话方式，甚至连你所用信纸的抬头都要精心设计，不要小看这些问题，人们确实会注意到这些方面！这些都是对你个人品牌的一种设计，而且都非常重要。客观地看待你表现出来的外在形象，询问一下别人看到的你是个什么形象，然后再想一想你想要表现的和目前的形象有多大差别。

如果短时间内难以增加内涵的话，那么至少要打造一个别人可以看到的外表，因为这么做同样会加强你想留给外界的印象。马基·雅弗利[1]曾经评论说："每个人都能看到你表现出来的那一面，至于真正的你是什么样的，很少有人能知道。"

在年轻的时候，我常常戴着领结，我觉得这是一种可以给人留下长久印象的标记，结果证明它是有效的。那时我曾经不止一次地听到：

---

[1] 马基·雅弗利（Machiavelli），意大利政治家、历史学家。

"哦，你就是去年在大会上发言的那个打着领结的小伙子！"随着时间的推移，我已经放弃了借助领结这个标记来传播我的个人信息了，因为我的想法已经有所发展，我觉得专职于商业创新的我已经和领结这种东西不相符合了。

另外还可以搞一个个人网页。用网页来推销自己的个人品牌是一个廉价而非常有效的办法，在网页上你可以很有力地、清楚地阐述一个真实的自我。有了一个漂亮的个人网页之后，你个人看上去就和那些大公司一样显得体面而又专业了。

上边这些内容听起来有点琐碎，其实一点也不，因为大印象往往源自小细节。

第三步：把个人品牌传播开来

做到上边所说的几点以后，你就相当于开启了自己的"公关公司"。你要靠自己来经营这家"公司"，把自己的品牌传播开来，这也就是下一章的主题。你需要积极地参加各种会议，给行业杂志投稿，在公司内部刊物上发表文章，同时还要习惯于把你的创新建议发给你的老板。在你真正取得成功之前，在你的品牌变成无价之宝之前，不要计较你所做的这些工作有没有回报。这一切都是在为你的个人品牌充实内容。

世界就是你的舞台。你的个人品牌就是你的角色。你能向大家传播怎样的个人信息完全取决于自己的演技。所以，认清自己的角色，全力入戏吧！

第二十四章
传播你的个人品牌

　　看过前几章之后，现在你已经为你的个人品牌注入了一定的内容，品牌的形象已经初步成型，你干得相当不错，在自我经营方面已经有了一定的造诣。但是仅仅做到这样还是不够的。因为这个时候，除了你自己，别人根本不知道你有多么优秀，你和你的品牌现在只取得了部分的成功。事实上，接下来你就该开始扩展外界各层次对你的认识了，这样一来你就可以从自我经营的专家变成行业内的权威人士了。

　　自我宣传的任务就是要让自己多曝光。不过我可不是要你胸前挂着一个写着"我要上电视"的牌子站到大街上去吸引别人的注意。我先给你说几种非常有效的自我推广的方法，这会让外界更容易注意到你的存在，而且不用让你在大庭广众之下处于尴尬境地。因为我曾经有很多次这种尴尬的经历，所以我已经总结出几点，可以帮我来判断如何来宣传自己才是正确的途径。

　　增加曝光的次数，对你的职业发展很重要，同样对你扩展人际交往的范围也很有帮助，至于其中的道理你也许并不需要想得那么明

传播你的个人品牌

白。我们用一个很善于自我推广的名人——唐纳德·特郎普[1]来做例子，如果让你立刻说出几个地产大亨的名字，你能说上来几个呢？反正我只能想起唐纳德这一个人。那么为什么大家会把他看作是顶尖商人的代名词呢？因为在各种电视和报章的采访中，在他目前正在投资的电视节目中，他已经无数次地声称自己就是顶级商人。另外还有一个原因，就是他出版的《成交的艺术》这本书在社会上引起了很大的影响。

他这种自我推销的方式其实并不都是自负的成分（当然，即使一部分是自负我也不知道），他的做法还是有很多的经营道理在其中的。而且他叫得响的个人品牌现在也给他带来了很多的价值，他可以据此进一步创造新的价值，最终将品牌价值变成经济财富。所以当唐纳德濒临破产的时候，银行会拿出一种专门为那些处于挣扎中的大亨们而准备的预案来处理他的事情，以便给他更多的回旋余地。银行之所以这么做，并不是因为他们了解唐纳德以前有过什么出色的成绩，其实他们只认"唐纳德"这个名字。银行家们知道，如果在他处于逆境向其伸出援手的话，银行自身也会在日后得到很多的好处。没错，唐纳德是一位很有天赋的开拓者，但是世界上还有很多有天赋的人，他们为什么不能做得像唐纳德一样出色呢？这些人跟唐纳德之间有什么不同呢？答案就是唐纳德比其他人更善于推销自己。

事实上，那些未出茅庐就已名声在外的人们都有着很大的个人价值，他们很容易就能找到工作，而且通常他们都能够较快地跟别人合作，所以他们发展起自己的交际网来也不费吹灰之力。

我估计有一些读者看到这里已经急着表达不满了，因为很多人可能会这么想："我是一个内向的人，一般情况下我都不会先说我自己怎

---

[1] 唐纳德·特郎普（Donald Trump），世界赌王、纽约地产大亨、美国传媒红人、超级畅销书作家。美国目前最火爆的电视真人秀"飞黄腾达"节目的制片人和主持人。

样怎样。难道谦虚也有错吗？谦虚不是一种美德吗？"好吧，我可以这么跟你说，如果你愿意把自己的天赋和造诣隐藏起来，那么恐怕这些优点也就会一直沉寂下去。如果连你都不去推销你自己，恐怕天底下更没有别人会帮你推销了吧。

不管你喜不喜欢，别人对你的认知程度以及你工作的质量都直接决定着你能否成功。不过幸运的是，现在你可以依靠很多种新型的媒体或渠道把自己宣传出去。

那么怎么来宣传自己的品牌呢？

每一天，在报纸、杂志、电视以及网站上，你都会看到或听到很多有关企业的报道，大部分这种报道都是有关那些大公司或者知名总裁们的。但是这并不能说明他们比你我更值得被报道，这种报道都是在公司的精心策划和公共关系战略之下产生的。每家大公司都有专门的公共关系机器来负责塑造并调节公司的对外形象，当然有的时候他们做得也并不成功。

对于小公司和个人，就必须靠自己来搞公关了。但是只要有一个合适的策略再加上一点勇气，那么要在媒体上出现，并没有你以为的那么困难。记者们其实并不是你想像的那样经常在各处搜寻新闻线索。很多新闻故事都是来自于人们主动向记者提供的线索，而不是记者们去探访来的。而且记者们也和从事其他职业的人一样，都喜欢跟风。这就意味着，如果一旦有人对你进行了报道，那么其他的记者可能就会跟着来找你了。你可以给自己定一个概括的主题，这样就便于别人在网上搜索你的信息，这样他们就会发现原来已经有很多文章提到过你了，那么接下来他们就会想办法继续写你的故事。

一旦某篇文章帮你曝光之后，接着就会有很多记者看到你的存在，他们可能就会制造出更多关于你的文章，给你更多曝光的机会。一个记者工作的底线，就是要保证杂志或报纸的正常运行，而不是要做到完美。

传播你的个人品牌
CHUAN BO NI DE GE REN PIN PAI

你要从公关活动的视角来看待个人品牌的对外展示，你打算在展示的时候传播什么样的个人信息？如何保证这种信息可以按照你预想的方式传播出去？虽然你的个人关系网已经搞得不错了，每一个你所会见和交谈的人也都知道了你的能力，知道了你能给他们带来什么，但是为什么不把这种形象通过媒体传播给全国各地无数的其他人呢？

现在我们就说到主题了。

我已经提到过，当我作为CEO加盟YaYa的时候，这个公司实际上还没有过任何收入，也没有任何市场知名度。虽然我们是一群有梦想的创业人，但是我们还缺少一块市场。

然而当时还有一个叫做胖男孩的软件公司，他们的产品跟我们的差不多。他们当时开发了一个软件工具，可以简化当时的高端游戏开发工作。他们也在想办法找到适合自己的商业模式和赢利渠道。在刚发现的市场中，我们在为了建立自己的品牌而努力竞争。

在我们刚刚定义了"游戏广告"这个概念后不久，胖男孩就看懂了YaYa是如何开拓市场并把游戏产品卖给大公司赚钱的。他们很快就学会了我们的手法，把自己定义成了YaYa的竞争对手。当时他们跟我们的主要不同之处在于他们拥有的金钱远比我们多，他们拿出来的大笔资金足以让我们自惭形秽。已经没有必要再从其他细节上去比较两家公司的高低了，事实情况很明显，他们财力雄厚，我们几乎不名一文。

但是后来YaYa却变成这块市场的领导者。

答案就是我们制造了利于自己的言论。言论是一种分布广泛而有力的社会现象，它可以决定一个人、一家公司或者一部电影的未来成功情况。言论是每个有上进心的人都想掌握的一道难题；言论是一种民间的口口相传的力量，它甚至可以像施魔法般地把一个低成本的计划变成一个数百万美元的大手笔投资；在互联网的聊天室里，在体育馆和大街上，任何地方你都能感受到言论的巨大能量，各种人对独家内幕的好奇心都加强了这种能量的威力；言论，就是市场的兴奋剂。

我来举个例子说明言论是如何发挥作用的，大家还记得Napster[1]吗？刚开始是一群宿舍里的学生们想出了一个主意，他们发明了一个软件可以让网民在互联网上下载和共享mp3音乐文件。6个月之后他们在硅谷建立了自己的公司，然后一场针对音乐服务器的超大法律诉讼在全国闹得沸沸扬扬。即使最终的结果还是Napster不得不关闭了自己的网站，但是这个名字已经赢得了足够的言论聚焦，当然还有随之而来的500万美金的收入。

这种效果不论靠做广告，还是靠超级名人的鼎力推荐，都不可能达到。而Napster就干得很好，言论上的关注给他们带来了非常高的知名度。

作为一个市场经营者，因为职业经验的逐年增长，我已经弄明白了制造言论的几种方法。其中一种就是我所说的利用"催化时刻"。在观看一场大型足球比赛的时候，你有没有注意过？比赛的形势会在一瞬间变得对某一方非常有利，这一般都会发生在某个激烈的回合开始时，而且大部分情况下紧接着就会出现一些关键的精彩场面。言论的导向也是这样，它需要一个环境，需要那么一个关键的时刻，再加上一些内幕报道或者惊人的消息外泄——这种东西往往会马上在人群中传播开来。然而不幸的是，当时的YaYa不论是在资历还是经济实力方面，都不可能完成这样的一个大策略。

不过，想要让你的品牌变得红火起来，还有另外一个方法，你可以通过媒体来发布一些引人注目的新闻。杰西·文图拉在竞选明尼苏达州州长的过程中运用的手段就是一个生动的例子，当他和两个重要对手竞争得精疲力竭的时候，文图拉找到了一家媒体并说服其报道了他的一些事迹，比如他创造性地在竞选中使用了商业广告的手段等。

---

[1] Napster，美国著名网络公司，曾推出可以在用户间分享mp3音乐的服务，但终因版权问题和法律诉讼而关闭。他们的服务曾在全世界拥有上百万的忠实用户。

同样，我也在找各种引人注意的小故事，以便在媒体上制造言论。

媒体就是你用来吸引那些有影响力的人物的战场。所谓"有影响力的人物"，其实是那些搞市场的书呆子们的叫法，指的就是有能力为某个品牌引发一场言论的名人。这些人在人群中只占一小部分，他们往往能比一般人更早地适应新奇的产品，而且还能引发其他人的效仿。这类人往往不是名人就是专家，人们总是会相信他们所说的话。所以说一定要尽早发现这类人，然后把你的品牌摆在他们的面前，这是你的使命。

前边我曾提到的KPE代理公司就是我所要找的影响力制造者。作为一家从事前沿产品的互动营销和技术资讯类的企业，KPE很早就对我们所创造的概念表示浓厚的兴趣。在《财富》杂志的1000强企业排行榜中，他们是公认的可以准确抓住市场新趋势的公司。而且正巧，他们的企业策略负责人马特·林格尔和我曾因共同爱好而结识，我们曾一起关注过一个叫做"拯救美国宝藏"的历史遗迹保护公益活动。

我找到了马特，并且提议由他来主持撰写一篇介绍我们的文章。我知道来自客观角度的这样一份白皮书是非常有用的（每天都会有咨询公司把这样的研究报告作为讨论的热点课题），它会把我们的公司和产品送到很多名人面前，这样的效果靠我们公司自己的努力难以办到。为了这篇文章我和马特以及他的得力助手简·陈一起合作了好几周，从YaYa公司拿样品，采访我们的客户，介绍YaYa在经营过程中使用的方法和观点等等。在那些对我们的经营空间感兴趣的市场分析家找到马特谈话之前，我就已经找到了他们，告诉他们我们正在做的事情。

其实这就是我给了KPE再一次掌握前沿资讯和巩固潮流的领导地位的机会，借助于我给KPE的这个机会，我想他们一定会把YaYa的事情作为首要实例好好进行研究，这就是一种回报。后来那篇文章带来了很好的效果，我们也给新发现的市场确定了一个名字：游戏广告业（这多亏了简·陈的创意）。光是这个名字就引发了一阵不小的讨论。

从这个事情上我们可以学到一点，那就是你的公关工作必须做得贴近现实。一般来说，刚开始你只能从小范围做起，你必须要把宣传的精力放在本地报纸和高校学报的宣传上。或者就是本领域的行业杂志上。或者有可能你的宣传充其量只会作为一个白皮书标题列在某些咨询公司的网页上。但是这不要紧，我们的目的就是先点燃星星之火。

我们的白皮书完成后收到了令人惊讶的公众宣传效果，这多亏了KPE强大的公关工具（这也是我们YaYa所负担不起的）。之后YaYa立刻就成了本领域的领导者，而且我们还得到了更大的好处——我把马特和简·陈都聘请到了YaYa公司，因为我想要"游戏广告"的创始人不要离开我的组织。

不到一年，我们就上了《品牌周刊》的封面，之后报道我们的还有《华尔街日报》的市场版、《纽约时报》科学技术版，还有《福布斯》杂志的专题等等，这个名单还在不断增长。我一贯坚持和对手在各个方面竞争（基本上我都是被媒体免费邀请，而"胖男孩"却要为同样的机会而付钱）。虽然金钱确实可以取代优秀的公关工作，但是仅仅靠花钱，在《福布斯》或者《纽约时报》上登一篇文章是不足以获得足够的公众信任。

另一方面，我们的竞争对手只得到了很少的宣传机会，没有制造出独特的新信息。说到这里，其实成功的关键还是要有新内涵。一旦你有了新东西，你就有权力，也有义务赋予它一种可以吸引注意的气质。你必须给你的新东西揉入一种紧急的因素，让你的信息具有时效性。因为记者们一般会问："你的主意是不错，但是为什么一定要现在就报道呢？"如果不能很好地回答这个问题，那么你的文章恐怕就不能马上发表了。

在YaYa的这个案例中，我很鲜明地指出了几个问题：第一，游戏工业是一个娱乐事业中成长最快速的分支；第二，令人吃惊的是，在游戏业里大家都只知道单纯地制造娱乐和消遣，从来没有一个人指出过如何利用这种飞速的增长。但是认识到这些还不够，我曾给《华尔街日报》上一个名为"经理人日记"的专栏投过一篇稿件。负责这个栏目的编辑说他很看好这篇稿子，但是他却一再推后其发表，因为他要发一些更具时效性的其他稿件。所以后来我每周都重写一下稿件的简介，加入一些具有时效性的因素后再发给他。不久之后，那篇稿子终于变成了铅字。

在点燃了舆论的星星之火之后，你就要把你的主意交给记者们去传播了。你可能会误解为这是要操作媒体。那些不懂得进退的职业公关人往往会急切地"骚扰"记者们，他们不知道记者们已经受够了这些笨蛋塞给他们的毫无内容的文章。干媒体这行跟其他行业并不一样，他们要完成真正的工作，如果你们能帮他们更容易、更出色地完成工作，他们一定会对你非常有好感。

你应该从现在开始就跟媒体记者们打好关系，这样等你有消息需要发表的时候就不至于临时抱佛脚了。你要给记者们提供线索，告诉他们你所知道的一些内幕消息，还要跟他们多打电话、多聊天以保持联络。这样他们就会把你看成是一个主动而又容易接近的信息来源，也就有可能邀请你上电台、上电视去接受采访。所以当记者跟你联系的时候，千万不要说你没空。

举个例子，记得当初我作为德勤公司在业务流程再造方面的项目负责人时，曾和一位《财富》杂志的高级记者座谈，那位记者名叫汤姆·斯图尔特。当时是我的公关公司介绍汤姆和我认识，而且我已经做好了要表现一下的准备。我事先读过了他在近5年内写的每一篇文章。在跟他交谈的时候，我就提起了数年前他在某篇文章里说的一个没有实现的预言，当然这个玩笑般的讽刺可以拉近我们的关系。后来我们还谈了一些时下的话题，我要让他觉得我是一个对于他来说有用的人，可以帮他了解潮流的发展，可以通过我接触到更大的关系网。当然对于其他主要报纸和杂志的记者们，我也会给他们留下相同的印象。

当初汤姆和我可谓一拍即合。他精力充沛，头脑聪明，有好奇心，而且性格极具感染力。因为他已经答应了下次会跟我一起吃饭，所以我希望我能为他帮点什么忙。这种交往不仅仅是两个人互相的欣赏。我做好了准备，这样别人从我的言谈举止中就会觉得我是一个专家。因为当我有什么不明白的东西时，我一定可以通过汤姆找到一个明白人。如果你不像我这样做，如果你总是在别人问到你的时候谦虚地说，"对不起，我不是这方面的专家，所以我也不大清楚"，那么人们就会觉得既然你不是专家干吗还要来浪费我的时间。

不过，我从来没有要求汤姆专门为我做过什么事情。我们一年见几次面，然后尽力地给对方以帮助。我记得有一次，在他的专栏上我看到一篇文章里涉及我们两个在几个月前讨论过的一个话题，但是一家德勤的竞争对手公司却被在文章中多次提到，甚至远多于德勤。这是第一次发生这样的情况，我觉得非常生气。我本能地要立刻拿起电话找他表达我的不满，但是我忍了下来，没有那些做，只是打了电话请他一起吃饭。

你是不是觉得这么跟媒体打交道太浪费时间了？但是如果你觉得这种交往有利于你公司的成功，如果你喜欢跟媒体的这种互动，那么这些时间就是值得花的。在德勤公司供职的时候，如果我上了电视，那么我就代表德勤上了电视，如果我上了《财富》杂志，那就代表着德勤公司在生意发展中获得了财富。

只要假以时日，你用在和记者们建立关系上的时间总会带来回报的。比如我和汤姆，我从这段关系上获得了很多好处，包括个人的和事业上的。因为我遇到了这么一个记者朋友，所以我讲给他的故事他都会在杂志上再讲给别人，这样一来德勤公司的名字开始在《财富》杂志上频频地出现。我从来没有主动要求汤姆为我写过一篇文章，当然这不包括在我们吃饭的时候主动给它提供素材。现在，汤姆已经成了《哈佛商业观察》的总编，而且我还是一样会请他吃饭，并把刚听到的新消息告诉他。但是你应该记住，不要强行要求一个好的记者给你发文章。如果你有这种企图的话，那么可能你们之间在事业上的联系就要终结了。因为最一流的记者往往也有着最一流的职业道德。

在过了媒体关以后也不要掉以轻心，因为还会有其他的问题正等着你。有的时候你会发现你发现，媒体写的东西跟他们实际想要表达的东西之间有着很大差别。

在这一点上我曾经历过教训。那天我接到了哈尔·兰开斯特的电话，他是《华尔街日报》"个人职业发展管理"专栏的撰稿人。我清楚地记得那天是1996年的11月19日，因为他发的那篇文章是把我作为主框架的，而且我也在此上了永生难忘的一课。

在刚接到哈尔的电话时，我非常兴奋。因为他是一位来自知名报社的知名编辑，他主动打电话来问我正在忙什么，而我只是德勤公司的一个新人，你说这不该高兴吗？但是，故事实际上却没有朝这个方向发展，不过兴奋在那个时候已经占据了我的大脑。他说他正在写一篇文章，有关于改进普通的工作流程。他预测说，等到"业务流程再造"活动结束的时候，不光是受此项目影响的人会受到很大冲击，就连发起这个活动的领导者也不会幸免。

当时我没有听他继续详说，而是尽力地去表达我自己的真实想法以给他留下印象。现在想来那真是大错特错！因为如果一个记者给你打电话陈述他的观点和他要发表的主题时，那他一定是希望用你来作为一个例子以支撑他的文章。很少有记者在听完你的反面意见以后说："哦，天哪，你的观点才是对的，我所想的几乎全盘错误。"但是我自己后来还觉得，我帮助哈尔改正了他的观点。然而实际上，他已经把我的观点彻底排除了。

我还花了很多时间来跟哈尔长篇大论了一番。我告诉他德勤公司以前是怎样按照普通流程工作的，而现在这种流程方法就要退场了。我跟他说，我正在德勤主导一个新鲜而令人兴奋的市场类项目。我还强调说："我正在给传统资讯公司的市场带来根本的改变。"

他无视我的兴奋，问道："你就没有觉得以后的业务流程再造工作会把你自己的位置也动摇了吗？"当然，我勉强承认了，因为这确实会给我带来一些变化，但是只能伤及皮毛。他想让我说我已经感到了无助之类的话，但是我却被自己的想法搞得不冷静了，我还以为这次谈话大大地拉近了我们的关系呢。

等到文章登出来的那一天，我兴冲冲地跑到报摊去看。在那里，每个人都在读者一个引人注目的标题："一段衰减期并不意味着整个事业的终结"。在标题的下边我的名字被印成了大号的黑体字："法拉奇先生表示，要改变业务流程其实很难，但他个人乐意把业务流程再造这样的项目当作是一个机会。"

你看，他在暗示我的事业已经衰退了！这相当于给了我当头一棒。我的老板甚至挖苦我说："我听说你已经不行了，没有人来报道你的消息了。这真糟糕啊，是不是等你找回状态之前我们可以省下花在你身上的那一大笔银子了？"

所以一定要小心，要认真地去听那些记者所说的话。如果他们往东说，那么不管你说什么，最终发表的文章肯定就是向东。

说到这里你已经了解了更多情况了，那么接下来就可以为自己造言论了。下边给你提几个用以打造个人品牌的公关行动纲领：

最好的公关代表就是你自己

你必须靠自己来管理跟媒体的关系。虽然公关公司可以在这方面起到一些帮助，但是这只是一个辅助作用。好的公关公司可以作为战略合作伙伴，但是最终新闻出版业者还是想直接跟公关背后的大人物——也就是你——交谈。目前所有关于我的大型报道都是我亲自跟媒体接触的结果。没错，一个公关公司可以帮你跟媒体建立一些关系，但是在你事业的初期，你可能根本用不着也请不起一个公关公司来为你服务。

在讲述你的故事时，难道谁会比你本人更为可信、更有激情吗？从现在开始，就去主动联系负责报道你这个行业新闻的那些、记者，请他们吃饭，或者发一篇新闻稿给他们。写新闻稿并不是什么神秘的事情，不过就是写上两三段文字来描述一下你的那些值得注意的事情，这一点都不难。

记住，搞媒体工作的人大都性格风趣，头脑灵活，富有情趣。他们的职责就是追逐世界上所有正在发生的事情。他们需要我们正如我们需要他们一样。虽然你有新闻的时候不一定正好就是他们需要的时候，但是只要稍微有点耐心，他们一定会回头来找你的。

了解媒体的处境

我已经说过，有的人会拿着一些明显没有思想内容也没有观众定位的东西让媒体发表，这种事情是记者和编辑最反感的。所以你要记住，媒体也是企业，也要做生意，哪个搞媒体的不追求收视率和发行量呢？而追求的唯一途径就是满足他们所面对的观众。在跟编辑和记者聊天的时候，如果提到某些新发表的文章，我往往会说："我本人就是你这本杂志的热心观众，那几篇文章我非常喜欢。现在我手头正好有个故事，思考了很久之后我觉得你的读者们一定会喜欢的。"这么说也并不是我在撒谎，一般在跟记者和编辑见面之前，我会花很多时间来了解他们所负责的范围，去读他写过的文章，而且还要了解他所在的媒体偏好的新闻是何种类型。

找准报道角度

俗话说，没有新故事，只有新方式。所以在发表你自己的声音时一定要先找一个创新的观点，然后你所表达的东西才会显得新鲜而原创。什么是创新呢？就是任何代表最时尚的东西！比如说你打算开一家宠物商店，如果你想要在一家关注创业者的杂志上发消息，该怎么写呢？你大概需要讲明的就是在目前有一股开设本地零售店的创业浪潮，而你的商店就是一个很好的例子。然后再写上这股浪潮兴起的原因，并给读者提供一些你的经验，说说你的项目给社区带来了什么特别的好处等等。最后再添加一些特殊的催化剂内容，比如你正在出售的哪些动物是别人所没有的，或者你打算拿一些小狗送给孤儿们做礼物。这些内容正是值得当地报纸和杂志刊登的。最后，拿去发表吧！

从小处着手

你是比尔盖茨吗？不是！阿司匹林是你发明的吗？也不是！既然这样，恐怕不会有《纽约时报》的记者主动上门来采访你。那么就先从当地媒体着手吧。把你周围可能会对你的内容感兴趣的报纸和杂志都记下来。然后试着跟他们联系，比如校报、社区报纸或者那种免费的行业快讯都可以。在这个过程中你就点燃了事业的星星之火，也可以慢慢地学会如何跟记者打交道。

让记者高兴

记者总是急匆匆的，没有耐心，他们每天都压力很大，时刻想着要取得过人的成就。你要跟上他们的步伐，不管他们什么时候给你打电话都不要说自己没空。千万不要拒绝任何一次采访要求。如果他们在写稿子的时候需要用到你认识的人，那么一定要尽力帮他们联系。

掌握言简意赅的艺术

你能不能在10秒钟之内就给出一个让记者报道你的理由？如果不能的话，那么很多电视制作人就会认为你花的时间太长，他们会因此失去那些没有耐心的观众。这样一来，记者们可能就把你排除在报道名单之外了。

因此不论在电话里还是文章中，你都要学会言简意赅地表达意思，对于媒体来说时间就是金钱。我们可以看看现在电视讲话时间的变革：在30年前，每个总统候选人平均有42秒的时间来发表感言，而现如今这个时间有时候已经缩短到了7秒钟。如果总统都只有那么短短的几秒来表达看法，那么你觉得自己会有多少时间呢？所以要根据你的论据来思考，从自己的故事中找三个最重要而且有意思的亮点，然后用一种有特色的、快速而又容易记住的方式讲给别人听。

别当讨厌鬼

对自己适当的推销并不意味着要当一个讨厌鬼，这两者之间是有区别的。如果我的意思被媒体拒绝的话，我会问问要怎么做才可能让它发表。虽然有时候不管你做什么都入不了编辑的法眼，但是还有一些情况你可以多问他们几个为什么，深入地了解之后再把你改进后的想法拿给他们。有一点闯劲不是什么坏事，但是要注意对方的信号，如果人家已经开始讨厌你的话，那么就在适当的时候收手吧。

谈话记录很重要

要小心，你所说的话有可能会反过来伤到你自己，就算你认为自己说的某些话是非正式的或者你只是在转述，因为记者们总是会用你的话来给他们的文章着色。在这里我并不是提倡沉默是金，沉默是那些企业关系主管的做法，在出版界没有一个人喜欢这种方式。你一定要记住：就算是你跟他们打好了关系，也不能说明所有的媒体都会对你有利。

传播有价值的信息，而不是你个人的名字

曾经有一段时间我不大明白"名誉"和"名声"之间的区别，后来才知道这两者大有不同。在职业生涯的初期，我花了很大工夫来吸引别人的注意。虽然也算是建立了自己的特色，但是当现在回头去看的时候，觉得当时我建立起来的个人品牌并不是我想要的。不管是用在宣传、升职还是塑造个人特色上的努力，一定要以服务你的事业目标为准则。如果你所做的一切仅仅是让你这个人出名的话，那么你会发现自己的名声恐怕并不好，而且它的影响可能会跟随你一生。不过我还比较幸运，现在看来我当初的错误除了浪费了一些时间以外还没有其他的坏处。

把记者当成你的其他朋友一样来对待

跟其他所有的朋友会面一样，当你跟一个来自媒体的人在一起时，你的主要目的就是让他能够通过交流而对你产生好感。记者也是普通人（至少大多数是），你的热情也会帮他们减轻辛苦工作带来的疲劳。甚至就算是我觉得某篇文章对我有不公正的描写，我也还是会欣赏他为此付出的辛勤工作，而且不论这家媒体的大小我都会发邮件去问候。由于职业的身份，记者往往都善于交际。当你接触到他们那种大范围的交际圈之后，你就明白找记者来做朋友是多么有用了。

学会"攀高枝"

你应该找一个出名的实体，然后把你发给媒体的故事跟这个实体捆绑起来，比如一个政治家、名人或者商业大亨都可以，他们的名气会让你的故事看上去更真实可信，因为对于媒体来说很重要的一点就是，他们总是需要在版面上有名人的痕迹出现。如果你的故事提到了某个他们接触不到的名人，而你又能给他们提供一个联系的桥梁的话，

他们就会对你的其他要求做出让步。或者有些时候你只需要在故事里提到某个你其实并不认识的名人，然后记者们自己就会想办法去找这个人的。这样你就给了他们一个采访名人的理由，你善待记者的任务就算完成了。

一定要经营你的成果

如果有一天你完成了上边所有的艰苦任务而刊发了一篇优秀的文章，那么就没有必要再谦虚低调了。下一步可以把你的成果到处散发，比如转发给你的校友会刊，更新你的学校档案，让你的文章覆盖到尽可能大的范围。我在发邮件的时候常常会把跟我有关的新文章作为附件一并发出，并且还附上一句玩笑似的话："法拉奇在自我宣扬中的又一次无耻企图。"虽然大多数人都不会看内容，但是这就足以让你留在大家的视线中了。

增强自己的形象，条条大路通罗马

你有数千种各种各样的途径来让别人了解你的专业水平，比如从事第二职业，你可以用自己的业余时间来接手一些自由职业工作，这样的经历可以帮助你在新的领域内接触到一大批人。或者在上班的公司里你也可以承担一些职务之外的任务，这样可以显露出你的其他才能；你还可以在公司里办一些学习班或者研讨会。在开小组讨论会的时候你也应该多发表意见。这么做的重要意义就在于你必须把自己的成绩传播出去，而在这个过程中，你的朋友、同事、客户和消费者都是最有力的帮手。他们对你的评价将最终决定你个人品牌的价值。

第二十五章
写作能力

在人际交往中有一个秘诀，虽然不是很大，但是总有一天你会用到。

你的文笔怎么样？如果答案是肯定的话，那么我们就可以好好地来利用一下了。如果你想要跟什么人打好关系的话，可以写一篇有关他的稿子，就算你的文章只能在小范围内发表也会大大地拉近你和对方的距离。

你也许会说："我？写作？我可没长一个莎士比亚那样的脑袋。"对，你说的没错，不过几百年以来也没有谁有着莎翁那样的才华，你还怕什么？

在今天这样的信息时代，互联网站和书报摊到处都是，你可以找到任何一种你能想象到的出版物，所以每个人都可以成为作者，而且你应该明白，写作对你的职业发展会有很大帮助。文章有一种直观的可信度，可以成为你自我推销的最佳武器。好的写作能力应该是你最需要的一种技能，它可以让你有能力和那些大人物打好关系。

要做好这一点，首先你要打消自己脑海里有关写作的那些不切实际的念头。记得我还在哈佛商学院上学的时候，我一直梦想着要在《哈佛商业观察》上发表一篇自己的文章，正好有一次我有幸遇到了一位客座教授，她曾有过很多非常出名的文章和著作，于是我就问她怎

写作能力

样才能成为一名像她一样的作家。

她告诉我说:"写作……"

我皱起眉毛,点点头准备洗耳恭听。可是她却一言不发了,我问道:"然后呢?"

"写啊,先写点什么,等写完了之后可以动用一个小窍门——继续写!"

她说:"跟你说,写作是件辛苦的事情,没有什么秘诀可言。各个层次各个领域的人都可以写一些东西。成为一个作家所必须的东西只有两样,纸和笔,然后把自己的思想表达出来就可以了。

多么智慧的回答。想要写东西吗?那就写吧!想要发表文章?那就给编辑打电话告诉他你要投一篇什么样的稿子。虽然你第一次的尝试可能会惨败,但是世界上没有什么不能改变的事情,能不能成功要看你怎么做了。

很多商业文章都是合作完成的。渴望得到别人的认同是好的想法,但是很多忙于工作的职业人士往往没有太多的业余时间来写出一篇像样的文章,所以他们很可能会选择各自拿出一部分专业知识来协作完成。

我在跟别人合作写文章的时候会采取一种简单的方法。首先,要确定你要写的内容,你应该找一找在你的行业里或者职业生活中有哪些大家可能感兴趣的热点,或者想一想你是不是在某一方面的工作上有独到的见解或者发现了什么可以提高工作效率的方法。

一旦你找到了某个你愿意探究的有趣的主题,如果你觉得别人可能也会对此产生兴趣的话,那么就找一家发表此类文章的出版物,跟他们的编辑联系一下。不见得非得要把你的文章发在《纽约时报》这种大刊物上面。比如社区报纸、业内时讯甚至是公司内部的出版物上也会有很多空间供你投稿的。

当你拿出一个点子提供给编辑的时候,他会怎么说?一般都是这样的:"嗯,你的想法听上去是不错,可是我很忙,恐怕得挂掉了。什么时候写完了给我看吧。"几乎每个编辑在遇到这种情况的时候都会这样回答。

在你打算要写某方面文章的时候,你的身份就不再是个普通人了,你现在就是一个准备往报纸杂志上投稿的准作者了。所以接你电话的人也不再是随便找来的什么人,他的身份就变成了你写作方向上的顶级专业人士,他一定是经过你仔细考察后才被选定的。

当你给某人打电话定下一次采访安排的时候,你已经在不知不觉中就为自己找到了一个非常棒的发挥环境。这种机遇肯定是你非常希望得到的。因为你的访谈对象一定对你选定的话题非常了解,所以你一定要花时间让自己了解一些这方面的最新信息。你要传达给大家一种概念,那就是你有潜力为大家提供有价值的信息。当你和他人在某个话题上达成相互理解的时候,你们之间的关系就会拉近很多。

在很多情况下,我都会把提供最多帮助的人的名字一起署在标题下面,我希望跟他们分享文章带来的声誉。在跟合作者初步接触后,你要先向对方说明一下你对他们的独特见解印象深刻,还有你很高兴能和他们一起来完成这篇文章。这样你就可以把精力都放在调研和写作上了,他们自会拿出时间和精力来给你帮忙。当正式展开工作之后,你就可以请求他们——或者他们也有可能自觉地把各自的关系网提供给你,你就可以利用他们的关系来搞一些更为深入的调研和采访了。这样一来,你不用花很多时间来专门拓展关系,你的关系网自然就会达到指数级的增长。

这么做之后,你觉得结果会怎么样呢?其实一旦文章投出去了,不管能不能发表,在组织文章的过程中你已经学到了很多的东西,而且更重要的是你已经认识了一群可能对你的发展大有帮助的人,从此以后你就有一个很好的理由跟他们保持关系了。

第二十六章

开拓眼界

有了宰牛刀，就别光找鸡来杀。

——唐纳德·特朗普

著名共和党政治家纽特·金里奇[1]是白宫最头疼的人物之一，他经常提到一个很有名的狮子和田鼠的故事。他说，狮子捕猎能力很强，如果去抓田鼠的话简直轻而易举，可是如果狮子只抓田鼠这种小东西的话，最后一定会饿死的。

这个故事告诉我们：有时候就算要花很多时间和精力，我们也应该把目标放在大的猎物身上，比如一只羚羊。虽然代价不小，但是收获更多。

你现在应该想一想自己是不是被局限在只能捕杀田鼠的框框之内了。如果答案是肯定的话，那么你就应该把自己的注意力转移到那些能帮你改变生活状态的人身上了。有一些人可以让你和你的交际活动变得活力四射。

在大家的概念里，追逐那些有权有势的名人是一件不光彩的事

---

[1] 纽特·金里奇（Newt Gingrich），美国前众议院议长，共和党保守派。克林顿执政时期，他是克林顿的敌对角色。

情。我们从来都被灌输这种概念，认为那是一种空虚浅薄的表现，大家都觉得那是一条为了出人头地而走的旁门左道。在这样的观念下，我们往往会压制了自己的进取心。很多人经常会买一些名人杂志和商业杂志，比如《人物》、《美国周刊》或者《财富》等等，大家都想成为这些杂志里的名人，可是却把自己定义在跟他们完全不同的层次上。

我个人觉得，有针对性地追赶世界潮流绝对是一件无可厚非的事情。追寻生活中那些强力人物的影响，并没有什么愚蠢或者错误可言，这些行为对我们的生活是有益的。而且不管你追求的目标是什么，一定会有很多人在跟你追寻着同样的东西，所以你可以从他们那里得到很多帮助。

为什么那些成功人士的生活对我们有这么大的吸引力呢？如果把自己和别人的成就比较一下，我们就会很清楚地看到，如果谁跟成功人士的联系越多，那么他的雄心壮志也就越强。

如果有人认同我们的这种观点，那么他往往就会具有我们所钦佩的品质和能力。这些人大都有冒险精神，他们可能都是凭着自己的激情、专注、刻苦工作和积极的态度才最终取得了伟大的成就。因为他们曾克服了那么多的困难，所以才能取得令人钦佩的成就。

当然，任何人都可以通过自己特有的方式来成名。我对出名的定义就是，一个人如果能在某个特定的群体里获得很高的认知度，那么他就算是名人了。换句话说，声望是和生活环境相关联的。在大学里，往往是系主任或者某些获得终身职位的教授会得到大家的公认；在美国西部的一些小镇上，出名的可能会是本地的官员、企业家或者那些敢于坦率直言的常住居民。如果离开他们各自生存的环境，把这些人放到一起可能根本无法进行比较，但是在各自的环境中他们就是名人。这也就是大品牌总是喜欢找名人做代言人的原因。名人做代言人，可以利用自己的知名度为公司带来一种正面的形象，这对于吸引消费者来说非常重要。对于培养你的个人品牌来说，找一些某个小范围内的名人同样可以起到这样的作用。

这个道理就是社会学家所说的"关联的力量"——当把某些事务跟某些有影响的人建立一种关联之后,事务本身也就有了影响力。在生活中,这种力量发挥作用的例子随处可见,有时候可以通过内部关系得到这种力量,比如在公司里,某些私人秘书或者挡箭牌式的人物也许在公司的职位层次很低,但是因为他们往往能直接接近公司的CEO,所以也会显得比较有影响力。

某些表面的关系,比方说如果可以跟有权力的政治人物、知名的记者或者媒体上热炒的红人搭上关系的话,也会在特定范围内对个人形象有很大的影响。正因为如此,所以很多刚起步的比较聪明的小企业往往会邀请一些商界名人加入他们的董事会,这会给新的公司注入一种较为公认的可靠性。当然,如果能引起一些强势人物或者知名记者的注意,对你来说一定是很有好处的,你和你的公司可能会获得很高的新闻曝光率,而且你的一些慈善行为也会很快被公众知晓。

名气会有泛化的效应。实际上,如果你花费了很多时间交际的那些朋友都没什么名气的话,那么这种交际并不能给你带来很多帮助。那些成功的人一般都很善于跟其他成功的人士交际,他们能让这些朋友都留在自己身边。而且这些人往往都有些"魔力",这是一种难以形容的未知力量,他们可以凭借这种魔力把一些枯燥无聊的事情变得非常有趣。

现在的问题就在于,当你很激动地想着要去认识名人的时候,他们可并不热衷于要认识你。那么,我们该怎样接近那些名人呢?

这个问题的确不好回答。当然,如果你意图良好,态度诚恳,其实不用很刻意就能跟他们很好相处。你应该先下工夫让身边的人对你建立起一定的交际依赖性,这样你就在小范围内有一些影响力了。然后你的交际圈很可能会为你提供和某些名人接触的机会,你可以邀请新结识的这些名人去参加你的聚会,因为他们的出现肯定能让你的聚会显得"星光闪耀"。我的意思就是只要你多跟外界接触，同时用上一些我在这本书里提供的方法，然后慢慢地就能向那些有影响力的人靠近了。

我这里还有几条多年累积下来的经验要告诉你。

一个名人会给我们的交际网带来非常大的影响，在明白了这个道理以后，我在跟那些名人接触的时候就不再畏手畏脚了。要是你在见到他们时表现出过度崇拜或者大惊小怪的话，很可能会浪费掉你在这之前所做的那些准备。名人也是人嘛。

在好几年以前我参加过一个聚会，那是《名利场》杂志在前俄罗斯大使馆举办的一个活动。在等着拿鸡尾酒的时候，我忽然觉得身边有一个人好像非常眼熟。开始我以为他是个政治人物，后来我猜他可能是隐藏在幕后的某个总统特别顾问之类的角色。

我猜得还算差不多，因为这个人是一个演员，他在《白宫风云》这部电视剧里确实扮演了总统手下的一名信息顾问，他的名字叫理查德·希弗。顺便说一句，之所以没有认出他来，主要是因为我对电视明星几乎一无所知。

就像偶然认识一个其他人一样，我先介绍了自己。他顿了一下，然后很有礼貌地向我问好，不过他没有主动介绍自己。我就问他："你呢？"他马上意识到原来我不认识他，然后就开口介绍了自己。最后我们交换了电子邮件地址，以后还一直保持联系。

我发现，如果想要跟那些有权势或者有名气的人相处，赢得对方的信任是最重要的。要让对方相信你是理智的，相信你不会有什么隐藏着的其他目的，还要让他们相信你不会用看明星的眼光来对待他们，这样他们就会把你当成是可以相处的同类来对待了。

一般名人会把与他人的前几次接触当成一种实验，他们会验证一下值不值得给予对方那样的信任。

不过具有讽刺意味的是，明星们的心理承受能力往往很差。很多情况下，他们心内的一些东西驱使着他们去追求成功。每天都有成千上万的人关注着他们的一举一动。世界对每个人都是公平的，名人们得到了很多东西，同时也会相应地失去一些其他的东西，比如私人空间。而且因为这个世界上奉承的话到处都是，所以名人们每天都要努力在他们表现出的公众形象与真实的自我之间寻找一种微妙的平衡。名人们常常会陷入到一种"入戏太深"的痛苦状态，他们觉得没有人能理解他们真正的一面。

跟名人相处的时候，你要让他们相信你所感兴趣的是他们真实的自我，而不是他们在公众面前的那种形象。所以你不应该关心他们的名气，而是应该关心他们真正的兴趣所在。当然，你应该告诉他们你很尊重他们的工作，但这不是你想跟他们交往的主要理由。

当然这种规则不能生搬硬套，因为有时候在跟某些特殊的人打交道时会遇到特殊的情况。所以，你需要用心去观察他们，找到他们的真正兴趣所在。

不久以前，我听过时任佛蒙达州州长霍华德·迪安的一场演讲，那是在一个周末聚会上。人们都在嘲笑这位来自小州的州长，因为这位并不知名的州长却一直疯狂地要去竞选美国总统。后来我还在华盛顿听过他的一次有关人权事务的演讲，而现在，他真的已经准备竞选行动了，虽然还没人把他的行动当一回事。

因为迪安和他的演说词让我非常感兴趣，所以我决定与他的一位竞选助手接近一下，那是一位弗蒙达州的骑警。我告诉他我是一名政治活跃分子，而且我一直都希望能跟那些想竞选总统的政治家聊一聊。然后这位助手跟我聊了很久，我还在那场活动中混在人群里跟迪安简单地说了几句话。

两周以后，迪安又出现在吉尔基金会的年会上，正准备再度发表那天我已经听过一次的演讲。这已经是我第三次看到他就同一话题发表演讲了，所以我觉得自己可以给他提供些建议以更好地感染听众。

我找到了那位骑警助理，问他能不能安排我再跟迪安见个面。在演讲台下，我们找到了正在做着上场准备的迪安。我跟他说我已经在不同场合下听过他的好几次演讲了，而且我跟他的助手也曾交流过，所以我可以给他提供一些想法，让他能够把演讲变得更有冲击力。然后我就告诉他什么地方要强调，什么地方要少说，什么地方可以完全不讲。当然我这么做是有风险的，但是不管结果怎样我又能损失什么呢？而且我的建议都是很真诚的。我很看重他有关人权事务的演讲内容，希望他能讲得更好。

演讲开始后，我坐在台下听着我的建议一个接一个地被他采纳了。那效果简直太棒了，这位弗蒙达州州长已经活脱脱是一个总统候选人了（虽然实际上还有很长的路要走）。等到演讲结束后，我跟他说讲得非常好，我决定立刻介绍他跟吉尔基金会所有的捐赠人认识一下。

几个月之后，在大导演罗比·雷恩的家里开了一场筹款晚会，我在那里又见到了迪安，这时他已经不再是一个不引人注意的候选人，大家都把他看成是一名很受欢迎的民主斗士。有人还想介绍我们两个认识，他问："州长先生，你认识基思·法拉奇吗？"迪安州长回答："我当然认识他，多亏了他我才能发生这么大的变化。"这个时候我才觉得我真的是给他带来了巨大的变化。

你只要记住，不管是有权还是有势的名人，首先都是一个"人"。他们也有自己的快乐忧伤，也有自己的希望和忧虑，所以如果你能帮他们达到一些目标的话，他们就一定会感激你，只要你能在合适的时间给于他们合适的帮助。

我发现在一些特定的场合很容易找到那些正处于上升期的或者已经成功了的人们，比如：

开拓眼界

青年总裁协会

这个组织已经基本上遍布美国各地，它的会员都是年龄小于44岁的总裁。如果你正在经营或者想要经营一个企业的话，有很多企业家协会可以帮你成为未来同行中的佼佼者。在任何行业都有这样的职业协会存在，比如画家、律师、电脑程序员以及清洁员，每种职业都会有这样一个联盟来维护会员们的利益。这些协会有着很大的力量，如果你加入其中并且能够成为群体里活跃的中心人物，其他那些有影响力的人物就会主动来跟你接触了。

政治基金会

虽然我曾作为共和党人参加过一次竞选，但是我从来没有在公开场合谈论过自己的政治情况。首先是因为我现在只会支持某个人或者某件事，而不会一味地只支持某个党。而且我现在认识的很多人不论是在民主党还是在共和党都能发挥很大的影响。现在每年我都会在国内举行3到10场的筹款活动，然后把款项用于支持那些我认为会带来积极影响的政治人物，不论他们是地区性的还是全国性的，也不论他们是民主党人还是共和党人。政治其实是一种能力、激情以及经济实力的综合较量。在政治上，今天你帮助的一个小角色很可能明天就成了可以帮你的重量级人物。所以你应该参加一些小范围的竞选。如果你肯直率地去支持某个可以点燃你激情的政治议题的话，那么肯定会有人和你志同道合的，找到他们一起奋斗吧！

讨论会

当你有某种独特的想法，并且愿意说出来，那么你凭自己的本事时时刻刻都可以成为一个名人。

当很多人聚在一起的时候，往往就很容易相处。这个世界上各种各样的集会不计其数，如果你已经找到了自己的激情所在，那么就可以查一查有哪个名人跟你兴趣相投，看看他们都参加一些什么样的会议。我感兴趣的两个方面就是领导哲学和人权事务，所以我每年都会设法参加各种相关的组织和会议，并争取在会上发言。我已经用这种方法认识了无数杰出的大人物。

非营利性组织

你可以找出几类你所看重的问题，然后对一些当地相应的非盈利组织给予支持。成功的非盈利组织往往能找到一些名人来参加以提高人们的关注程度。

实际上，参加这种组织的目的就在于要跟里边的名人们取得联系。

体育运动（特别是高尔夫球）

健身或者其他体育运动是一种可以认识名人的绝佳场合。不论是在操场上还是体育馆里，你都可以找到机会。在体育场上，名声已经不是人们看重的东西，人们看重的只是你的运动水平和球场上的友好关系；运动可以让人们暂时放下防备和架子。我想大概是游戏可以让我们回忆起小时候在街上一起玩耍的天真时代，所以运动往往可以帮助人们建立直接的精神交流；或者也可能是因为运动比赛的地点——比如高尔夫球的绿地和小山，往往远离公司，可以让人们从繁重的工作中得到暂时的解脱。

对了，说到高尔夫球，我一定要告诉你，在所有的运动场所中，高尔夫球场才是美国商界精英们真正的聚集地。我曾经零距离地观察过，那些高级总裁和公关经理们是如何拼了命地去挤进某个高级的私人高尔夫球俱乐部的，这个过程常常要花好几年的时间。为什么这些已经很有权势的男女们会为了玩几局球而忍受这样的事情呢？

开拓眼界
KAI TUO SHI JIE

当然是因为这些在球场上建立的伙伴关系，可以给他们的公司带来不可估量的帮助。

当然，俱乐部里有着非常严格的行为规范。不论任何时候，你都不能表现出要利用这里的关系来捞一笔的想法。在某些俱乐部里，就算是做出一些生意上的暗示也是破坏规矩的；其他一些地方如果你非要这么做也不是不可以，但是不能太招摇，你需要一点点地去试探。不过话虽这么说，其实每个热衷于打高尔夫的人都会承认这项活动会给他们带来无尽的商机。最后他们还是会跟彼此来做生意的，就算不在球场上谈，也会在比赛后的酒会上谈。每个打高尔夫的人都说这是一种非常有用的途径，因为这样的往来最后会让成员之间建立起大家真正需要的东西：信任。总裁们可以通过这种方法来检验某个未来的商业伙伴是不是够格，看看他们是不是跟自己的事业有所交互。当然也可以在球场上结识新人，并检验他们是不是符合自己的交际标准。

因为高尔夫这项运动的作用已经是大家公认的了，所以有很多途径可以帮你在各个层面上从这项运动中获益。几乎每个行业的协会都会组织常规的高尔夫锦标赛。

慈善团体、各种研讨会以及其他组织也会用同样的方法来接近那些名人团体，所以不用加入这些俱乐部，你也可以有机会跟他们一起参加活动。

对我来说，除了小时候当过好多年高尔夫球童之外，我还曾代表高中的队伍赢得过几次锦标赛冠军。但是现在我不打高尔夫了，因为这项运动对我来说花费的时间太多，每场4个多的小时的比赛让我很难承受。现在我只会和朋友们在某些大型活动上随便打一打。我现在最常参加的运动就是到巴里训练营去健身，或者在纽约的耶鲁俱乐部里打打壁球，也可能只是绕着中央公园或者好莱坞山跑上一圈。其实不管是高尔夫球、网球还是保龄球，参加什么运动项目都是为了跟他人交往，只要加入一些俱乐部或者其他组织，你就可以结识很多值得交往的人。

所以说，你必须花一些时间去跟那些比你更有智慧和成就的人交往，这并没有什么错。当你跟那些有权力、有影响的名人交往时，一定要有自信，不要觉得你配不上他们而自惭形秽。要知道，你本身就是一颗属于自己的明星，你有着自己的成就，你也会给世界带来属于自己的那份贡献。

第二十七章
功到自然成

　　党派也好，关系网也好，族群也好，不管你怎么称呼它，你必须得加入一个这样的群体才行。

　　作为一个年轻人，我可以把自己跟格劳乔·马克斯做个比较，跟这位著名的喜剧演员一样，我对那些主动要吸收我作为会员的俱乐部一点都不感兴趣。

　　当然，请不要把这种态度误解成自负的表现。我也懂得加入一个团体对我会有很大的帮助，而且我从来没有抱怨过没有时间去参加这样的活动。当然也不是因为我会在一群人面前感到害羞，我从来不会那样。

　　真正的原因是，那些主动要我加入的俱乐部往往没有什么价值，而那些值得我加入的地方，却不会向我这样一个不相干的年轻人敞开大门。

　　这些俱乐部有着一定的选人标准，这些地方往往都笼罩着一种权力的光环。每个人都希望能够认识一群志同道合的人来扩展自己的交际圈，这样对每个成员的发展都有好处。《财富》排行榜上500强的总裁们都很明白，如果想要办成大事——不管是政治活动还是大笔的生意——都必须借助别人的帮助。你接触的人关系越多、资源越丰富、影响力越大，你最终获得的成功也就越大。

这就是为什么只有少数人才能参加由世界各国政要和商业巨子参加的达沃斯世界经济论坛。在大型商业聚会上，我们常常会看到一些不出名的政治人物主动去联系那些大人物，以便能得到他们的帮助从而成为知名的政治家。

在达沃斯我们经常会看到，在几个人举杯之间，一些国际性的政策和很多数十亿美元的订单就这样定了下来。当然，我们绝大多数人不可能得到达沃斯峰会的邀请，但是其他的一些俱乐部或者组织却同样不会邀请我们参加，至少不会一开始就邀请你。那怎么办呢？其实我们都有着自力更生的精神——当我们爬不上那座山的时候，我们就要堆出一座属于自己的山来。

我有一个叫理查德·沃曼的朋友，是一名建筑设计师，20年前他想：如果能够把技术、娱乐和设计这三种因素结合起来，那么一定可以产生影响世界的新事物。他曾经在很多场合多次说道："我坐过很多次飞机，我发现人们在飞机上谈论最多的就是这三个方面的话题。如果谁说到自己感兴趣的东西时涉及其中之一，那么肯定也会提到另外两项。"所以为了把这三个领域内的人集中到一起，他在1984年开创了TED大会，TED就是技术、娱乐和设计这三个英文单词首字母的合写，最初这个会议只有寥寥数人参加，演讲嘉宾都是他自己的朋友。

20年过去了，这个活动依然每年召开。"以前可望而不可即的那种美妙聚会，现在就在TED。"TED现在成了最受欢迎的活动，它把娱乐消遣的生活和严肃无趣的技术研讨巧妙地结合到了一起。所以TED年复一年地吸引了越来越多的人来参加，他们的职业各不相同，科学家、作家、演员、总裁还有教授等等，三教九流来者不拒。在TED聚会上，如果你看到音乐人昆西·琼斯和传媒大亨默多克聊天，或者看到著名导演奥利弗·斯通和甲骨文公司总裁拉里讨论问题，你大可不必感到惊讶。

一般来说，举办大型高级会议往往是要赔钱的，但是TED每年却能得到300万美元以上的收入。理查德只雇了几个助手来组织这项活动，而且从来不需要向演讲嘉宾付费。到了2001年，他把TED以1400万美元的价格卖了出去，现在正在忙着组织一个叫做"后TED"的新活动，主要关注技术和健康的领域，这正是我非常看重的两个方面。

几年前我入职德勤集团后搬到了芝加哥居住，那个时候我也曾想要搞一种类似"后TED"的活动。那时我刚刚MBA毕业，芝加哥对我来说是一个完全陌生的城市。所以我到那里每认识一个人都会要求他们介绍一些朋友给我认识，并开始询问大家在芝加哥有没有什么适合我加入的组织，因为我想尽快融入这里的生活。我知道，这样的活动一定能给我带来很多生意上的帮助。

那个时候我真的太年轻了，根本没有人把我当回事儿。从传统观念上讲，交响音乐会和乡村俱乐部这样的活动是不向年轻人开放的。当时有很多的青年活动向我发出邀请，但是这些组织在我眼里级别太低了，我需要参加一些真正有活力的社交活动，我需要从根本上改变自己的交际状态，而不是去和一群20岁出头、忙着约会的家伙成天泡在酒精里。

在当时的情况下，我必须拿出MBA以外的其他个人筹码来吸引别人的注意。有什么诀窍能够让我尽快提升层次呢？答案可能是某些专业知识、业余爱好或者仅仅是你对某件事情的兴趣和激情，只要有了这些，你就可以在此基础上建立一个新的组织或者俱乐部。

任何一个俱乐部都建立在成员共同爱好的基础上，人们可能会因为有相同的工作、相似的哲学思想或者业余爱好而聚集在一起，或者仅仅是因为属于相同的种族，信仰同样的宗教或者源于同样的祖先。只需要找到一条大家共有的情况，就可以组织一个俱乐部了，换句话说，就是你需要给大家提供一个聚在一起的理由。

先找一个属于自己的特色方面，然后做一些其他人不愿意做的工作，这样就可以筹划一个组织了。然后可以邀请那些你想认识的人来加入你的活动，吸收会员一般并不是很难。像很多其他俱乐部一样，你可以先从自己的朋友开始，然后再是朋友的朋友。时间久了，这些人自然就会带来一些怀有好奇心的新人加入。

这是一种非常成功的模式，很多大买卖就是通过这样的方法做成的。我们可以想象一下那些成功吸引了很多用户的互联网站，他们很多都是围绕着某个主题展开的，有的是政治事件，有的是技能爱好，像iVillage这个网站的主题仅仅是：同为女性。很多网站通过利用人们的归属感发展成可以赢利的企业。你要明白，不论何时何地，如果可以召集一群想法相同的人，那么就可以从中获得无穷的益处。

那个时候我对一种很流行的商业概念非常感兴趣，叫做"整体质量管理"（TQM），这个爱好就是我当时的主题。我前边曾讲到过，从商学院毕业后我正是凭借这方面的能力从第一份工作中脱颖而出的。

那时候政府已经建立了一个全国性的组织，称为"波多里奇国家质量计划"，这个计划会对那些在"整体质量管理"方面表现突出的企业给予奖励。那时，我在伊利诺斯州创办了一个类似的非盈利组织，并向当地企业提供服务。由于看到国家的相关项目已经启动，我觉得要找到一些志同道合的人并不是一件难事，因为有很多属于国家计划的评审员和其他工作人员也居住在芝加哥，而且国内还有那么多大公司的顾问和职工，他们的工作都和"整体质量管理"有关。

为了吸引成员，我做的第一件事情就是谋求TQM专家和机构的支持。我先是去见了芝加哥TQM组织的领导丽塔，并邀请她加入了我的工作。随后她又找到了她的老板，迪克·托马斯，当时在芝加哥最有影响力的总裁之一，他说他祝我们成功，并且主动表示愿意以个人身份给予支持。接着在他的支持下，伊利诺斯州州长吉姆·埃德加也派了一位副州长入了我们的组织。这三个人的参与给我们刚启动的组织带来了足够的名人效应。很快我们就吸引来了一大群人，其中包括美国石油公司和拉什长老会医院的TQM负责人，他们二人随后还都拉来了各自的总裁。后来出现了一些我没有想到的问题：因为我是这个组织的牵头人，所以我要对它负全责，我必须为此去做很多很多的事情。不过幸运的是，最困难的阶段已经过去，名人们的加入给我们的机构来带了足够的可信度，所以接下来只要努力去做实质的工作就好了。

这就是"林肯杰出商业奖"的创建过程。作为非盈利的基金会，这个组织一直成功地运营到了今天，它已经帮助很多伊利诺斯州的企业和机构很好地达到了各自的目标。目前，这个组织已经拥有了一个大型的理事会、专职的工作人员以及数以千计的志愿工作者。而且，在创办这个组织仅仅两年之内，我就和芝加哥地区所有重量级的总裁建立了非常紧密的联系。

你从这个例子中学到什么了吗？我的意思是，不管是哈佛的MBA学位还是达沃斯的邀请函，其实都不如拥有一个积极主动的态度。如果你找不到一个可以加入其中并能让你发挥能力的组织，那么就先回头来看看你都有一些什么资源，比如某种专业知识、熟人、兴趣爱好或者经验等等，然后把某个方面的人召集起来，自己创建一个组织好了。

以前的俱乐部只有那些有钱的白人和他们的朋友才能参加，现在早已经不一样了，俱乐部里什么都可以讨论。比如一群推销员周末聚在一起抱怨一下工作的艰苦和磨炼；或者围坐一桌的女共和党人表达她们对执政党的不满；或者也可能是一群喜欢品尝红酒的人坐在一起说一说哪个葡萄酒商在办什么活动。总之，不管你是谁，也不论你想讨论什么话题，总会有这方面的俱乐部可以参加。

一旦和一群志同道合的人聚集在一起，哪怕是在网上聚在一起，你立刻就能从群体里获得很多自己一个人时所得不到的益处。你和群体里的同伴都能凭着群体的认同感而变得更有力量。如果说一群人仅仅是因为某个项目或者某个事件而结合成一个群体的话，那么等到事情结束了，彼此的关系也就结束了；可是如果你跟大家在俱乐部里（尤其是你自己创办的俱乐部）建立了良好关系的话，那么这种友谊就可以很多年一直保持下去。

著名交际案例

本杰明·富兰克林（1706-1790）

商业交际网，这个词直到1966年才成为英语中的一个词汇。但其实早在两个世纪以前的费城，年轻的本杰明·富兰克林就已经利用这个技巧成为美国最有影响力的人物之一，那个时候连美国本身都还尚未成型。本杰明·富兰克林，是一位人民所尊敬的爱国者、政治家和发明家，不过在获得这些头衔之前，他首先是一个非常成功的商人，他曾从一名雇佣工人成长为美国印刷业的大亨级人物。

让我们把日历翻回到1723年，那个时候富兰克林只有17岁，既没有什么成绩也没有任何财产。他曾跟着哥哥詹姆士学习过印刷业知识，因为在纽约没有找到合适的工作，所以怀着一腔创业的热情来到了费城。因为想要在这个完全陌生的城市里开设一家属于自己的印刷厂，富兰克林开始了在商业交际方面的努力。

7个月之后，已经在一家印刷厂里得到了稳定工作的富兰克林结识了宾夕法尼亚州当时的州长威廉姆·基思。这位州长鼓励富兰克林创办自己的印刷企业，并建议他去伦敦购买所需的一切装备。另外基思还答应向富兰克林提供购买印刷机和铅字时所需要的介绍信和资格证书。

可是等到富兰克林远渡重洋来到伦敦以后，他才发现基思根本没有给他提供所需的文书。富兰克林在伦敦花了两年时间才攒够一张可以回到美国的最便宜的船票。在穿越大西洋的航程上富兰克林又一次发挥了自己在商业交

功到自然成
GONG DAO ZI RAN CHENG

际方面的天赋，他在船上认识了一个名叫托马斯·邓汉姆的人，而在回到费城后，富兰克林得到的第一份工作就在托马斯的商店里当柜员。

不久以后，富兰克林又回到了印刷业，雇用他的还是之前那家印刷厂。之后，富兰克林拉了一群朋友成立一个在周五晚上活动的组织，"共读社"。他在自传中曾这样描述这个活动：

> 我为社团定下了这样一个制度，每个成员必须按照顺序提出一些问题来供大家讨论，问题可以涉及精神、政治或者自然哲学（就是物理学）；另外每三个月会员们还必须朗读一篇自己写的文章，方向可以自定。

"共读会"的成员都是一些年轻人，他们还没有什么声望，而且也没有取得什么成就，所以那些只为费城商界精英而开的俱乐部是不可能接纳他们的。像富兰克林一样，这些人都是一些小职员、普通人。毫无疑问，富兰克林是热爱俱乐部生活的。富兰克林的自传教给了后人很多东西，包括节俭、勤奋和谨慎，不过实际上他还告诉了我们这样一个道理，那就是每个人都应该加入一些社交群体，至少要加入一个。富兰克林相信，**一群志同道合的个体聚在一起时会产生一种神奇的力量**，这种力量会对每个成员的成功起到令人难以置信的推动作用。

我们再去看看1731年的富兰克林。因为这个时候他已经存够了可以开展自己印刷事业的启动资金，所以他投资了一家快要倒闭的小报社：《宾夕法尼亚州报》。通过清新的内容和插图——很多都是富兰克林自己创作的——以及大胆的派送方式，他将这份报纸变成了美国侨民圈子中很受欢迎的一份刊物，并开始从中赢利。这时富兰克林已经积累了足够的财富和名誉，所以他决定开始自己在公共事务方面的发展。他所做的第一件事情就是创办了费城图书馆社团，这是北美地区的首家公共图书馆，而且至今仍在运行。

图书馆的活动是富兰克林在费城最初的几项公共事务之一，在这些活动中，

富兰克林深切地认识到了交际网无可比拟的价值。关于曾经遇到的阻力,他写道:

> 在邀请人们加入图书馆时所遇到的反对和抗拒使我醒悟:假如你有一个很有用的计划,如果这个计划的实施可能会让你的名誉稍稍高出你身边的人,而且你还需要他们的帮助,最好不要对外宣布你自己就是这个计划的首创者。因此我尽可能地把自己隐藏起来,说这是几个友人共同的计划,我是受他们的委托才去访问那些他们公认的爱好读书的人并邀请他们参加。这样我的事情就顺利得多了,以后在这种情况下我总是这样做。

而且,这样的情况真的一步步地实现了。1731年在"共读社"的帮助下富兰克林征集到了第一批的50个订阅者,成功地建立了图书馆,接着在1735年他组织了费城的第一支城市巡逻队,然后是1736年费城第一支志愿消防队。1747年他建立了本地第一所学院,两年后这所学院变成了宾夕法尼亚州大学。通过发行公私合营的债券,富兰克林在1751年建成了侨民们的第一所医院;同年他还组建了全国第一家火灾保险公司。不止这些,1747年他组织了宾夕法尼亚州的第一支志愿民兵队;1756年他为费城引入了街道的建设、照明和清洁制度。所有这些事情的完成,从根本上讲都离不开富兰克林在个人和专业各方面广泛的交际网络,而且随着每件事情的完成,他不仅扩展了自己的交际圈,也获得了很高的声誉。

富兰克林于1790年4月辞世,那时第一任美国总统乔治·华盛顿执政差不多才一年。总共有超过两万名美国人参加了富兰克林的葬礼。

从交际网的角度,我们了解了富兰克林一生的光辉历程。从一开始召集志同道合的年轻人加入"共读社",到最后跟美洲最强力的人一同起草《独立宣言》和《美利坚合众国宪法》,我们应该可以从富兰克林的经历中了解到谦虚和团队合作的重要价值。

第二十八章
绝对不要傲慢

在下面要讲述的内容中,我必须要提到以前发生在我身上的一个令人难堪的小故事,这件事可能是所有"人际交往"课程中最重要的一个部分,如果不讲给大家听的话,我自己都觉得是一种失职。

这是一个发人深省的故事,我们应该从中学到"有所为,有所不为"这样一个道理。

追求强有力的人际关系网,本身并不是一件坏事。但是,当你越接近那些有权势的人,你就会越觉得自己随着他们一起身价倍增,能力大涨。这种情况会进一步推动你人际关系的发展,因为认识了一个有权势的人往往就会有机会再认识一个,然后一个接一个地你就认识了一大群。那就像是搭乘一趟有趣而刺激的顺风车。

不过你需要时刻警醒自己,既不要让这种虚荣和自负干扰到你的行为方式,也不要止步不前、飘飘欲仙,要有自知之明,千万不要在变成人际交往大师之后就因为种种原因而忘掉从前自己在默默无闻时的经历和价值观。

每个人都会有失败的时候。比如说,以前在某件事情上你屡试不爽,可是突然有一天情况完全变了,你该怎么应对呢?

那是在我读大学二年级的时候,我和另外一个同学决定去竞选市议员，当时大家都对小孩子参与地方政府竞选这件事感到新鲜有趣，所以很快就有一位《纽约时报》的记者采访了此事并发表了相关报道。

但是让我无论如何都没有想到的是，这篇时事报道竟然给我带来了那么惨痛而又有益的一场教训。因为我惹恼了威廉姆·巴克利，著名的耶鲁校友，他曾创办了保守派的《国家观察》杂志，并且出版过数十本图书，是个非常有名的大人物。

我是作为一名共和党人去参与竞选的。共和党那时需要一名候选人。在耶鲁，共和党是少数派，他们反对富裕自由主义者，认为那些人都是从匹兹堡[1]来的既虚伪又没有思想的"石头蛋"。当时我还是个不折不扣的毛头小伙，政治敏感性不强。当时我对学校里一个名为"保守党人"的团体比较感兴趣，那是一个温和而传统的保守派组织，这个组织的领导阶层所许诺的东西真正地吸引了我的注意。

这里我要先说一下，这个故事其实不是关于政治的，我将要讲到的重点其实是傲慢和自负。当时，我还没有意识到我那卑微的出身应该是一种力量的源泉，而我却把它当成了软弱的理由。内心强烈的不安全感让我做出了后悔莫及的事情。那些日子，我的领导风格完全没有凝聚力，在追求个人成就的时候，野心勃勃的我已经疏远了很多人，当我炫耀着自己刚取得的一点成就时，早已忘记了帮助我成功的那些贵人们。那时的我可以用八个字来形容：谦逊不足，傲慢有余。正如我爸批评我时所说的一样。我可能一直在向所有社团的人表达这样一种态度：虽然我曾经微不足道，但是现在已经跟你们一样棒。

我理所当然地落选了，但是《纽约时报》的那篇报道却被很多人注意到了。有一些人认为，能在耶鲁大学做一个共和党人是件不错的事。所以，选举过了几个星期之后，我收到了一封简短的信：

"我非常高兴看到在耶鲁大学至少还有你这样一个共和党人，希望

---

[1] 匹兹堡（Pittsburgh），美国钢铁产地。

绝对不要傲慢
JUE DUI BU YAO AO MAN

你有空来和我聊聊。威廉姆·巴克利"

威廉姆·巴克利竟然花时间写信给我,这真让我震惊不已。我也立刻因此成了小圈子里的名人。

当然,这位先生发出的邀请,我是一定要去赴约的。于是,我马上开始联系巴克利先生,约定见面的时间。他很亲切地邀请我到他家中,甚至建议我可以带些朋友一起过去。

几个月后,我和另外三个同学一起到达了康涅狄格州火车站,巴克利先生竟然亲自迎接了我们。他穿着旧的卡其布裤子,皱皱巴巴的老式衬衣。他开车把我们接到家里,见到了她的妻子,当时她正在花园里收拾。那真是荣耀的一天。我们一起喝了几杯酒,谈论政治,然后我们坐下来享用了一个长长的午餐。接着,我们在美丽的装饰有瓷片马赛克的泳池里泡了一个令人回味无穷的罗马浴。

我觉得机不可失,因为巴克利先生并不是唯一一个对母校的政治氛围感到不满的耶鲁校友,其他的保守派校友也在抱怨,许多人甚至不再提供赞助给耶鲁。我认为我可以想出一个万全之策,对学校和校友都有益。

于是,我建议说是不是可以由我们来建立一个基金。这个基金可以让那些不再赞助学校的保守派校友,重新有机会提供赞助给那些代表传统主义价值观的学生组织。耶鲁可以得到赞助而从中受益,保守派校友会因为尽到了回报母校的义务而感觉良好,学生也因为拥有更多的社团和更多的资金而高兴,一举三得,还有什么能比这更好呢?

我说出了我的想法,而且我认为巴克利先生非常喜欢这个主意。他告诉我,他曾经发起过一个基金会来创办一家学生出版机构,但这个机构尚未正式启动运行。他说那个基金中仍有一些钱,他乐于拿出来支持我的想法。至少,我是这么听到的。我兴奋极了,就怕美梦惊醒,所以也没有再确认。人们常会对你说"万事具备前不要轻举妄动",而我认为我已经万事具备了。

一回到学校，我就毫不掩饰我的激动之情。我告诉所有人，我是一个全新组织的领导。各位，我是不是很酷？我开始寻找其他可能对此事感兴趣的校友。我四处打电话介绍我的想法，还在周末的时候跑到纽约拜访对这个基金感兴趣的校友们。

我问他们，威廉姆·巴克利先生已经为这个基金投入了一些钱，你们愿意也出一份力吗？他们都答应了。所以每次从纽约返回，我都乐晕了头，我得意于那些有名有权的人给我钱（注意，是我，而不是我们）。

我可怜的同学得忍受我每次从纽约冒险回来，滔滔不绝地讲述我的最新进展。然后，来得也快，去得也快，我那短暂的名声鹊起，戛然而止。

有一天，不巧得很，巴克利先生在某个电梯里遇到了一个已经答应给我资助的校友。那位先生说："我参与了你在耶鲁建立的新的基金会。"而巴克利先生的回答却是："哪个基金会？"

巴克利先生竟然根本回想不起我们的谈话。或者也可能他当时说的是另一回事，而我自己误会了。不过那时，这些都已经不重要了。巴克利先生只能想起他说过自己停办的杂志，以及模糊地提及要在耶鲁重办。他告诉其他的捐助者，他并不是这个耶鲁保守派基金的创办人，不是像我之前说的那样。自此，一切都泡汤了。

我必须返还收到的资助，现在已经没有基金会可以存放它们了。巴克利先生不再回复我的电话。最重要而且令我震惊的是，那些和我一样兴奋的同去巴克利先生家的朋友们，当我请求他们帮我解释那天听到了同样的话时，他们都拒绝了。我的形象在很多重要人物的眼中顿时黯然失色。我在朋友们面前窘迫至极。而雪上加霜的是，耶鲁学报的人知道了所有的事情，他们画了一幅漫画讽刺我四面受敌，名声一落千丈。这真是自作自受！

现在回想过去，我庆幸有此经历。我学到了很多有价值的东西。

绝对不要傲慢

首先就是，我必须改变我的领导风格，把事情做好还不够，还要让你身边的人们觉得自己参与其中，而且不仅仅是过程的一部分，还是主导整个事件的一部分。我认识到，一个组织如果不能让所有的参与者都清楚所面对的事情，那就还不能称其为一个组织。而且我还认识到，世界很小很小，名人们之间都是低头不见抬头见的。

最重要的是，我明白了傲慢是一种病态，它可以让你忘记真正的朋友，忘记他们对你是多么重要。不管出于多好的目的，过于傲慢都会引起他人的愤怒，同样也会激起他们要把你打回原形的冲动。所以要牢记，在你攀登事业高峰的时候，一定要谦逊；帮助那些与你一起攀登的人。不要因为想去结交一个更有权势的朋友而模糊了你的双眼，你的价值恰恰在于那些你已经拥有了的朋友。所以那件事情之后，我又渐渐回到那些从小就对我很重要的朋友身边，我告诉我以前的良师益友，他们对我有多重要，对于我今天的所有成就他们都功不可没。

第二十九章
请教他人，教导别人，循环往复

每个大音乐家知道这个道理，专业运动员和世界级的CEO们也一样，几乎各行各业的成功人士都知道，如果没有一个良师指导，他们不可能做到最好。

现在商业界的人们也了解到了这一点。在一个高速率、流动性大的动态环境中，大部分组织由很多跨职能的小组组成，每个人都必须快速应对变化，而"教导"是使每一个个体发挥最大作用的最有效的策略之一。

许多公司已经开展了正式的内部教导项目，他们认为鼓励员工共享自己所知道的东西，同时也去学习他人的知识，是一种精明的管理方式。

在Ferrazzi Greenlight，我们与许多公司合作，开发这种内部教导项目，希望能帮助员工在少走弯路的情况下获得事业的成功，并最终建立起可以保障收入增长的强有力的对外人际关系。历史上最成功的项目之一，是1997年在新墨西哥的一个英特尔公司大型芯片制造厂里实现的。

负责开展此项目的人，希望能超越一个传统观念：指导，就是一个老手对新手的单向教育过程。

对于英特尔的人来说，公司范围内的教导，目的就是建立一种有凝聚力的学习网络，按照员工所需要的特定技能来组织人们学习，而不是按照工作头衔和资历。公司用一个内部网站和电子邮件来打破部门间的障碍，如果两个员工可以从对方那里学到不同的有价值的技能，则可以在二者之间直接建立伙伴关系。利用这个体系，英特尔能够使那些最有效的实践经验在公司遍布全球的组织之间以最快的速度传播，从而培养出业内最为出色的员工。

后来，"教导"的益处总算被商业界发现，并渐渐流行起来。在教导的过程中，导师和学生的角色不断发生互换，知识的给予和接受也来回往复，那些喜欢交际的人们早已熟练应用这种方法。

历史上再没有其他方式可以比"教导"更容易帮助人们实现信息、技术、智慧和关系的交换了。青年男女以当学徒的形式从各自的师傅那里学到职业本领；年轻的艺术家在拥有自己独立风格前，都要在年长的导师手下工作很长时间；新的牧师要花10年或者更多时间跟随年长的牧师，直到成为一个有智慧的虔诚的修道士。然后，这些人们才开始独立起来，拥有可以在本行业内取得成功的足够的知识和关系。

通过学习那些比我们懂得更多的人的生活方式，我们能开阔眼界。当我还是个孩子的时候，我发现，很多其他孩子拥有的机会——可以接触新鲜的事物和人，比如夏令营或者补习班——我都没有。因此我很快意识到，我要成功就需要依靠自己的决心、探索以及强烈的发展愿望；我还认识到我必须依靠那些可以给我提供帮助的人们：比如我的父亲，还有身边那些具有更多专业知识的人。

我父亲教我要自己去发现，发现那些我们认识的成功人士是怎样工作、怎样谈吐以及怎样生活的。他告诉我，我可以通过观察他们的生活方式来改变自己的生活。当然，他自己也在竭尽全力教给我他所知道的一切。

但他希望我能超越他所教给我的，像所有的父亲一样，他希望我能超越他，青出于蓝而胜于蓝。他给我自己走出去的勇气，放下傲慢和不安，去和他认识并尊敬的人们打交道。

或许他的这些关于教导的价值观来自于达蒙·伦允[1]，一个我父亲最喜欢的作者。达蒙是一个坚强的人，在六年级的时候辍学，然后靠着自己的奋斗直到成功，他写的那些关于坚强和乐观的故事，引起了我父亲在情感上的共鸣。

记得在我还不到10岁的时候，他就鼓励我骑车穿过泥泞的道路去拜访我们的邻居。到了上初中的时候，我就已经在和乔治·洛夫打交道了，他是我一个朋友的爸爸，我们这里的律师。

那时父亲还会经常带我去见沃尔特·斯灵先生，他是一个股票经纪人。当我从预科学校回到家里，父亲会带着我继续四处探访。我们去见那些父亲觉得可以让我学到东西的人，托德和朱莉·罗帕斯基，他们在当地开办了一家水泥厂，以前我父亲就是为他们工作的。还有冯特尼拉姐妹，她们曾经教我拉丁语和数学。我们镇里这些人，对于我们工人阶级的家庭来说是名人。他们是受过良好教育的职业人士，这就意味着他们可以教给我很多东西。

事实上，从我父亲的角度来看，每个人都有过人之处。每星期，当他和朋友们去参加当地某个晚宴时，他都会带着我。他希望我能与年长的、更有经验的人自如相处，不要怯于向他们寻求帮助和提出问题。每次我和爸爸一起出现在周五的晚上，他的朋友们会说，"这两位就是皮特（我爸爸的昵称）和小皮特（他的朋友对我的昵称）"。

现在，每当我回想起那些时光，心中都会充满感激和温暖。在我一生的每个阶段，直到现在，我仍然会努力去接触那些先驱者、大老板，还有经历过与我不同生活的人们。从某方面来说，我父亲和达蒙真的很明白这其中的道理，或许，比他们自己想象的还更深刻。他们

---

[1] 达蒙·伦允（Damon Runyon，1884-1946年），美国短篇小说家和新闻记者，擅长写有关纽约市社会底层人物生活的幽默小说。

的理念——你所接触的人对你将来会变成什么样的人至关重要——得到了现代研究的支持。哈佛大学的大卫·麦克拉伦博士对于社会上成功人士的品性做了研究，他发现，你所选择的"参考人群"以及你所相处的人，是决定你未来成功与失败的关键因素。换句话说，如果你与易相处的人打交道，你也会变得易相处；如果你与成功人士交往甚密，你自己也很可能变成成功人士。

接下来，我想通过自己在早年职业生涯中的一段经历，说明一下"教导"对我是多么重要。那是我在商业学校读书的第二年，夏天即将结束。那段日子我在德勤旗下的一家会计和顾问公司实习，当时公司为全国的实习生举行了一个年度的夏末鸡尾酒会。

在酒杯的碰撞声和人们礼貌的交谈声中，我注意到房间的一个角落里，有一些合伙人和公司高层人员，他们围绕着一个魁梧的、说话爽朗的白发男人，听他高谈阔论。其他的实习生都跟他们的老板们保持着安全距离，待在自己的小圈子里，但我径直向他们走去。实际上，我觉得就像我小时候骑车过马路去拜访邻居一样。

我直接走向他们的中心人物，介绍了自己，然后直截了当地问他："请问你是谁？"他带着我应该早就知道的表情对我说："我是这个公司的CEO。"周围的人都笑了。

他大约6英尺3英寸高，胸肌发达，而且非常非常直率。他是那种一到一个地方就能引起注意的人。"哦，我想我确实应该知道。"我回答他。

"是的，你确实应该知道的。"他说。他是在跟我开玩笑，那些能人志士经常这么做，他喜欢我的直接和放肆。他介绍了自己，说他叫帕特·拉肯多。

"拉肯多，"我说，"真是个不错的名字，犹太人的名字，对吧？"

他笑了，然后我们用各自懂得的一点意大利语聊了几句。很快，我们就开始深入谈到其他方面，我们聊到了各自的家庭和相似的成长历程。他的父亲也是第一代意大利裔美国人，给他灌输了很多我父亲曾教给我的价值观。实际上，我以前确实知道帕特，但是只闻其名未见其人。我听说过他的严肃作风——态度坚决、不知疲惫，但同时非常亲切。我当时就想，如果可以更深入了解他，或许是个不错的主意。

通过在鸡尾酒会上的接触，我们发现彼此有很多共同之处，这些共同点让我和帕特更加尊重彼此。我发现我们谈了这些以后，他紧接着问我夏天在公司实习的情况。那个晚上，我一直与帕特以及那些公司高层待在一起，直到天都快亮了。我并没有装模作样或者自吹自擂，也没有假装知道的比自己实际懂的更多。许多人相信那样做可以更容易接近在你之上的人，而事实上，这往往会自取欺辱。

记得父母告诉我在有些情况下要少说话，你说得越少，你听到得就越多。他们的告诫，让我从小就懂得如何引导一场谈话。父亲说，这是你向其他人学习的一种方法，收集细微的信息，用于以后达到更深入的关系。把自己当成对方的学生，确实没有比这种方式更能显示出你对他们的兴趣了。人们会渐渐察觉到你对他们的尊重，并因为你的聚精会神而感到高兴。然而，侧耳倾听对我来说并不意味着一言不发。我问了很多问题，通过我一个夏天的所见所闻提出了很多建议，还和这些公司的领导人谈论了对他们最重要的事情——如何使公司获得成功。

"教导"是一项必须经过万全准备后的活动，我们首先要检查自己是否骄傲自大，是否嫉妒他人的成功，然后当机会到来时再有意识地跟他人建立良好的关系。鸡尾酒会上当其他实习生看到帕特和领导们时，都觉得有压迫感和一点厌倦（大家都在想，我和他们有什么好聊的？），因此敬而远之。他们认为自己的职位和大人物们差之千里，因此觉得被排除在外，而正因为他们这么想，也就真的被排除在外了。

当我最终以MBA的身份从学校毕业后，我参加了几家公司的面试。最后我锁定了两家公司，一家是德勤顾问公司，另一个它的竞争

请教他人，教导别人，循环往复

对手，著名的麦肯锡公司。

麦肯锡在当时是顾问公司的黄金标准。对于大部分我的同龄人来说，选择哪个公司是毋庸置疑的。

然后，某天的一个下午，在我去参加麦肯锡的最后一轮面试之前，我接到了一个电话。我拿起话筒，那边传来了一个熟悉的爽朗的声音："接受我们的邀请吧，那你今天晚上就可以到纽约跟我和我的合伙人一起共进晚餐。"我还没有时间做出回答，他紧接着说："我是帕特·拉肯多。我想知道你是不是要加入我们德勤啊？"

我非常不安地告诉帕特，我还没有决定去哪呢。但是我想到了一个可以帮助我做出决定的主意。"我还在犹豫不决，"我告诉他，"但是如果我可以跟你和你的合伙人一起吃顿晚饭，或许我可以进一步了解公司的动向，以及该如何做出下一步的选择。"

"除非你答应到我的公司来，我才能带你去吃晚饭。"他说。

帕特又在跟我开玩笑了，这种招募员工的非常手段让我更喜欢他的作风了。"准备好去纽约吧，别担心，明天早上之前，我们会把你弄回到芝加哥，让你准时去参加那边的面试的。"他跟我说完这句话后就结束了通话。他又怎么知道我要去麦肯锡面试呢？

后来，我就和帕特以及他的一些合伙人围坐在Griffone饭店的桌子旁共进晚餐，Griffone是曼哈顿一家有名的意大利餐厅。席间，善意的玩笑和杯中的美酒一样，又多又猛烈。我们喝了一杯又一杯的啤酒，然后又喝了一点Cognacs（白兰地酒的一种，产于法国的Cognac）。在晚饭快结束的时候，帕特提出他的看法，并开始了一场令我为之一惊的演说。

"你以为你是谁？你觉得麦肯锡会知道你基思·法拉奇是何方神圣？"我还没能回答，他又继续说了下去。

"你觉得麦肯锡的总裁会知道你是谁吗？你以为他们的高层合伙人会在周六晚上跟你一起吃晚饭吗？你只会成为又一个不起眼的捣弄数

字的MBA。而我们关注你。我们希望你在这里能取得成功。更重要的，我们认为你可以给我们公司带来一些变化。"

"你究竟来，还是不来？！"帕特要求我现在就回答他。

噢！他的建议真是来势汹汹，但那时我本能地认为他是正确的。我知道他是对的。但是我不打算没有提出一点自己的看法就结束这顿晚饭。

"那么，我想跟你做个交易，"我说。"如果要我接受你的工作，唯一的要求就是，等我到了德勤之后，每年你要和我在这个饭店吃三次晚饭。你同意的话我就同意。"

他看着我的眼睛，然后绽开了一个大大的笑容，说："没问题！欢迎加入德勤！"

顺便，我跟他要求多开一点工资。他摇摇头笑了。这也没关系，提要求没什么难的，最坏的答案也不过是不答应而已。就这样，在我们到达饭店的这三个小时里，这个男人只字没提职位、工资，甚至一点也没说他希望我给公司带来什么样的改变，就直接说服我做出了对我至关重要的事业决策。

老实说，一开始我对自己所做的决定还心存怀疑。因为那时在顾问界，与麦肯锡相比，德勤只是一个没有名声的小角色。

但实际上，这是我一生中所做的最正确的一个决定。首先，在加入德勤顾问公司后，我被赋予了更多的责任，在接下来的8年里，除了顾问方面，我学到了更多东西，比大部分20来岁的年轻人学到的多得多。

第二，因为可以接近高层合伙人，我发现自己确实能给公司带来很大改变。

第三，最重要的是，我觉得自己找到了一个好的导师，这个导师有才能、有经验，并且愿意花时间精力从做人和专业两方面来培养你，这比只根据工资和名气找工作要重要得多。

请教他人，教导别人，循环往复

还有，那个阶段钱并不是最重要的。正如人们所说，学习在20，赚钱在30。帕特遵守了诺言，每年至少在Griffone饭店和我共进三次晚餐。在供职德勤期间，这位总裁一直都在关注我，他会在合伙人面前不断地问我问题。他一直都对我有所期待。

最后，理所当然的，我与帕特以及其他出色的人们走得很近，我们一起工作。这让我了解到，与伟大的人们、伟大的导师保持密切关系的重要性。但是，与帕特还有他的助手鲍勃·科克一起工作并不是一件轻松的事。我很艰苦地从他们那里学到了很多东西，比如"要时刻保持被人关注"，"大胆的方案如果不能执行则毫无用处"，"执行的细节跟理论一样重要"，还有"要把自己放在所有人之后，所有人，不仅仅是在你之上的人"。有几次出了问题后，我觉得帕特大概应该解雇我了。而他却没有那么做，相反，为了公司，同时也尽到了他身为人师的责任，他投入时间和精力让我变成那种执行力强的人——更重要的是，变成那样的领导人员。

我和帕特的关系中有两个至关重要的组成部分，这使得我们的师徒关系更为成功。

他之所以给我指导，第一，我承诺做出回报，我不遗余力的把他教给我的东西运用到工作中，使他和公司更成功；第二，我们彼此的关系绝不仅限于在工作上的双赢。

帕特对我青睐有加，他投入了导师的感情来指引我进步，他关心我。这是一个成功的师徒关系的关键所在。

成功的指导关系需要对等的互惠价值和感情。你不能只是简单地叫一个人去教导你。必须有些互惠条件——不管是以辛勤的工作或是对导师的忠诚——这才是使得别人愿意为你投入心力的首要条件。这之后，你要把你的导师变成你的教练，也就是说你的成功也要代表着他们的一部分成功。我非常感激帕特。如果不是他，我不会有今天。

当然我还要谢谢许多人，我的爸爸妈妈，Kiski学校[1]的杰克·皮吉恩，还有鲍勃·威尔森叔叔，还有其他我在这本书提到过的很多很多的人。

要想得到你所想要的帮助，最好的方法就是先毫无所求地提供帮助。如果你需要某人的知识，就要找到你对那个人有用的地方。考虑他的需要以及你如何能帮到他。如果你不能具体地为他做某件事，那么你也许可以为他们的慈善会、公司或者社团出一份力。你要时刻准备着报答你的导师们，并让他们在一开始就明白这一点。

然而，如果短时间内没有机会提供你的帮助，那么你就要注意那个人是不是不愿再教导你了。几乎每天，都有一些雄心壮志的人发E-mail给我，说得非常直接，令人难以接受。他们会说"我需要一份工作"，或者"我认为你可以帮助我，把我当成你学生吧"。这些年轻人对于这个过程的误解，让我很无奈。如果他们想获得我的帮助，而不礼尚往来地向我提供帮助，那至少，应该试着获得我的好感。让我知道你有什么特别之处，让我知道我们有什么共同之处，尤其是你的感恩，你的激情。

问题在于，这些人以前从未有过这样的导师，他们对于这件事情的流程还很陌生。三人行，必有我师。不一定非要是你的老板或者共事的人。教导是一个无等级、跨职业、可以超越任何组织形式的活动。

一个CEO可以向经理学习，反之亦然。一些公司比较聪明，发现这一点并且用于实际运作中，他们把新聘员工看作整个公司的导师。一个月后，他们会让这些新员工记下对公司的所有印象，他们认为，以一个新人的眼光看待老问题，可以提出其他人想不到的创新性建议。

事实上，我也从我自己所指导的学生那里学到了很多东西，他们促使我不断提升我的技能，时刻更新我对这个世界的看法。

当你在尽全力提升自己的时候，也要尽可能回头帮助其他人。我

---

[1] The Kiski School是美国宾夕法尼亚州的私立住宿中学。

请教他人，教导别人，循环往复

总是抽出一些时间帮助年轻人。大部分是某些时候跟我做事的人，有实习生也有员工。比如保罗·卢梭、钱德·霍奇、哈尼·阿比萨伊德、安迪·邦、布林达·蔷戈妮、安娜·蒙盖特，约翰·勒克斯，詹森·安尼斯，还有很多人无法一一列举。

他们中有些人开始很不习惯这种教导方式。他们会不好意思地问："我该做些什么来报答你呢？"我告诉他们，他们已经在回报我了。我想要的只是他们的感激，还有就是看到他们学以致用。看到布林达在德勤被提升，哈尼在我的一个公司成为合伙人，"出师"后他有加入我经手建立起来的另外一个公司，钱德成为好莱坞最负盛名的作家，安迪则成为一个好莱坞演员，保罗进入了沃顿商学院[1]，真是令人振奋。更令人振奋的是看到他们在自己的事业上各有所成，而且自己也成为了他人的导师。

教导过程所拥有的强大力量实在是我难以用语言表达的，如果你能对这件事投入足够的时间和重视，那么它的产出将是不可估量的，将会有非常多的回报等着你，勇气、进取心、他人的信任和情感——所有这些东西的价值，会远远超过你在教导过程中所提供的那点建议或回报。

如果你真正把教导当回事，并为之付出相应的时间和精力，你很快会发现你正处于一个像英特尔公司所建立的那种学习网络之中。你得到的信息和热心会比你想象中的多得多，因为你在一群有能力的人当中，既是老师又是学生，在教别人的同时也在接受别人的教导。

---

[1] 美国宾夕法尼亚大学沃顿商学院位于费城，是世界首屈一指的商学院。沃顿商学院创立于1881年，是美国第一所大学商学院。

别独自用餐
NEVER EAT ALONE

著名交际案例

埃莉诺·罗斯福（1884-1962）
"交往应该推进原则，而不是妥协"

如果我们把"交往"宽松地定义成友谊和目标的混合体，那么第一夫人埃莉诺·罗斯福可以说是20世纪中对这条定义最佳的实践者之一。她在自传中曾经写道："在工作中交往是建立和保持友谊的最佳途径。"通过一些组织，比如国际劳动妇女大会和妇女国际和平自由联盟等等，埃莉诺帮助了很大一批朋友，甚至还包括一部分她的敌人，她所做的事情推动了这个时代很多重要社会事业的发展。

这位第一夫人从来都不畏惧用自己的个人关系网去解决那些棘手的社会问题。她曾为了妇女在工作方面的权利而斗争，比如要求工会接纳女性，还要求保障女性工人的最低生活工资。这些事情在今天看来都是理所应当的，但是在20世纪20-30年代经济大萧条期间这就很不容易了，当时社会上很多人都在谴责那些有工作的女性抢了上班男人"养家糊口"的饭碗。埃莉诺认为，生活在民主社会的人应该坚守自己的信仰，这是人民的义务，也是民主社会优越性的体现，而且她还用行动证明了在必要的时候可以为了信仰而跟自己的同类进行对抗。

1936年，在这位第一夫人的大力帮助下，歌剧演员玛丽亚·安德森成为第一位在白宫演出的黑人演员，这在当时是一件极不寻常的事情。虽然当时玛丽亚已经在音乐演出市场获得了票房第三名的佳绩，但是她的成功并不能消除人们的种族歧视，这在当时的美国非常普遍。每当旅行时，她只能待在那些专为"有色人种"使用的等候室、车厢和旅店里；在美国南部，很少有

请教他人，教导别人，循环往复

报纸在写到她的时候会用"安德森小姐"这个带有尊重意味的字眼，更多的时候会用"演员安德森"或者"歌手安德森"来代替。

1939年，安德森的经纪人和哈佛大学曾经试图安排她在华盛顿宪法大厅举行一次演出。但是当时宪法大厅的所有者是美国独立战争女儿团（D.A.R），她们拒绝了演出的申请。之后，作为女儿团一员的埃莉诺立刻对这个团体提出了公开的抗议，她在致女儿团的一封信中写道："你们竟然拒绝向一位伟大的艺术家敞开宪法大厅的大门，我完全不同意你们在这件事情上的态度……本来这是一次引领文明前进的机会，但是在我看来你们已经失败了。"

后来埃莉诺·罗斯福夫人在林肯纪念堂前的阶梯上为安德森安排了一次大型演出，那是在1939年4月9日，也就是当年的复活节那一天，最后现场观看演出的群众达到了75,000人。

没错，忠于团体是很重要，但是更重要的是不能为此而牺牲自己的原则。

虽然埃莉诺·罗斯福的人权立场在今天看来并不算是激进，但是在她所生活的那个年代确实是很超前的。美国人权史上曾有一个著名的事件："1954年布朗诉托皮卡教育局案"。在这个案件中美国联邦最高法院裁定教育局"隔离教育，但实际平等"的说法违宪，其实回过头来看这个事件跟埃莉诺的人权立场相比已经落后了好几十年。

埃莉诺还曾呼吁社会宽容对待黑人和犹太人的教堂，甚至还曾作为美国驻联合国的代表签署了《世界人权宣言》。每一次当她为了社会公共事务而做出贡献的时候，她都会因为"不识时务"而失去一些朋友，同时还会受到很多恶毒的攻击。

然而，这位令人称奇的女性始终都坚持了下来，并且成功地促进了美国很多事情的进步和发展。她为后人所留下的遗产值得我们感激。那么我们应该从埃莉诺·罗斯福身上学到什么东西呢？当然仅仅学会怎样结识他人是远远不够的，我们更应该清醒地认识到，当我们努力把志同道合的人召集在一起的时候，并不是为了集合而集合，我们加入团体是为了一个更高的目标，那就是要让这个世界变得更美好。

当然，如果你坚守原则的话，牺牲一些其他的东西往往是难以避免的。但是当你决定跟他人交往的时候，绝对不要建立在牺牲自我价值的基础上。实际上，如果你在选择交际对象时足够明智的话，他们一定会对你坚守信仰起到很大的帮助，也就不用考虑牺牲自我价值了。

第三十章
所谓兼顾四方全都是胡说

要在各种事情中找到平衡，只能在童话里实现。

如果按照世俗的标准，我的行程表一点也不"平衡"。看一下典型的"我的一天"是怎么过的：星期一，我清晨4点起床，从洛杉矶打电话给我在纽约的工作小组。然后花数个小时的时间继续打电话，为的是给我一个参加选举的朋友组建资金筹备会。上午7点，我到达机场，准备飞往俄勒冈州的波特兰市，去见一个新客户（同时我的黑莓手机在与两个手机通E-mail，我的膝上电脑也片刻不离身）。会面结束后，我坐进开往西雅图的车里，同时又开始打电话，安排今晚、明天以及此后一周的会议。我时不时地与助手联系，为我计划的一个月内组织一个大的晚餐聚会发布请帖。在西雅图，我按约定与今年组织比尔·盖茨CEO会议的人们共进晚餐，然后，我与几个老朋友喝了几杯。第二天，又是从凌晨4点开始再来一次。

欢迎进入我朋友所戏称的"Ferrazzi时间"，一个开关永不闭合、人流穿行不止的圆圈。

看到这样的行程表，你也许会有很多疑问：这是生活吗？这样做事，可以在工作和生活中取得平衡吗？必须按照Feerrazzi时间来做才能成功吗？

我的答案是下面几种："对，这就是生活，虽然只是我自己的生活"；"对，你可以找到自己的平衡，你自己的生活"；"不是，幸亏这不是真正的生活"；"你不需要像我这么做。"

对我来说，一个靠人际关系来驱动的职业根本不算是职业，它就是一种生活方式。几年前，我开始认识到，所谓成功的人际交往其实就是以另一种方式来看这个世界。

当我这样想并且这么做的时候，工作生活和私人生活之间的界限就模糊不清了。不管是家人、同事或者朋友，交际使得你用相同的价值观对待所有的关系。因此，我不需要特意去区分职业快乐和生活快乐，他们都是我的一部分，我生活的一部分。

我渐渐明白了我生活的关键就是这些关系，我发现我不再需要把工作同家庭或者朋友划分开来。就像我不久前所做的一样，我可以和一群热心而出色的朋友一起，在一个商业会议上庆祝我的生日；我也可以在洛杉矶的家里或者在纽约与同样亲密的朋友一起庆祝。

人们关于"平衡"有一种错误的认识，觉得"平衡"是一种平均，让你从生活的一面抽出时间给匆匆逝去的另一面。把所有的重点都放在如何达到我们熟知的那种平衡的完美状态上。

通过拆东墙补西墙的方式并不能达到平衡，你也并不需要刻意地去"实现"平衡。

"平衡"是一种精神状态，像我们的遗传密码一样特殊而且唯一。当你觉得快乐，那就意味着你已经找到了"平衡"。我那古怪的行程表对我来说很适用，或许也只能对我适用。这种混合的职业和个人生活不一定对每个人都适合。重要的是要看到，交际并不是达到某种目的的一个手段，而是一种生活方式。

当你失衡的时候，你可以感觉出来，因为你会手忙脚乱、生气、不满足。当你"平衡"的时候，你是快乐的、热情的，充满感激之情。

你先不要去发展一份像我一样的日程表，你应该先认识到跟他人

所谓兼顾四方全都是胡说

交往的过程并不像人们所说的"把大象装冰箱里总共要三步"那么简单,你要做的就是一小块一小块慢慢地实现交往的目标。

总之,我们都要度过各自的人生。所谓人生,本质上就是指我们在这一生中跟哪些人共同度过。

如果像我以前一样相信"平衡"的神话,相信生活的平衡就是平均分配时间,那么对于以下这些问题:"既然我这么'多才多艺',为什么我没有更快乐一些?""既然我这么'有条理',为什么我感到这么手忙脚乱?"你的回答将会是"简化"、"划分"或者"缩减"你的生活,直到只剩下最基本的组成部分。

所以我们在办公桌上吃饭以节省时间;我们尽量不在饮水机旁边与同事、陌生人,或者其他"无关紧要"的人随意闲谈;我们不断完善自己的行程表,只留下最重要的事项;人们说"如果你能更有条理一些,如果你能更好地协调工作和家庭,而且只与你生活中重要的人交往,你的生活会变得更好",这完全是误导!

他们应该说的是,"我要我的生活中充满我爱的人"。我认为,问题不在于你为了什么工作,而在于你同谁一起工作。

如果你讨厌你的工作,你的生活中不可能充满爱。而且,大部分情况下,人们会因为讨厌跟他们一起工作的人而讨厌那份工作。而与他人的交往会让我们获得更多的机会去结识你喜欢的人,这些人可以指引你进入全新的令人激动的工作中。

其实,并不是生活中出现太多的人让我们忙不过来,而是我们认识的人还远远不够多。威尔·米勒博士和格伦·斯帕克斯博士,在他们的《冰箱权力:亲密关系》一书中提到,各种通讯工具正迅猛发展,美国人却只用其关注个人主义与日常接触到的各种媒体和娱乐信息,因此我们实际上是在信息爆炸时代过着相对离群索居的生活。

有多少人可以走进我们的家,随意打开冰箱门自己拿吃的?很少。人们需要这种"有开冰箱权力的关系",那种舒服的、随意的、亲密到可以什么都不用说就能走进对方的厨房在冰箱里四处翻找的关系，那是一种可以让我们自我协调的、令人感到快乐和富有成就感的亲密关系。

美国人所注重的个人主义，可能会导致人们不愿意主动去结识他人。关于工作压力和员工不满意度的比较研究显示，在个人主义文化中工作的人们，其工作压力要明显高于在集体文化中的人们。虽然我们的生活水平很高，但是财富和特权并不能带来情感上的快乐。而且，研究表明，只有那种被称为归属感的心情才会让我们觉得很幸福。

当我们被孤独的生活所困，我们就会从励志或者自救文学中寻求答案，但我们需要的不是"自"救，我要说明的是，我们需要别人的帮助。如果你认同这点，那么我在这本书中所讲的，就是解决这种不和谐生活的最佳办法。"交际既可以帮助我们拿到鸭子，又能保证我们可以充分享受到手的鸭子"，这是很难能可贵的。我们可以在良好的交际基础上按照自己的兴趣边工作边生活，服务自己也服务他人。

奥斯卡·王尔德[1]曾经说过，一个人如果是在做自己喜欢的事情，那他会觉得这辈子连一天都没有工作过。如果你的生活中都是你喜欢和喜欢你的人，还有谁会关心"平不平衡"的问题？

---

1 奥斯卡·王尔德(Oscar Wilde，1856-1900)，英国19世纪末20世纪初名噪欧美的剧作家、诗人、小说家和文艺批评家。

第三十一章
欢迎进入交际时代

人是社会动物，我们因为他人的活动才能来到这个世界，我们依靠他人才能生存，不管我们是否愿意，我们的生活片刻不能离开他人的活动。因此，我们的幸福快乐存在于我们与别人的关系中。

现在是有史以来最适合人际交往的一个时代。我们社会，尤其是我们的经济，将越来越离不开人们之间互相依赖和互相联系。换句话说，社会上的事务跟人的联系程度越来越大，我们也就将越来越依赖于我们交往的那些人。

强烈的个人主义思想或许控制了19世纪和20世纪的大部分时间，但团队与合作精神将会统治21世纪。互联网打破了地域界限，把世界上成千上万的人和电脑联结起来，现在没有理由再与世隔绝般地工作了。人们又重新认识到，成功不再取决于是否拥有高科技或者风险投资，而是取决于你认识谁，以及你怎样与他们共事；人们又重新发现，要让生意获取利润的关键，还是在于你能不能跟他人很好地合作。

其实我们是绕了个大圈子才回到这个基本现实。过去的10年来，所有变化、所有潮流、所有的科技已经侵蚀了人们的思想，使得商业界越来越不把人当人看，而是看成一串串二进制数字。我们往往更相信那些小创意、科学的步骤、新的企业组织结构以及股票价格的反应。当发现这些东西都靠不住的时候，我们才重新回头依靠自己，依靠你，和我。

生活离不开工作，工作也离不开生活，这两者都是我们的一部分。未来学家约翰·奈斯比特[1]曾说过："21世纪最激动人心的突破，将不是由科技发展带来的，而是由于'人类'这个概念的拓展所引起的。"科技并不能取代人际关系，正相反，它似乎加强了这些关系。看看你的四周，你将会感受到"人"的定义已经得到了极大的扩展，我们与他人互动交往的方式也发生了翻天覆地的变化。下面是些小例子：

1. 一些网络软件公司和在线网络站点，例如Spoke Software和Linked In，他们发现近来有一种非常火爆的趋势，那就是人们正在利用科学技术去寻找新的途径，以便可以更为友好、更加互信地交流。有人把这种趋势称为人类社会的革命。

2. 博客的繁荣发展就是上述趋势的一个重要部分。这种形式的出现使得那些有写作激情的人们，可以通过文字结识数百万人。这种通过博客自主建立的网络交际群体正在欣欣向荣地发展。在不久的将来，随着个人品牌在经济生活中的重要性增加，个人博客将会像个人简历一样普遍。

3. 社会学家在对社交关系的研究中有了一些值得注意的新发现。比如，那些易与人相处的人会更长寿、更健康；在人们联系越紧密的社会范围中，教育工作开展得就越好，同时犯罪率也较低，社会经济增长率也更快。通过建立个人关系把人们凝聚到一起，已经不仅仅是一种职业策略了，它还被看作是促进美国市民关系和美国社会健康发

---

[1] 约翰·奈斯比特（John Naisbitt），世界著名的未来学家，其1982年的作品《大趋势》(Megatrends)曾是风靡全球的畅销书之一，被翻译成57种文字在海内外广为流传，销售了1400万册。

展的最有效的方法。

4.旧式的劳动联盟和行业协会有渐渐复兴的迹象。随着美国境外外包工作继续发展，越来越多的美国人成为自由代理商，他们通过加盟那些更大的代理商来壮大自己。所以我们不需要再像以前那样要对所在公司表达忠诚和信赖，现在我们只需要相信同类的人群就可以了。

上面所提到的只是即将到来的生活的一小部分。我们所处的时代正处在一个"社会人"交往和聚居的新阶段，这个阶段的框架正在逐渐成型。你们现在有了在这样一个大环境中施展能力的技能和知识。但是你怎样才能充分发挥自己的能力呢？真正的交际生活又意味着什么呢？

当然，从收入和晋升方面来看，有些人获得了非凡的成功，其他人就会引用他们新树立的声望或者他们积累的令人激动的技术；同样，对于其他人而言，如果能参加他们举办的晚餐聚会将是一件非常棒的事情。

但这样的成功会不会让人觉得空虚呢？没有家人和值得信任的朋友围绕在身边，只是你的同事和客户？迟早，我们会以某种方式向自己提出这样的疑问。此外，当有一天我们回顾生活的时候，会想，我究竟可以留下什么？我所做的一切是否有意义？

从根本上讲，如果你要把自己当作一个交际枢纽似的人物，那就意味着你需要最大限度地利用自己的关系和天赋为你的朋友、家人、公司、社团乃至整个世界做出贡献。

有个有意思的问题就是，当你在生活中遇到什么事情才会扪心自问：我到底要走向何方？什么才是我最看重的东西？比如，我记得我年轻的时候，梦想着有一天可以有一件自己的 Brooks Brothers 的老式衬衫。我从小到大，穿的要么是从妈妈做清洁的客户家小孩那里传下来的，要么是从二手店里买来的。我那时就想，当我可以走进像 Brooks Brothers 这样的店里，买下我自己的"第一手"衬衫的那一天，就是我成功的日子。

后来，我梦想的时刻终于到来了。那是我25岁的某一天，我走进店里骄傲地买下了Brooks Brothers里最好看的、最贵的衬衫。第二天，我穿着那件衣服去上班，就好像穿着一件维多利亚女王时代稀有的、镶满宝石的礼服一样。然后，当我洗这件衣服的时候，我清楚地记得当我把它从洗衣机里拿出来时——啊！！——竟然掉了两个扣子。我没有开玩笑，当时我真的问了问自己，难道这就是我一生所梦寐以求的东西？

作家和演说家拉比·哈罗德·库什纳曾经很明智地写过："我们的灵魂渴望的不是名声、安逸、健康或者权力。这些东西是解决了很多问题，但也同样带来了很多其他的问题。我们的灵魂渴望的其实是意义，是我们清楚地知道我们怎样活着才能让我们的生活有意义，才能让这个世界因为我们的存在而至少有一点点不同。"

我是在掉了那些扣子之后，才真正开始询问自己意义何在，准确地说，是询问我的灵魂在渴望什么。终于，我迎来了我个人生活的一场小"革命"。

"革命"有的时候在最不可能的地点发生在最不可能的人身上。你能想到吗？当时是一个小个子的印第安人，他向我的生活目标以及我追求目标的方式发出了挑战。而谁又能想到当初改变我人生道路的事情并不是我的积极向上和努力进取，而是10天不出声，什么都没干？

我"革命"的第一波，起源于在瑞士参加的世界经济论坛，我参加了一个人头攒动的会谈，会议的主题很简单，就是关于"幸福"。房间里挤满了全世界最有钱和最有权的人——这清楚地说明了有很多人和我一样都丢失了一些"扣子"。

我们聚集在一起，听一个大家称之为葛印卡老师[1]的人演讲，他身

---

[1] 葛印卡（S.N. Goenka），遵照缅甸乌巴庆长者传统传授内观静坐的老师。

材矮胖，一脸幸福的表情。演讲内容是关于他如何从一个商人变成一位修行宗师的，他说自己通过一项称为"内观"(Vipassana)的古老修行方法找到了健康和幸福。虽然葛印卡老师的祖籍是印度，不过却是在缅甸出生成长。当他居于缅甸时，很幸运地与乌巴庆长者相遇，并向他学习内观技巧。经乌巴庆长者长达14年的指导后，葛印卡老师于1969年开始移居印度传授内观法门。虽然当时的印度仍然有严重阶级及宗教分歧，但葛印卡老师的课程吸引了数以千计的各阶层的人士参加，除此之外，很多来自世界各地不同国家的人士，皆前来参加此内观静坐课程，内观是印度最古老的禅修方法之一，在失传很久之后，2500多年前被释迦牟尼佛重新发现。内观的意思是如实观察，也就是观察事物真正的面目；它是透过观察自身来净化身心的一个过程。

葛印卡老师慢慢地走上讲台，开始了让他的听众欣喜若狂的演讲。他的话语，深深传入我们的头脑，让我们直面那些伴随在自己看似成功的人生中的不满足、压力和不平衡。

他只字不提生意和工作上的事情，也没有提到什么要维持生活的平衡或者要建立有影响力的关系网。他告诉我们说，幸福，与我们有多少钱以及赚钱的方式一点关系也没有。

只有在一个地方，我们能找到真正的平静、和谐。葛印卡老师告诉我们，那个地方就是内心。或许我们在座的都是商界好手，不过很明显，我们还不是可以掌控自己的思想和灵魂的行家。

他说，有一种方法可以让我们找到正确的生活方向，并渐渐熟练地驾驭自己的思想，那就是"内观术"，这种修行方法可以帮助我们"看到事情本来的面貌"。它从内在帮助我们驱赶心中的恐惧，让我们有勇气去做真正的自己。葛印卡老师给我们描述了他平时开办的10天"内观"课程的情况，参加者必须长时间地坐着并保持绝对安静，不能有眼神的交流，不能通过文字或者通过手势交流，只能在那天快结束的时候和老师交流一下。

别独自用餐
NEVER EAT ALONE

课听得成不成功取决于我们自己。不，应该说能不能过一次幸福而有意义的人生取决于我们自己。正如这场课程一样，其实我们在追求幸福的过程中应该多花时间去看去听，然后才能找到问题的本质所在。

我不知道当时有多少我的职场同伴打算去学习内观术，很明显，葛印卡老师深深地触动了我们的心。至少在当时，他让我们觉得，我们有力量让我们的工作和生活更有意义，变得更重要。我们的道路可以有所不同，但如果肯花时间去倾听自己灵魂的诉说，我们一定能明白如何才能变得更幸福。

我离开葛印卡老师的演讲会场时，感觉自己精神抖擞，充满活力；但是可以肯定，我不可能去参加他的"内观"学习。10天里，没有会议电话，没有交际午餐，没有跟他人的交谈……10天啊！不可能！我永远也没有那么多时间干这些。

可是，突然，我一下子又觉得自己拥有了全世界所有的空闲时间。从喜达屋的离职只不过是我丢掉的另一颗钮扣，所以我急需一种清澈透明的心境，还有幸福。

直到那个时候，我还认为我没有足够的时间，或者勇气，花10天时间去学习"内观术"。不过，最终我还是去参加了学习班。这似乎是我人生中头一次，放慢速度，真正地去听。在这个过程中，我甩掉了很多我"将要"以及"应该"去做某些事情的想法，虽然还是没有忘光。

如果你像我一样，在培训班上用自己的灵魂去寻找生命中真正的一缕亮光，那么你就会发现这个探寻的过程其实是非常有趣的。在经过了所有那些冥想之后，最终我的那个答案浮现在了眼前，它帮助我重新评估了我对于名利金钱的追逐，让我的视线又重新聚焦到了我已经了解的最重要的事情上：人际关系。

"内观术"当然不是寻找答案的唯一方法，但很少有人会给自己一些时间和空间去好好地想一下自己是谁，自己真正想要的又是什么。

欢迎进入交际时代

与那么多有能力的聪明人在一起时，我们怎么能允许自己的人生目标变得如此的混乱？这都是因为我们没有问自己那些最重要的问题：什么才是我的激情所在？什么东西才能让我真正得到快乐？我怎么才能改变现在的状况？

当结束了"内观术"的课程后，我回到了自己生活的日常事务之中。我忽然感觉自己就像一个在糖果店里的小孩，到处都是我想要的东西。我觉得有那么多我想要去见的人！有那么多我想要去帮助的人！我发现，当我们找对了自己的方向之后，沿着既定方向的追求过程是那么有趣又那么令人欢欣鼓舞。

我们曾被告知，生活就是一个追求的过程，是一个旅途，终点就是期望着能有价值，有爱，还有一个个人退休账户保证自己的黄金岁月能发光发亮。然而，根本没有什么终点，这个追求的过程是永无止境的。没有一个职位或者一件Brooks Brothers衬衫，或者一个金钱数额，能代表你人生追求的终点。因此当你达到一些目标的时候可能并没有太大的成功感，反而还很可能会令你感到一丝失望，就像失败了一样。

如果一个人的交际生活比较成功的话，他看世界的角度就会随之发生变化。人生比起追求的过程，更像一个织网的过程。我们把我们的努力编织起来，为了帮助他人找到他们的人生之路，在这个过程中我们找到了意义、爱以及内心的繁荣。我们所编织的关系成为一个优美的无穷尽的图案。

在电影《恋爱编织梦》中，有一句很好的台词可以恰当地表达这种思想："年轻的恋人们追求尽善尽美，年老的恋人们则把碎片缝起来，他们可以从那些多姿多彩的碎片中看到美。"

你将会留下怎样的一张网？人们在以后将如何回忆你这个人？这些问题对每个想活得精彩的人来说，是衡量自己幸福程度的有力工具。

要记得，你人生中的情感、跟他人的互惠、你的知识，这些东西并不像银行存款那样会越用越少。创造力会产生更多创造力，钱会带来更多钱，知识会带来更多知识，朋友会带来更多朋友，成功会带来更多成功。最重要的是，你的奉献会带来他人的奉献。这个道理在历史上任何一个时候都没有像在现在这样作用明显，这个以广泛交际为生活基础的世界正渐渐地根据网络原则运作起来。

不管你处在人生的哪个阶段，也不论你现在有着什么样的想法，总之你的现状是很多复杂因素造成的。其中包括你生活中交往的人，你直接或者间接获得的经验和思想，还有书籍、音乐、文字和你所处的文化，所有这一切造就了一个现在的你。没有一个标准可以用来衡量事物丰富起来的过程，所以你应该从今天就下定决心去认识更多的人，积累更多的知识和经验，更重要的是要结交更多可以助你成功的贵人。

但首先要对自己诚实，你必须先对这些问题给出一个客观的答案。你打算用多少时间来结识他人？你索取之前有过多少的付出？你有多少导师，而你又指导过多少人？你喜欢做什么？你希望怎样生活？你希望谁成为你织出的网的一部分？

根据个人经验我可以告诉你，想明白这些问题的那个时刻往往是突然而至的。你会明白真正重要的或许不是一份好工作，一个大公司，或者一种很棒的新技术。**真正重要的是人。**对每一个人来说都是这样，只要每个人都能和自己喜欢的人一起工作，那我们自然就会更加喜欢这个世界。就像人类学家玛格丽特·米德所说的那样，"我们无须怀疑，只要组织起一小群有思想而且忠诚于团体的人就足以做成大事情，而且这也是自古以来做大事的唯一方法"。我希望你能有办法将这句话变为现实。当然只有你一个人是做不到的，**你需要创造自己的小群体。**我们都会在这样的社会中继续生活下去，去编织一张属于自己的网。